Über den Verfasser

Gerhard Hauck, geb. 1939 in Regensburg, studierte Soziologie, Ethnologie und Wirtschaftsgeschichte in Freiburg und Heidelberg. Promotion 1965, Habilitation 1977. Lehr- und Forschungstätigkeit an der Universität Heidelberg, dem Gandhian Institute of Studies Banares/Indien, der University of Jos/Nigeria. Derzeit Lehrstuhlvertreter an der Universität Bayreuth.

Wichtigste Veröffentlichungen: Indien – Bauernkämpfe: die Geschichte einer verhinderten Entwicklung (zusammen mit C. Sigrist und S. Marla). Berlin 1976. Von der klassenlosen zur Klassen-Gesellschaft – Systematisches und Empirisches zur Rekonstruktion des historischen Materialismus. Köln 1979.

Gerhard Hauck

Geschichte der soziologischen Theorie

Eine ideologiekritische Einführung

rowohlts enzyklopädie

rowohlts enzyklopädie
Lektorat Burghard König

Originalausgabe
Umschlagentwurf Werner Rebhuhn
Veröffentlicht im Rowohlt Taschenbuch Verlag GmbH,
Reinbek bei Hamburg, April 1984

Satz Times (Linotron 404)
Gesamtherstellung Clausen & Bosse, Leck
Printed in Germany
1480-ISBN 3 499 55401 1

Inhalt

«Der idealistische Zug eines Werkes kommt oft in scheinbaren Kleinigkeiten zum Ausdruck: etwa in einem der Idee autonomer Erkenntnis zugeordneten Pathos, in der Wichtigkeit, mit welcher längst vergangene Philosophen und ihre Probleme, der Lässigkeit, mit welcher die reale Not der Gegenwart und ihre Ursachen behandelt werden ... Nicht daß der Idealismus den Geist fälschlich unendlich setzt, sondern daß er damit auch die Veränderung der materiellen Existenzbedingungen der Menschen zu etwas Sekundärem stempelt, läßt diese intellektuellen Differenzen so stark hervortreten.»

MAX HORKHEIMER, Materialismus und Metaphysik).

Vorwort

Dieses Buch erwuchs aus meiner Lehrtätigkeit an der University of Jos, Nigeria, 1980/81. Mein Dank gilt allen Kollegen und Studenten in Jos, die mich durch ihre kritischen Einwände oft genug zum Umdenken zwangen. Besonderen Dank schulde ich Ansa Asamoa, John Agbeti, John Attipoe, Stephen Bonsi und Larry Fuell in Nigeria sowie Hans Norbert Fügen und Traugott Schöfthaler in Deutschland, ohne deren Kritik und vielfältige Hilfe ich die Arbeit niemals hätte bewältigen können. Ingrid, Eva, Christian und Lotte habe ich Abbitte zu leisten für all die Strapazen, die ich ihnen in dieser Zeit zugemutet habe.

Das Bedürfnis, das dieses Buch befriedigen will, ist kein enzyklopädisches. Es will vielmehr dem Leser ermöglichen, einen roten Faden durch die verwirrende und scheinbar zusammenhanglose Vielfalt von soziologischen Theorien der Vergangenheit wie der Gegenwart zu finden. Dieses Vorhaben erfordert zum ersten eine Perspektive. Die Perspektive dieses Buches ist die der Ideologiekritik, welche die Entwicklung der soziologischen Theorie rückbezieht auf die Entwicklung der bürgerlichen Gesellschaft und sie auf diesem Hintergrund zu verstehen sucht. Zweitens erfordert unser Vorhaben einen Verzicht auf das Streben nach Vollständigkeit zugunsten einer exemplarischen Vorgehensweise, welche die Hauptrichtungen soziologischen Denkens durch relativ ausführliche Darstellung der Werke ihrer je bedeutendsten Vertreter beispielhaft vorstellt und das Studium der weiteren Verästelungen künftigen Bemühungen des Lesers überläßt.

Ein solches Verfahren trägt unvermeidlich ein Element von Willkür in sich – hätte neben DURKHEIM und WEBER nicht auch TÖNNIES in einem eigenen Kapitel behandelt werden müssen? Und MERTON neben PARSONS, THOMAS neben den neopositivistischen Empirikern, MANNHEIM neben der Frankfurter Schule? Auf diese konkreten Fragen würde ich antworten, daß TÖNNIES' Gemeinschafts-Gesellschafts-Dichotomie in DURKHEIMS Unterscheidung zwischen mechanischer und organischer Solidarität aufgehoben ist, ebenso wie THOMAS' interpretative Vorgehensweise in den verstehens-orientierten Ansätzen von SCHÜTZ und GOFFMAN; daß MERTONS Werk eher als kritischer Kommentar zum Funktionalismus anzusehen ist denn als systematische Theorie; und daß in der Ideologiekritik der Frankfurter Schule die weiterführenden Elemente von MANNHEIMS Wissenssoziologie enthalten, ihre Aporien aber vermieden sind. Aber Hunderte von Einwänden ähnlicher Art sind möglich. Ihnen gegenüber kann ich nur hoffen, daß die hier praktizierte Willkür nach entsprechender Prüfung als informierte anerkannt werden wird.

Unparteiisch ist dieses Buch nicht. Es vertritt weder die relativistische Position, nach der jeder Standpunkt gleich möglich ist, noch glaubt es, in der schlichten Synthese verschiedener Lehrmeinungen ein Patentverfahren zur Gewinnung wissenschaftlicher Wahrheit sehen zu können. Es nimmt WEBERS Diktum, «die ‹mittlere Linie› *ist um kein Haarbreit mehr wissenschaftliche Wahrheit* als die extremsten Parteiideale von rechts oder links» (WEBER 1951, S. 154), nicht nur für die Politik im engeren Sinne, sondern für die Wissenschaft selbst ernst. Es geht aus von dem Grundgedanken der MARXschen Philosophie, daß die Menschen leben müssen, um Geschichte zu machen, und versucht zu zeigen, daß und in welcher Weise das Übersehen dieser Wahrheit in den sozialen Klassen, für die das Überlebenkönnen infolge ihrer gesellschaftlichen Stellung kein Problem ist, immer wieder zu Verzerrungen in der Realitätserkenntnis führt – Verzerrungen, die ihnen zum Nutzen, den anderen zum Schaden gereichen. Durch den Versuch der Aufdeckung solcher Verzerrungen nimmt es Partei in der Auseinandersetzung zwischen den Klassen. Es geht mit ALTHUSSER davon aus, daß der Klassenkampf auch in der Theorie stattfindet und stattfinden muß, setzt sich aber ab von jener nur allzu weit verbreiteten Orthodoxie, welche die Auseinandersetzung hier durch bloßes gebetsmühlenhaftes Wiederholen der eigenen Glaubenssätze führen zu können glaubt.

Das dem Bereich der Theorie spezifische Mittel der Auseinandersetzung ist die Diskussion. Diskussion setzt aber voraus, daß man den Standpunkt des Gegners kennt. Bloße Formeln reichen hier nicht aus. Um die theoretische Auseinandersetzung mit der gebotenen Ernsthaftigkeit führen zu können, muß man die eigenen wie die gegnerischen Argumente in ihrem Zusammenhang, in ihrer inneren Folgerichtigkeit zu verstehen gelernt haben; man muß erfassen, «was der Gegner (oder auch man selbst) wirklich meint». Hierzu soll dieses

Buch einen Beitrag leisten – auch in dieser Aufgabe weiß es sich mit Weber einig:

«Weder bedeutet ‹alles verstehen› auch ‹alles verzeihen›, noch führt überhaupt vom bloßen Verstehen des fremden Standpunktes an sich ein Weg zu dessen Billigung. Sondern mindestens ebenso leicht, oft mit weit höherer Wahrscheinlichkeit, zu der Erkenntnis: daß, warum und worüber man sich *nicht* einigen könne» (Weber 1951, S. 489).

Aufstieg, Fall und Wiedergeburt des gesamtgesellschaftlichen Evolutionismus

Soziologie und bürgerliche Gesellschaft[1]

Soziologie ist das systematische Bemühen der bürgerlichen Gesellschaft um soziale Praxis ermöglichende Selbsterkenntnis. Dieses Bemühen konzentriert sich von Anfang an auf zwei Probleme: Ordnung und Wandel, oder, in der Sprache der Zeit: *Ordnung und Fortschritt*, d. h. auf die Fragen «Was hält die Gesellschaft zusammen?» und «Wohin bewegt sich die Gesellschaft?». Ohne Ordnung, ohne kalkulierbare Regelmäßigkeiten des Zusammenlebens ist kein rationales Planen menschlichen Handelns möglich; die Kenntnis dieser Ordnung und ihrer Bedingungen ist daher von zentraler Bedeutung für jede soziale Praxis. In der bürgerlichen Gesellschaft ist diese Ordnung jedoch ständig in Bewegung – mehr als in jeder älteren Gesellschaftsformation, da die Bourgeoisie gezwungen ist, die Produktivkräfte ständig zu revolutionieren, und die soziale Ordnung von dieser Revolutionierung nicht unberührt bleiben kann. Kenntnis der Richtung ihrer Bewegung, Voraussehen der gesellschaftlichen Entwicklung ist daher für jedes die unmittelbare Gegenwart überschreitende Planen menschlichen Handelns von ebenso großer Bedeutung wie die Kenntnis der Ordnung selbst.

Es ist jedoch nicht die Beschleunigung des sozialen Wandels allein, welche die rationale Planung sozialer Praxis in der bürgerlichen Gesellschaft immer komplizierter werden läßt: Die Bedingungen der sozialen Ordnung selbst sind komplizierter. Die Arbeitsteilung ist weiter entwickelt als in irgendeiner älteren Gesellschaftsformation; sie erstreckt sich nicht länger auf wenige Dutzend, sondern auf viele Tausend verschiedene Funktionen; und sie umspannt nicht mehr nur einzelne Fürstenhöfe oder Städte, sondern ganze Nationen, ja einen Weltmarkt. Gleichzeitig sind jedoch die Entscheidungen darüber, was in welcher Quantität produziert werden soll, den individuellen Entscheidungen von Tausenden von einzelnen Warenproduzenten überlassen. Es gibt keine gesamtgesellschaftliche Planung, die sicherstellen würde, daß alle Güter, die die Gesellschaft als ganze benötigt, in der notwendigen Menge produziert werden. Ob sie produziert wurden, kann nur im nachhinein festgestellt werden, je nachdem, ob die hergestellten Güter zu kostentragenden Preisen verkauft werden können oder nicht – und oft genug werden einige Waren im Überfluß angeboten, während gleichzeitig andere fehlen.

Die Bedingungen der sozialen Ordnung im Feudalismus waren ganz andere. Auf dem Gut des Feudalherrn wurde die Verteilung der produktiven Aufgaben entsprechend seinen Ansprüchen im voraus geplant; aber die Bedürfnisse eines Fronhofes waren überschaubar, und Arbeitsteilung zwischen verschiedenen Fronhöfen fand praktisch nicht statt. Auch die städtischen Märkte waren im allgemeinen überschaubar, was den Zünften ermöglichte, Qualität, Menge und Preis der von den einzelnen Handwerkern anzubietenden Waren festzusetzen. Aus all diesen Gründen bedarf die bürgerliche Gesellschaft des systematischen Bemühens um Selbsterkenntnis in viel stärkerem Maß als die feudale – und deshalb konnte die Soziologie auch nur in der ersteren, nur im Gefolge der Französischen Revolution entstehen.

In der feudalen Gesellschaft reichte pragmatisches Alltagswissen aus für alle Zwecke sozialer Praxis, die überhaupt erreicht werden konnten; für das Selbstbewußtsein, das die herrschenden Klassen benötigten, um ihre Herrschaft aufrechtzuerhalten, genügte die Idee einer religiösen Mission («Nährstand, Wehrstand, Lehrstand» o. ä.). Die bürgerliche Gesellschaft des 18./19. Jahrhunderts hatte jedoch die Bedingungen ihrer eigenen Ordnung selbst zu errichten – gegen den Widerstand der noch herrschenden feudalen Klassen; daher war sie auf die Kenntnis jener Bedingungen angewiesen. Die Grundlagen für eine neue Ordnung wurden in der Französischen Revolution geschaffen. Es war jedoch ein weiter Weg von der Französischen Revolution bis zur entwickelten bürgerlichen Gesellschaft; die Voraussetzungen ihrer Ordnung zu verstehen und zu schaffen, kostete viele Jahrzehnte. Und obwohl die Bourgeoisie schließlich ihre eigene Klassenherrschaft an Stelle der aristokratischen etablierte, mußte sie ihr Selbstbewußtsein auf eine andere Grundlage stellen als der Adel – anders hätte sie ihn schwerlich stürzen können. Sie war gezwungen, der Legitimation der Adelsherrschaft durch die Religion ihr eigenes Prinzip entgegenzusetzen: das Prinzip der *wissenschaftlichen Rationalität*, das die Organisation der Produktion in ihren Manufakturen und

Fabriken beherrschte (was nicht unbedingt Ablehnung der Religion als solcher, zumindest aber Konzentration auf ihre rationalistischen Züge – von der Rationalisierung des Alltagslebens im Calvinismus bis zum Kult der Vernunft in der Französischen Revolution – bedeutet). Daher war die Bourgeoisie auf ‹wissenschaftliche› Erkenntnis nicht nur für ihre instrumentale Praxis angewiesen, sondern sogar für die Entwicklung ihres Selbstbewußtseins als Klasse.

Insbesondere (wenngleich nicht ausschließlich) für den letztgenannten Bereich gilt jedoch, daß nicht nur ‹korrektes› Wissen für soziale Praxis von Nutzen ist. Wo immer Klassenherrschaft existiert, muß die Tatsache der Ausbeutung verschleiert werden – nicht nur gegenüber den beherrschten Klassen, sondern ebenso gegenüber der herrschenden Klasse selbst. Purer Zynismus ist eine gar zu schwache Basis für das Selbstbewußtsein, das eine Klasse benötigt, um ihre Herrschaft zu errichten und aufrechtzuerhalten. Für gewöhnlich können herrschende Klassen die Ausbeutung, die sie selbst praktizieren, nicht als das brutale Faktum, das sie ist, anerkennen; sie müssen sie ins Gute, Gerechte und Legitime umdefinieren. Für die unterdrückten Klassen ist es dagegen notwendig, die Ausbeutung, der sie unterworfen sind, als solche zu erkennen, um sie beseitigen zu können. Für sie ist wenigstens das zentrale Interesse der herrschenden Klassen an Verzerrung der Tatsachen des sozialen Lebens nicht gegeben (was natürlich keine Garantie für korrekte Würdigung dieser Tatsachen in den beherrschten Klassen bedeutet, da zutreffender Erkenntnis noch viele andere Hindernisse im Wege stehen können – von Bildungsdefiziten bis zu Zeitmangel).

Nach alledem ist die Praxis ermöglichende Erkenntnis der bürgerlichen Gesellschaft für die herrschenden und die beherrschten Klassen, für die Bourgeoisie und das Proletariat nicht die gleiche. Für erstere ist es wesentlich, daß die Tatsache der Ausbeutung verschleiert wird; das Interesse des letzteren ist es, all diese Schleier zu zerreißen und jenes Faktum so genau wie möglich zu analysieren. Daher können wir in der Geschichte der soziologischen Theorie stets zwei Hauptrichtungen unterscheiden: eine, die die Ausbeutung leugnet, und eine, die sie aufdeckt; eine, die mit der Bourgeoisie, und eine, die mit dem Proletariat verbunden ist.

Es wäre jedoch zu einfach, die bürgerliche Soziologie deshalb als bloße Ideologie der herrschenden Klasse zu diffamieren. (Zumindest) für ihre instrumentelle Praxis ist auch die Bourgeoisie auf korrektes Wissen angewiesen. Es ist aber unmöglich, instrumentelle und ideologische Praxis vollständig voneinander abzugrenzen; sie kreuzen und überschneiden sich in vielfältiger Weise. Die Erfordernisse der instrumentellen und der ideologischen Erkenntnis in der sozialen Praxis der Bourgeoisie stehen in einem Verhältnis der permanenten Spannung, welche niemals einfach aufzulösen ist. Für das Proletariat sind die Erkenntnisse der bürgerlichen Soziologie daher nicht nur ihrer potentiellen instrumentellen Nutzbarkeit wegen von Interesse (die mag im Einzelfall durchaus fehlen); sie können ihm darüber hinaus die Grundlage für eine Kritik der bürgerlichen Ideologie selbst liefern – so wie RICARDOS Wertlehre MARX die Grundlage für seine Kritik des kapitalistischen Produktionsverhältnisses als eines Ausbeutungsverhältnisses lieferte.

Aufstieg des gesamtgesellschaftlichen Evolutionismus

In den Anfängen (d. h. im frühen 19. Jahrhundert) war jede Soziologie gesamtgesellschaftliche Evolutionstheorie: Man suchte die Entwicklung der Gesellschaft als ganzes zu analysieren, nicht nur gesellschaftliche Teilbereiche wie Gemeinden, Altersgruppen, Familien, Betriebe, Verbände etc. AUGUSTE COMTES berühmtes Dreistadiengesetz kann als prototypisch für diese Art von Theoriebildung angesehen werden. Nach COMTE, dem Schöpfer des Wortes Soziologie, läßt sich die gesamtgesellschaftliche Entwicklung darstellen als gesetzmäßige Aufeinanderfolge von theologischem, metaphysischem und wissenschaftlichem Zeitalter. Im theologischen Stadium, in dem nur anerkannt wird, was aus göttlicher Autorität legitimiert ist, sind alle gesellschaftlichen Erscheinungen von autoritärem und insofern antiwissenschaftlichem Charakter; die gesamte Gesellschaft ist militärisch und anti-industriell geprägt. Im metaphysischen Stadium beginnt sich all dies zu ändern durch den zunehmenden Einfluß der Vernunft. Im wissenschaftlichen Stadium schließlich, wo alles durch Vernunft legitimiert werden muß, ist kein Platz für irgendwelche anderen Autoritäten; alle gesellschaftlichen Erscheinungen sind geprägt durch wissenschaftliche, industrielle und antimilitärische Prinzipien. Diese Theorie ist *gesamtgesellschaftlich* insofern, als nach ihr alle gesellschaftlichen Teilbereiche ihre Form jeweils aus dem im gegebenen Stadium dominierenden Prinzip beziehen. Sie ist *Evolutions*theorie in dem

Sinn, daß sie die Menschheitsgeschichte als Fortschritt von niedrigen zu immer höheren Entwicklungsstadien ansieht; Evolution gilt ihr eindeutig als Positivum, das Höhere erscheint als besser weil vernünftiger. Soziologie ist die Instanz, welche die ‹wissenschaftlichen› Prinzipien des Zusammenlebens entdeckt und ihnen damit zum Durchbruch verhilft – was möglich ist, weil die Entwicklung ohnehin in dieser (und nicht der entgegengesetzten) Richtung verläuft. Ähnliche Evolutionsgedanken sind bis weit in die zweite Hälfte des 19. Jahrhunderts hinein dominant – auch wenn sie weder Comte noch seine Nachfolger vollständig charakterisieren: Comte bekennt sich zu Fortschritt und Ordnung, wobei – je länger, desto mehr – die Ordnung das Übergewicht erhält.

In dieser Dominanz des Evolutionsgedankens in der Soziologie des 19. Jahrhunderts von Comte bis Spencer drückt sich der Aufstiegsoptimismus des emporsteigenden Bürgertums aus, der das gesamte intellektuelle Klima dieser Zeit prägte. Als aufsteigende Klasse par excellence ist die Bourgeoisie jener Jahre von Natur aus geneigt, den permanenten Fortschritt, den sie in ihrem eigenen Alltag erfährt, auf die Gesellschaft als ganze, ja auf die gesamte Menschheitsgeschichte zu projizieren. Die einzigen Hindernisse, die diesem stetigen, allumfassenden Fortschritt im Wege standen, sah man in den überkommenen feudalen Privilegien, die in den Augen der Bourgeoisie spezifisch irrationalen Charakters waren, da sie den Prinzipien der Marktökonomie entgegenstanden. Beseitigung der feudalen Privilegien war demnach das einzige, was nottat, um immerwährenden Fortschritt zu immer größerem Glück der gesamten Menschheit zu garantieren; und der Kampf des Bürgertums gegen den Adel erschien gleichzeitig als Kampf der Vernunft gegen Irrationalität und Obskurantismus.

Fall des gesamtgesellschaftlichen Evolutionismus

Getrübt wurde dieser Fortschrittsoptimismus des Bürgertums ab Mitte des 19. Jahrhunderts durch die Furcht vor dem Proletariat; gebrochen wurde er zur Zeit der endgültigen Etablierung des Imperialismus gegen die Jahrhundertwende. Die Beseitigung feudaler Privilegien, die in der Französischen Revolution mit so viel Blutvergießen eingeleitet worden war, war nach der 1848er Revolution kaum mehr ein Problem – im Gegensatz zu den materiellen Gleichheitsforderungen des Proletariats. Die Bourgeoisie war selbst zur herrschenden

Klasse geworden und sah sich nun ihrerseits bedroht durch die Aufstiegsforderungen der Arbeiterschaft. ‹Aufstieg› war nicht länger eindeutig ein Positivum. Zudem wurde die Aufstiegserfahrung innerhalb des Bürgertums durch die zunehmende Monopolisierung der Wirtschaft gegen Ende des Jahrhunderts auf immer kleinere Kreise beschränkt. Monopole, Kartelle und Trusts erlaubten es immer weniger kleinen Unternehmern, zu großen Kapitalisten zu werden. Und selbst das Großkapital hatte nicht mehr die gleichen Ausdehnungsmöglichkeiten wie früher: Geographische Expansion nationaler Kapitale nach Art des englischen im frühen 19. Jahrhundert war nun nicht mehr naturwüchsig möglich, weil inzwischen die Aufteilung der Welt unter die großen kapitalistischen Staaten durchgeführt und abgeschlossen worden war. Weitere Expansion nach außen konnte jetzt nur noch durch massive Staatseingriffe ermöglicht werden, letztlich durch Krieg, welcher daher eine ständig drohende Gefahr darstellte und schließlich 1914 bis 1918 zur Realität wurde.

All dies veränderte das intellektuelle Klima entscheidend, und davon konnte auch die Theoriebildung in der Soziologie nicht unberührt bleiben. Bei einem Teil der Soziologen führte es zur Aufgabe des Evolutionsgedankens, bei den anderen zur Aufgabe des gesamtgesellschaftlichen Ansatzes. Veränderung der Gesellschaft als ganzer lag nicht länger (wie einst im Ständestaat) im Interesse der Bourgeoisie, und so verzichteten auch die bürgerlichen Soziologen darauf, die Bedingungen für diese Art von Wandel zu studieren. Zyklische Modelle traten an die Stelle der Evolutionstheorien, auf Teilbereiche beschränkte Einzelhypothesen lösten die gesamtgesellschaftlichen Entwürfe ab.

Die Dominanz der zyklischen Modelle ist auf populärwissenschaftlicher Ebene am deutlichsten repräsentiert durch den Erfolg von Oswald Spenglers organizistischen Vorstellungen von Wachstum, Blüte und Verfall einer jeder Kultur, auf seriöser wissenschaftlicher Ebene durch Theorien wie die vom Rassenkampf bei Ludwig Gumplowicz und Gustav Ratzenhofer oder – am erfolgreichsten – die von der Zirkulation der Eliten bei Vilfredo Pareto. Nach letzterer sieht die gesellschaftliche Entwicklung insgesamt folgendermaßen aus: Zuerst erobert sich eine Kaste oder Klasse von tapferen, starken und gewalttätigen Kriegern die Macht in einem bestimmten Gebiet, rottet alle Gegner mitleidlos aus und etabliert so die eigene Herrschaft und den eigenen Staat. Krieg, Gewalt und Unterdrückung sind seine zentralen Merkmale, Mut und Grausamkeit sind die wichtigsten Tugenden der herrschenden Klasse. Langfristig ist jedoch der Raub keine ausreichende Grundlage für die Aufrechterhaltung ihrer Herrschaft; Handel und Gewerbe müssen organisiert werden. Deshalb benötigt man statt der tapferen Krieger von einst (Pareto nennt sie «Löwen») je länger, desto mehr listige, der Intrige kundige «Füchse», die daher in zunehmender Anzahl in die herrschende Klasse kooptiert werden. Auf List und Intrige allein kann aber keine Klasse ihre Herrschaft gründen; deshalb wird das System schließlich seine Überlebensfähigkeit verlieren und dem Ansturm einer neuen «Löwen»-Klasse erliegen – und damit beginnt der Kreislauf wieder von vorn.

Dabei blieb es jedoch nicht. Wie schon angedeutet, wurde auch der gesamtgesellschaftliche Anspruch soziologischer Theorien zunehmend aufgegeben zugunsten von ausschließlich teilbereichsspezifischen Theorien – so sehr, daß E. K. Scheuch 1968 (nahe dem Endpunkt dieser Entwicklung) bekennen konnte: «... bezüglich des Begriffes der Gesamtgesellschaft bin ich agnostisch». Damit gibt man gleichzeitig natürlich auch die Absicht auf, Prognosen über die gesamtgesellschaftliche Entwicklung zu stellen und diese mit Hilfe von jenen beeinflussen zu können. Comtes «savoir pour prévoire, prévoire pour pouvoir» konnte allenfalls noch für Teilbereiche, nicht mehr für die Gesamtgesellschaft gelten; deren Entwicklung in positiver Weise zu beeinflussen, war kein Thema mehr; man überließ sie ihrem Selbstlauf und versuchte allenfalls noch, Einzelheiten zu korrigieren. «Piecemeal social engineering» war die Losung des Tages.

All dies, die Aufgabe des Evolutionsgedankens wie die des gesamtgesellschaftlichen Ansatzes, hat allerdings nicht nur außerwissenschaftliche, gesellschaftliche Ursachen – wie eine naive Ideologiekritik gar zu leicht anzunehmen geneigt ist. Es gibt vielmehr für beides auch theorieimmanente Gründe.

Was den Evolutionismus angeht, konzentrieren sich die theorieimmanenten Schwierigkeiten in der Hauptsache um das Problem des Standards zur Bewertung einer bestimmten Veränderung als Fortschritt. Den älteren Soziologengenerationen waren diese Standards noch als selbstevident erschienen. Für Comte (und Spencer) stand es völlig außer Frage, daß die Entwicklung von einem militaristischen zu einem antimilitaristischen Stadium einen Fortschritt darstellt. In dem militaristisch gesinnten Zeitalter des Imperialismus kamen jedoch auch viele Soziologen dazu, Veränderungen dieser Art als Rückschritt und Verfall anzusehen. In ähnlicher Weise wurde nun eine Reihe von ehemals unbezweifelten Bewertungsmaßstäben in Frage gestellt. Und die Sozialwissenschaften sahen sich nicht in der Lage zu entscheiden, welche von diesen Standards die richtigen seien. Gleichzeitig mußten sie feststellen, daß, was in einer Hinsicht als Fortschritt erschien (sagen wir: Fließbandproduktion führt zu höherem Output als ältere Organisationsformen), in anderer Hinsicht einen Rückschritt bedeuten konnte (sagen wir: in bezug auf die Selbstverwirklichung des Menschen in der Arbeit). Damit wurde auch die alte Vorstellung von einem allumfassenden, integralen Fortschritt, der alle Bereiche des sozialen Lebens einschließt, unhaltbar. Zudem konnten die Entwicklungsschemata der älteren Soziologengenerationen der historischen und ethnographischen Kritik kaum irgendwo standhalten. Man fand gar zu viele Einzelgesellschaften, die sich einfach nicht an die jeweils postulierte Abfolge von Entwicklungsstadien gehalten hatten. Schließlich wurde auch die Methode der Evolutionisten mit guten Gründen angegriffen. Gar zu oft hatten sie willkürlich spezifische Kulturzüge einer bestimmten Gesellschaft ausgesondert, um eines ihrer Entwicklungsstadien zu illustrieren – ohne nach anderen Zügen derselben Gesellschaft zu schauen, die andere Einordnungen hätten nahelegen können; und ohne sich um die kulturelle Bedeutung der ausgesonderten Züge im gesamten gesellschaftlichen Kontext zu kümmern.

Um nur ein Beispiel zu geben: Die Nutzung des Rades zu Transportzwecken wurde in aller Regel als Merkmal eines relativ fortgeschrittenen Entwicklungsniveaus angesehen, und Gesellschaften, die es besaßen, wurden höher eingestuft als andere – ohne Berücksichtigung der Tatsache, daß in manchen Umwelten das Rad eine ziemlich nutzlose Erfindung darstellen würde; im alten Ägypten beispielsweise waren die Nilschiffe für alle praktischen Zwecke sehr viel effektivere Transportmittel, als es der Ochsenkarren gewesen wäre (Childe 1975).

Was den gesamtgesellschaftlichen Ansatz angeht, so verzagten die meisten späteren Soziologen angesichts der Komplexität der Aufgabe, die Gesellschaft als ganze zu analysieren. Diese Entwicklung fand ihren Kulminationspunkt in KARL POPPERS rhetorischer Frage, wie es denn möglich sei, eine Gesellschaft als ganze zu beschreiben, die aus Millionen von Menschen besteht, welche in milliardenfachen Beziehungen zueinander stehen, welche sich ständig verändern, also jeweils eine Geschichte haben, die man zu ihrem Verständnis ebenfalls erzählen müßte (POPPER 1963, S. 179f). Die Soziologie hatte jedoch schon lange vor POPPER begonnen, sich in ungezählte Bindestrich-Soziologien aufzulösen, die nichts anderes sein wollten als Betriebs-Soziologie, Familien-Soziologie, Gemeinde-Soziologie, Jugend-Soziologie usw.

Es macht die Größe der Klassiker der soziologischen Theorie – MARX, WEBER und DURKHEIM – aus, daß sie niemals dieser Versuchung der allzu einfachen Resignation nachgaben. Natürlich unternahmen auch sie es niemals, alle in einer Gesamtgesellschaft existierenden Beziehungen insgesamt zu beschreiben (was übrigens nicht einmal COMTE versucht hatte). Statt dessen suchten sie die entscheidenden Faktoren der gesellschaftlichen Entwicklung ausfindig zu machen, die Faktoren, deren Bewegung determiniert, was in den anderen Gebieten des sozialen Lebens geschieht (oder dies doch zumindest in sehr viel stärkerem Maße bestimmt, als sie ihrerseits von jenen rückbestimmt wird), so daß ihre Kenntnis die Kenntnis der anderen gesellschaftlichen Bereiche einschließt. In ihren Ergebnissen, in den Faktoren, die sie schließlich als die entscheidenden identifizieren, unterscheiden sich MARX, WEBER und DURKHEIM selbstredend entscheidend voneinander. Für MARX ist der entscheidende Faktor die interdependente Entwicklung von «Produktivkräften» und «Produktionsverhältnissen»; für DURKHEIM ist es die Art der «Solidarität», die in einer bestimmten Gesellschaft vorherrscht; für WEBER schließlich sind es Art und Ausmaß der in einer Gesellschaft erreichten «Rationalisierung». Wenigstens in dem Ziel, die wichtigsten determinierenden Faktoren der gesellschaftlichen Entwicklung zu identifizieren, sind die Klassiker jedoch geeint. In diesem Sinn sind alle drei noch Evolutionstheoretiker, wenngleich keiner von ihnen den naiv-optimistischen Glauben eines COMTE oder SPENCER an permanenten Fortschritt zum immer Besseren teilt und keiner der Vorstellung eines allumfassenden integralen Fortschritts huldigt.

Nach DURKHEIM und WEBER hielten für lange Zeit nur noch wenige Außenseiter an der Tradition fest, die Entwicklung der Gesellschaft als Ganzes zu studieren: T. Veblen, C. W. Mills, N. Elïas, in gewissem Sinn auch K. Mannheim sowie die Frankfurter Schule und auf der anderen Seite des politischen Spektrums A. Gehlen. Dem Mainstream der soziologischen Theorie galt die Beschäftigung mit der Analyse gesamtgesellschaftlicher Veränderungen als mehr oder weniger «unehrliches Gewerbe» (cf. Brandt 1972). Die Soziologie des gesamten 19. Jahrhunderts erschien als ‹unwissenschaftlich›, da ihr die korrekte wissenschaftliche Methode gefehlt habe – eine Methode, die nach dieser neuen Tradition erst in der jüngsten Zeit in konkludenter Form durch die gerade entstandene neopositivistische *Philosophy of Science* formuliert worden war, obwohl die Naturwissenschaften sie schon lange vorher praktiziert hatten. Methoden zu entwickeln, die denen der Naturwissenschaften analog waren und den Idealen der neopositivistischen Methodologie entsprachen, wurde zum bestimmenden Motiv der soziologischen Forschung. Die Konstruktion von immer neuen und immer raffinierteren «Methoden der empirischen Sozialforschung» (Fragebogen, Interview, Einstellungsskalen, kontrollierte Beobachtung, teilnehmende Beobachtung, Laboratoriumsexperiment, Feldexperiment etc.) und statistischen Datenverarbeitungstechniken wurde zur Hauptbeschäftigung der Soziologen.

Der neue Szientismus zeugte jedoch noch einen anderen Sprößling: die «Große Theorie», wie Mills diese Richtung zum Unterschied von der gerade beschriebenen «Großen Methode» nannte. Die Große Theorie sieht den zentralen wissenschaftlichen Mangel der Soziologie des 19. Jahrhunderts in der Tatsache, daß diese kein basales axiomatisches System ähnlich dem der Newtonschen Physik entworfen hatte, einem System von wenigen, logisch untereinander verknüpften Axiomen und allgemeinsten Kategorien, aus denen alle wesentlichen Aussagen von niedrigerem Allgemeinheitsgrad abgeleitet werden konnte. Ein derartiges theoretisches System zu entwickeln war die zentrale Aufgabe, die sich Talcott Parsons, der wichtigste Repräsentant der Großen Theorie, gestellt hatte.

Wiedergeburt des gesamtgesellschaftlichen Evolutionismus

Im jüngsten Stadium in der Geschichte der soziologischen Theorie sind Analysen der gesamtgesellschaftlichen Entwicklung wieder zur Mode geworden. Selbst die naive Vorstellung von Evolution als ständigem, integralem Fortschritt zum immer Besseren ist wieder auferstanden. Dieser neue Umschwung begann auf dem Gebiet der Entwicklungsländer-Soziologie. Für die meisten Länder der Dritten Welt lag es nur allzu offen zutage, daß wirtschaftliche Entwicklung Veränderungen der Gesellschaftsstruktur ähnlicher Art erforderte, wie sie in Europa beim Übergang vom Feudalismus zum Kapitalismus stattgefunden hatten. Zudem hatte der Prozeß der Dekolonisation die ‹endgültige› Aufteilung der Welt unter die großen imperialistischen Nationen rückgängig gemacht, so daß die geographische Expansion nationaler Kapitale (gewöhnlich als «Entwicklungshilfe» deklariert) einen neuen Aufschwung nehmen konnte. Ein neuer Aufbruch zur Eroberung der gesamten Welt durch den Kapitalismus wurde unternommen. Diese Entwicklung erweckte in Verbindung mit dem 20 Jahre anhaltenden wirtschaftlichen Aufschwung nach dem Zweiten Weltkrieg erneut die Hoffnung auf immerwährende Expansion des Kapitalismus und das entsprechende optimistische Selbstvertrauen des Großkapitals, der ökonomisch wie ideologisch dominierenden Macht der Gegenwart. All dies mag die Rückkehr des alten Fortschrittkonzepts in der Entwicklungsländersoziologie zumindest teilweise erklären.

Der neue Evolutionismus manifestierte sich zuerst in der sogenannten «Modernisierungstheorie» mit ihrer Unterscheidung zwischen «traditionellen» und «modernen» Gesellschaften (Bendix 1968; Hoselitz 1960; Deutsch 1969; Rostow 1960). Diese Theorie ist eindeutig gesamtgesellschaftlich: Alle Institutionen und Bestandteile «traditioneller» Gesellschaften sind für sie durch Traditionalismus gekennzeichnet, alle Institutionen «moderner» Gesellschaften durch Modernität. Sie ist evolutionistisch im alten, naiven Sinn: Sie sieht Entwicklung als Fortschritt von niedrigen zu immer höheren Stadien – deren höchstes und letztes selbstredend in der US-amerikanischen Gesellschaft erreicht ist. Als typisch für diese Richtung mag W. W. Rostows «Stadien wirtschaftlichen Wachstums» stehen. Rostow sieht genau fünf solcher Stadien: «traditionelle Gesellschaft», «Schaffung der Vorbedingungen für den wirtschaftlichen Aufstieg», «Take-Off», «Entwicklung zur Reife», «Zeitalter des Massenkonsums». «Traditionell» heißt hier: gekennzeichnet durch vor-newtonsche Technologie, Fatalismus sowie eine ausgeprägte und extrem rigide Hierarchie. Dieser Zustand wurde in Europa überwunden durch das Auftreten von risikofreudigen, ständig investierenden Unternehmern. Sobald diese in der Dritten Welt in nennenswertem Umfang auftreten, wird der gleiche Prozeß auch hier ablaufen – und in ziemlich genau 60 Jahren zum Abschluß gelangen.

Der ethnozentrische Charakter dieses Ansatzes ist offenkundig (cf Hauck 1975): Paläolithische und neolithische Gesellschaften, Pygmäenhorden, die Stämme der Maori, das Pharaonische Ägypten, Byzanz und das China des 18. Jahrhunderts sind für die Modernisierungstheorie alle dasselbe: «traditionelle Gesellschaften», während in der amerikanischen Gesellschaft der letzten 100 Jahre die restlichen vier Stadien der Menschheitsgeschichte unterschieden werden müssen. In Wirklichkeit sind jedoch die Unterschiede zwischen den verschiedenen «traditionellen» Gesellschaften, was Hierarchie, Fatalismus und auch Technologie angeht, mindestens ebenso groß wie die zwischen (einigen von) ihnen und den (einigen) «modernen» – die Gesellschaften der Pygmäen oder der Maori zum Beispiel sind eindeutig weit weniger hierarchisch organisiert als die bürgerliche Gesellschaft.

Trotz all ihrer Schwächen hat die Modernisierungstheorie den Weg für eine erstaunliche Renaissance des gesamtgesellschaftlichen Evolutionismus in den siebziger Jahren gebahnt. Den dramatischen Ausgangspunkt für diese Entwicklung bildete Talcott Parsons' Konversion vom deklarierten Anti-Evolutionisten zum Evolutionstheoretiker in den frühen Sechzigern. Seine seitherigen Arbeiten zur soziologischen Theorie zielen immer noch auf ein System von logisch verknüpften, generellen Kategorien und Axiomen; aber dieses System soll jetzt so konstruiert werden, daß es die Analyse von Gesamtgesellschaften als in Evolution begriffenen Systemen erlaubt. Und als Parsons einmal das Zeichen gesetzt hatte, begannen Soziologen aller Schulen zu dem Unternehmen eines «neuen Evolutionismus» beizutragen – in solchem Umfang, daß die Evolutionstheorie auf dem Deutschen Soziologentag von 1974 als das einzig gemeinsame Terrain angesehen wurde, auf dem ein Vergleich der Theorien so verschiedener Schulen wie Phänomenologie, Verhaltenstheorie, Systemtheorie, Kritischer Theorie und Historischem Materialismus möglich erschien (obwohl natürlich die Kontroversen zwischen diesen Schulen bestehen blieben).

Parsons' theoretisches System gab jedoch noch auf einem weiteren Gebiet Anlaß zur Wiederbelebung einer der ältesten Kontroversen in der Geschichte der soziologischen Theorie: der Kontroverse zwischen einem «objektivistischen» und einem «subjektivistischen» Ansatz. Der *subjektivistische* Ansatz versucht, soziologische Theorie ausschließlich auf dem Verhalten, dem Handeln, der Motivation der Individuen aufzubauen, welche zusammen die Gesellschaft bilden. Das Hauptargument dieser Richtung ist, daß soziologische Gesetze (wenn es sie überhaupt gibt) sich niemals in anderer Weise durchsetzen können als durch das Verhalten der Individuen hindurch; deshalb könne das Bewegungsgesetz der Gesellschaft nichts anderes sein als die Resultante der Handlungen all der unzähligen Individuen, welche die Gesellschaft ausmachen. Der *objektivistische* Ansatz versucht im Gegensatz dazu, soziologische Theorie in Unabhängigkeit von den Handlungen und Motivationen der Individuen aufzubauen, ausschließlich auf der Grundlage der strukturellen Notwendigkeiten und Zwänge sozialer Systeme. Sein Hauptargument ist, daß die Motivationen von Individuen und die Ergebnisse ihrer Handlungen völlig verschiedene Dinge sind. Als Beispiel mag das Verhalten am Markt dienen: Wenn die Preise fallen, werden die Anbieter normalerweise versuchen, größere Mengen von ihrer Ware zu verkaufen als zuvor, um Einkommensverluste zu vermeiden; eben dadurch werden sie jedoch unter Umständen zu einem weiteren Sinken der Preise beitragen, im Extremfall zu einer ökonomischen Krise, welche niemand wollte, welche jedoch die notwendige Konsequenz dessen ist, was jeder tat.

Nun ist, wie gesagt, diese aktuelle Kontroverse gleichzeitig eine der ältesten; sie wurde zwischen unter anderen MILLS und COMTE, SPENCER und DURKHEIM, MALINOWSKI und RADCLIFFE-BROWN ausgefochten und bildet auch noch die Grundlage für POPPERS Kritik des Marxismus bzw. «Holismus». Jedoch ist es auch eine neue Kontroverse; denn in den letzten Jahrzehnten haben beide Seiten eine Reihe neuer Argumente gefunden – der subjektivistische Ansatz in erster Linie in der Phänomenologie HUSSERLS und seiner Nachfolger, der objektivistische vor allem in der Kybernetik und der allgemeinen Systemtheorie.

Ein weiterer Punkt muß festgehalten werden: Noch vor knapp 30 Jahren war POPPER nicht völlig im Unrecht, als er den Marxismus unzweideutig dem Lager des Objektivismus zurechnete; heute wird die Subjektivismus-Objektivismus-Debatte in der an MARX orientierten

Soziologie mit der gleichen, wenn nicht mit größerer Schärfe geführt wie in der bürgerlichen. Der objektivistische Ansatz ist hier am besten repräsentiert durch den französischen Strukturalismus (ALTHUSSER, GODELIER), der subjektivistische durch die verschiedenen Schattierungen des Hegel-Marxismus von LUKÁCS bis zu HABERMAS.

An dieser Stelle können wir unsere einführende Tour d'Horizon als beendet betrachten. Ihr Hauptziel war, ein Vorverständnis der Themen zu schaffen, welche in den folgenden Kapiteln zu behandeln sein werden, so daß sie in sich wie in ihrer Verbindung untereinander besser verstanden werden können. Darüber hinaus sollte sie den engen Zusammenhang zwischen sozial- und wirtschaftsgeschichtlichen Entwicklungen und der Geschichte der soziologischen Theorie deutlich machen, aufzeigen, daß (zumindest) in der Soziologie der Übergang von der Dominanz eines Paradigmas zu der eines anderen niemals aus ausschließlich innerwissenschaftlichen Ursachen erklärt werden kann. Eine ideologiekritische Geschichte der soziologischen Theorie muß den Inhalt von Sozialtheorien stets auf die historische und sozioökonomische Situation rückbeziehen, in der diese entwickelt werden.

Die Gründerväter: naiver Evolutionismus

Auguste Comte (1798 bis 1859)

COMTES zentrale Thesen können unter drei Schlagworten zusammengefaßt werden: Wissenschaft, Ordnung, Fortschritt. Alle drei sind aufs engste untereinander verbunden: Wissenschaft schreitet von Natur aus zu immer neuem und höherem Wissen voran; gleichzeitig fördert sie den gesellschaftlichen Fortschritt. Sie erstrebt geistige Ordnung und ist die Grundlage für die bewußte Herstellung einer vernünftigen Ordnung der Gesellschaft. Ordnung und Fortschritt schließlich stehen in absoluter gegenseitiger Abhängigkeit: ohne Ordnung kein Fortschritt, ohne Fortschritt keine Ordnung.

Sein berühmtes Dreistadiengesetz formuliert COMTE signifikanterweise im Rahmen seiner Theorie der *Wissenschaften*. Nach seiner Überzeugung muß jeder zur Reife gelangende individuelle Verstand wie das Denken der Menschheit als ganzer, wie alles Teilbereichswissen notwendig das theologische, das metaphysische und das wissenschaftliche Stadium durchlaufen. Entgegen der Verachtung der Aufklärung für das ‹finstere Mittelalter› sucht COMTE zu zeigen, daß der menschliche Verstand sich nicht anders entwickeln konnte als dadurch, daß er zunächst nach den letzten Ursachen der Dinge fragte, welche er notwendigerweise zuerst in übernatürlichen Kräften (theologisches Stadium), dann in abstrakten Wesenheiten (metaphysisches Stadium) sehen mußte. Erst danach konnte er erkennen, daß die Frage nach den letzten Ursachen überhaupt in die Irre führt, und sich statt dessen der Suche nach objektiven Gesetzen zuwenden, welche die Dinge untereinander verbinden; das für das Handeln im Alltag notwendige pragmatische Denken kam ihm dabei zugute.

Der Übergang zum wissenschaftlichen Denken konnte anfangs nur in den Bereichen vor sich gehen, die sich mit den einfachsten und allgemeinsten Phänomenen befassen, mit denen, die allen irdischen Erscheinungen gemeinsam sind. Diese sind nicht nur am leichtesten in Gesetzesaussagen zu fassen; sie sind auch am weitesten von allem entfernt, was den Menschen direkt berührt, und können daher am ehesten «in ruhiger und vernünftiger Gemütsverfassung» studiert werden. Daher ist es kein Zufall, daß der erste Durchbruch zum wissenschaftlichen Denken in der Astronomie erfolgte, welche demzufolge in der Hierarchie der Wissenschaften die grundlegende unterste Stufe einnimmt und am weitesten entwickelt ist. Auf der nächsthöheren Stufe ist die Physik angesiedelt. Die Erscheinungen, die sie untersucht, sind komplexer und weniger allgemein als die in der Astronomie behandelten; sie tritt in der Geschichte der Wissenschaften später auf als diese. Es folgt die Chemie, dann die Physiologie, mit der erstmals die Grenze zum Organischen überschritten wird. Vollendet wird die Geschichte der Wissenschaft durch die Begründung der Soziologie[2] in COMTES eigenem Werk, in der erstmals auch die sozialen und moralischen Tatsachen einer wissenschaftlichen Betrachtungsweise unterworfen werden – einfach dadurch, daß der «positive Geist», der die Behandlung aller natürlichen Phänomene in den etablierten Wissenschaften leitet, endlich auch auf die sozialen Erscheinungen angewendet wird; dadurch, daß auch die sozialen Tatsachen als «echten Naturgesetzen unterworfen» angesehen werden (cf. COMTE 1969a, S. 246f).

Die allgemeinste Regel des wahren, des «positiven» wissenschaftlichen Verfahrens ist, wie bereits angedeutet, das Aufgeben der Frage nach den Ursachen zugunsten der Suche nach objektiven, gesetzmäßigen Zusammenhängen zwischen den Dingen. Nur das Wissen um derartige objektive Gesetze ermöglicht Vorhersagen und rationale Planung. Weiterhin läßt die Wissenschaft nur Aussagen zu, die auf beobachtete Fakten zurückgeführt werden können – und beobachtbar sind immer nur die äußerlichen Erscheinungen, niemals das innere Wesen einer Sache (cf. z. B. COMTE 1968b, S. 338). Dies darf allerdings nicht zum puren Empirismus führen: «Keine echte Beobachtung ist möglich, außer insoweit, als sie durch irgendeine Theorie anfangs gelenkt und am Ende interpretiert wird» (COMTE 1969a, S. 334; cf. auch 1968a, S. 7).

Die spezifisch wissenschaftlichen Verfahrensweisen sind Beobachtung, Experiment und Vergleich. Im Bereich der Soziologie spielt der letztgenannte die Hauptrolle. «Der historische Vergleich der verschiedenen aufeinanderfolgenden Zustände der Menschheit stellt das bedeutsamste wissenschaftliche Hilfsmittel der neuen politischen Philosophie dar» (Comte 1969 a, S. 360). Die Lücken, welche unser mangelhaftes historisches Wissen dabei offenläßt, müssen ausgefüllt werden durch Vergleich verschiedenartiger heute noch lebender Gesellschaften. Dies ist möglich wegen der «notwendigen und dauerhaften Einheit der Menschheitsentwicklung»; «von den unglücklichen Einwohnern Feuerlands bis zu den fortgeschrittensten Völkern Westeuropas kann man sich keine gesellschaftliche Abstufung vorstellen, welche sich nicht an irgendwelchen Punkten des Erdballs wirklich vorfände» (ibidem S. 355). Wichtig ist ferner, daß die Soziologie die Ergebnisse der in der Hierarchie niedriger stehenden Wissenschaften – insbesondere der Biologie – in ihre Erklärungen aufnehmen muß; diese gehen aber nicht in jenen auf, da im sozialen Bereich wie überall auf den höheren Stufen der Komplexität neue Gesetzmäßigkeiten zusätzlich zu den alten wirken. Die Forschungsstrategie der Human- und Sozialwissenschaften schließlich muß es sein, vom Ganzen zu den Teilen vorauszuschreiten, da wir den Menschen und die Gesamtgesellschaft besser kennen als die Teile, aus denen sie sich zusammensetzen (cf. ibidem S. 286).

Fortschritt ist das Prinzip, welches die positive Wissenschaft von der Gesellschaft von den Philosophen der Aufklärung und von der Französischen Revolution übernimmt. Das Studium der Formen, Bedingungen und Konsequenzen des Fortschritts ist Aufgabe der soziologischen Teildisziplin «Soziale Dynamik». Das allgemeinste Gesetz des gesellschaftlichen Fortschritts ist natürlich das Dreistadiengesetz. Zu seiner Begründung führt Comte aus, daß die *intellektuelle Entwicklung* notwendigerweise das dominierende Prinzip jeder gesellschaftlichen Entwicklung sei; denn es könne keinem Zweifel unterliegen, daß «Ideen die Welt regieren und umwälzen» (Comte 1968 a, S. 40). «Seit der Zeit des ersten Aufschwungs des philosophischen Denkens hat man stets anerkannt ..., daß die Geschichte der Gesellschaft in erster Linie durch die Geschichte des menschlichen Geistes bestimmt wird» (Comte 1969 a, S. 518 f). Da aber, wie gesehen, der Geist notwendig das theologische, metaphysische und wissenschaftliche Stadium hintereinander durchlaufen muß, muß die Gesellschaft konsequenterweise das gleiche tun. Ihre «materielle Entwicklung muß unvermeidlich einem Kurs folgen, der (der intellektuellen Entwicklung) nicht nur analog ist, sondern ihr vollständig entspricht» (ibidem S. 568).

Dem theologischen Denken ist die Untersuchung objektiver Naturgesetze, wie sie für jede industrielle Tätigkeit notwendig ist, fremd. Daher lebten die Gesellschaften im theologischen Stadium nicht in erster Linie von regelmäßiger Arbeit, sondern von der Kriegsführung und der Versklavung anderer Völker. Die militärische Verfassung dieser Gesellschaften entspricht dem theologischen Denken auch insofern vollkommen, als die Religion den Geist der «vollständigen und permanenten Unterordnung» schafft, der für das Militär so wesentlich ist. Das wissenschaftliche Denken, andererseits, ist mit diesem Geist der Unterordnung ebenso unverträglich wie mit der Suche nach letzten Ursachen; es sucht nach gesetzmäßigen Zusammenhängen – und diese kommen großenteils der industriellen Entwicklung zugute, ebenso wie auch letztere das erstere fördert. Über den sozialen Charakter des metaphysischen Stadiums verliert COMTE nur wenige Worte. Wichtig zu sein scheint ihm vor allem, daß hier im militärischen Bereich die Verteidigung bedeutsamer wird als die Eroberung.

Der Fortschritt des Menschengeschlechts ist für COMTE unvermeidlich. Er unterliegt der Modifikation nur bezüglich seiner Geschwindigkeit; jegliche Umkehrung in der grundlegenden Reihenfolge der Entwicklung und jegliches Überspringen von Stufen wird ausgeschlossen (cf. ibidem S. 316). Er ist kontinuierlich; jeder Schritt ist «die notwendige Folge einer graduellen Reihe vorhergehender Veränderungen» (ibidem S. 294). Er ist die direkte Verlängerung der biologischen Entwicklung. Und er ist Entwicklung zum Besseren: «Die Menschheitsentwicklung scheint mir in der Tat ständig ... eine doppelseitige und wachsende Verbesserung nach sich zu ziehen, nicht nur bezüglich der grundlegenden Bedingungen der menschlichen Existenz ..., sondern auch ... in unseren entsprechenden Fähigkeiten» (ibidem S. 305, cf. auch S. 501). Die «schimärenhafte Vorstellung der Möglichkeit einer unbegrenzten Vervollkommnung» muß allerdings ausgeschlossen werden (ibidem).

Aufklärung und Französische Revolution waren, so COMTE, notwendig für die Entwicklung der Wissenschaft wie der Gesellschaft; denn nur durch sie wurde der erstarrten alten Gesellschaft der Todesstoß versetzt und dadurch deutlich gemacht, daß Fortschritt eine notwendige Bedingung des gesellschaftlichen Zusammenlebens ist. Ihre Arbeit erschöpfte sich jedoch in dieser negativen Kritik. Die wichtigere, die positive Aufgabe bleibt noch zu erledigen: die Herstellung einer neuen *Ordnung*. Denn Ordnung ist ebenfalls eine notwendige Voraussetzung dafür, daß sich die Gesellschaft in einem «natürlichen, regulären und normalen Zustand» befindet (COMTE 1968a, S. 41). «Fortschritt ist nichts anderes als die Entwicklung der Ordnung.» Die Zusammengehörigkeit von Fortschritt und Ordnung, der Prinzipien von Revolution und Reaktion konnte nach COMTEs Meinung erst in seiner eigenen positiven Wissenschaft von der Gesellschaft erkannt werden. COMTE beschreibt die Zeit, in der er lebt, immer wieder als eine Ära der «politischen und moralischen Krise», der «gesellschaftlichen Verwirrungen», der «intellektuellen Anarchie» und der «geistigen Entfremdung» (cf. z. B. COMTE 1968a, S. 40ff; 1969a, S. 323ff), ohne jegliche Kontinuität und jeglichen Halt – was sich u. a. in der gleichzeitigen Existenz von theologischem, metaphysischem und wissenschaftlichem Denken manifestiert. Die «Soziale Statik» als Teilbereich der positiven Wissenschaft von der Gesellschaft hat die Bedingungen für die Überwindung dieses Zustandes ausfindig zu machen.

Die Elemente einer jeden sozialen Ordnung sind nach den Erkenntnissen der sozialen Statik Familien (nicht Individuen!), Klassen oder Kasten und Städte oder Gemeinden. Die wichtigsten Faktoren, welche die Ordnung garantieren, sind Arbeitsteilung und Moral. Die Moral ist der «Zement», der die Gesellschaft in einem gemeinsamen «Kult» zusammenhält. Die Arbeitsteilung ermöglicht die volle Ausnutzung aller individuellen Fähigkeiten zum Wohle der Gemeinschaft, und sie erweckt in jedem einzelnen das Gefühl für die gegenseitige Abhängigkeit. Sie birgt jedoch die Gefahr in sich, daß die Individuen den Sinn für das Ganze verlieren und nur noch ihren privaten Interessen nachgehen. Hieraus erwächst die Notwendigkeit der Existenz einer – in Individuen konzentrierten – Regierung. Deren Aufgabe ist es, der Überspezialisierung entgegenzuwirken und gleichzeitig die arbeitsteilig getrennten Aktivitäten zu koordinieren. «Zwischen dem Ganzen und den Teilen des sozialen Systems» muß stets eine «spontane Harmonie» existieren. Weiterhin muß «dieses Ganze ... mit dem jeweiligen Stand der gesamten Menschheitsentwicklung übereinstimmen». Die einzige Aufgabe der Regierung wie des gesamten politischen Systems ist es, «die spontane Entwicklung entsprechend zu regulieren, um sie so gut wie möglich einer vollkommeneren Erfüllung ihres vorherbestimmten natürlichen Zieles zuzuführen» (COMTE 1969a, S. 268). Die Möglichkeiten der Regierung, irgendwelche Änderungen herbeizuführen, sind jedoch eng begrenzt durch die Gesetze der sozialen Statik und Dynamik. Es ist «pueriler Unsinn», der nur zu «gewaltsamen und gefährlichen Extravaganzen führen kann», wenn manche Revolutionäre glauben, «sich zum souveränen Schiedsrichter des menschlichen Fortschritts aufwerfen zu können» (ibidem). Es gibt unheilbare politische Übel; ihnen gegenüber kann uns die positive Wissenschaft zu dem nötigen Gleichmut verhelfen, da sie uns erkennen läßt, daß es eben Naturgesetze sind, welche sie unüberwindbar machen.

Aus alledem folgt, daß die Überwindung der großen Krise keine politische, sondern nur eine moralische sein kann. Dies hält COMTE vor allem dem «Kommunisten» immer wieder vor. Die Lösung, «die wir der ihrigen entgegensetzen, unterscheidet sich von dieser vor allem dadurch, daß wir politische durch moralische Mittel ersetzen» (COMTE 1969c, S. 157). Es geht nicht um Veränderungen im materiellen Bereich, sondern um moralische Reorganisation. Mißbrauch des Eigentums muß durch «moralische, nicht durch politische Regeln» verhindert werden (ibidem S. 163). Die Arbeitsteilung zwischen Kapitalisten und Proletariern einschließlich der Konzentration der Macht bei den ersteren ist notwendig; deshalb haben sich letztere damit abzufinden – was moralische Appelle nicht ausschließt. Die positive Wissenschaft leitet die Arbeiter an, «stürmische Diskussionen über Rechte durch friedliche Definitionen von Pflichten zu ersetzen. Sie überwindet nutzlose Auseinandersetzungen um den Besitz von Macht durch Untersuchung der Regeln, welche ihren weisen Gebrauch regulieren sollten» (ibidem S. 151). Angesichts der überwältigenden Bedeutung, die COMTE der Moral beimißt, nimmt es nicht Wunder, daß er, der ursprünglich nur auf «beobachtete Fakten» zurückführbare Aussagen gelten lassen wollte und alle «Metaphysik» mit szientistischem Pathos ablehnte, später seine Hauptaufgabe in der Schaffung einer neuen «positiven» Moral und einer «wissenschaftlichen» Religion sah, zu deren Papst er sich selbst ernannte.

Es fällt schwer, in COMTES Soziologie mehr zu sehen als die bürgerliche Ideologie, die sie ist. Der Fortschrittsoptimismus des Bürgertums spiegelt sich darin ebenso wider wie seine Angst vor dem Proletariat. Der Fortschritt zu immer vollkommenerer Harmonie ist garantiert, wenn nur die Überreste der alten Ordnung (sprich: die verbliebenen feudalen Privilegien) samt dem dazugehörigen metaphysischen und theologischen Denken überwunden werden, der Staat sich nicht allzusehr in die Angelegenheiten der bürgerlichen Gesellschaft einmischt und die Ordnung gewährleistet bleibt – was vor allem bedeutet, daß das Proletariat mittels moralischer Indoktrinierung dazu gebracht werden muß, sich bescheiden in sein Schicksal zu fügen und auf politische Forderungen wie auf das Streben nach politischer Macht zu verzichten. Die relative Wahrheit, die die bürgerliche Ideologie in den Anfängen noch besaß, insofern als die Emanzipation der Menschheit, die Abschaffung der Herrschaft des Menschen über den Menschen, tatsächlich die Emanzipation des Dritten Standes von feudaler Unterdrückung voraussetzte, hat bei COMTE schon nahezu vollständig einer neuen, bürgerlichen Herrschaftsideologie Platz gemacht. Was ihn auszeichnet, ist vor allem das sein gesamtes Oeuvre durchdringende Bemühen um strikteste Systematik und positive Wissenschaftlichkeit nach dem Muster der exakten Naturwissenschaften. Letztere bleibt allerdings weitgehend Deklaration: «Das Dreistadiengesetz zu formulieren reicht aus, um seine Richtigkeit jedem, der ein etwas tieferes Wissen von der Geschichte besitzt, unmittelbar verifiziert erscheinen zu lassen» (COMTE 1968a, S. 5); seine Rückführung auf beobachtete Tatsachen wird in der Philosophie Positive für spätere Zeiten versprochen, in der Politique Positive als schon geleistet dargestellt. Zudem zeigt sich schon bei COMTE ein allem Positivismus (bis hin zu POPPER) gemeinsames Defizit: Dadurch, daß vernünftige Tätigkeit mit der Beobachtung äußerlicher Daten identifiziert wird, werden alle solcher äußerlichen Beobachtung nicht zugänglichen Bereiche dem «bloßen Ahnen» (HORKHEIMER 1933, S. 27) überlassen – was COMTE schon früh zu einer an sich erstaunlichen Toleranz gegenüber allem Aberglauben führt (cf. COMTE 1970, S. 52), die er in seiner «positiven Religion» weidlich ausnutzte.

Die Bedeutung von COMTES Werk scheint mir denn auch weniger in seinen inhaltlichen Aussagen zu liegen als in den Anstößen für spätere Unternehmen der Erkenntnisgewinnung. Sein System könnte dann in ähnlicher Weise als früher Versuch zur denkenden Ordnung im Bereich der gesellschaftlichen Entwicklung gewertet werden wie die vordarwinschen (z. B. Linnéschen) Bemühungen zur Klassifikation der Tierwelt im Bereich der Biologie: als einer der Fehlversuche, die zur Gewinnung vernünftiger Erkenntnis notwendig sind. Jedoch ist hier nicht zu vergessen, daß das Dreistadiengesetz vor COMTE schon von

CONDORCET und SAINT-SIMON formuliert worden war. Seine stringenteste Fassung und die konsequenteste Formulierung seiner Prämissen – Ideen regieren die Welt; Erkenntnis der jeweils dominierenden Ideen ist demnach Erkenntnis des Ganzen der Gesellschaft – findet es jedoch bei COMTE. Anstöße zu späterer historischer und ethnographischer Forschung in (evolutions-)theoretischer Perspektive gehen vor allem von COMTES Ideen zur historisch-komparativen Methode aus. Der Gedanke, daß die Arbeitsteilung nicht nur ein die Individuen voneinander isolierendes Mittel zur Erhöhung der Produktivität ist, sondern auch ein soziales Bindemittel, stellt einen – wenngleich problematischen – Fortschritt gegenüber der rein ökonomischen Betrachtungsweise dar; er sollte später auf dem Weg über DURKHEIM zum Gemeingut des bürgerlich-soziologischen Denkens werden – ebenso wie der von der Moral als «Zement» der Gesellschaft.

Herbert Spencer (1820 bis 1903)

Für SPENCER gilt es nicht nur – wie für COMTE –, die erfolgreiche Methode der Naturwissenschaften auf die Soziologie anzuwenden. Er versucht darüber hinaus ein einheitliches Entwicklungsgesetz aufzustellen, das auf die Gesellschaft ebenso anwendbar ist wie auf die belebte und unbelebte Natur. In seiner allgemeinsten Form behauptet dieses Gesetz die zunehmende Integration der Materie bei gleichzeitigem Rückgang der Bewegung bzw. Energie. «In der Entwicklung des Sonnensystems, eines Planeten, eines Organismus, einer Nation findet sich in gleicher Weise fortschreitende Aggregation der gesamten Masse» verbunden mit «einem Verlust an relativer Bewegung» (SPENCER 1904, S. 263). Durch die zunehmende Integration der verschiedenen Teile eines Ganzen wird auch ihre gegenseitige Abhängigkeit verstärkt, besonders im organischen und sozialen Bereich, wo die einzelnen Organe «für- und voneinander leben». Diese gegenseitige Abhängigkeit wird noch vergrößert dadurch, daß hier die Zunahme an Integration mit fortschreitender Differenzierung, mit fortschreitender Spezialisierung der Funktionen verbunden ist. Bei den Amöben z. B. nimmt eine einzige Zelle alle Funktionen des Stoffwechsels, der

Bewegung und der Vermehrung wahr; bei in Kolonien lebenden Einzellern und deutlicher noch bei Polypen spezialisieren sich einzelne Zellen schon auf bestimmte Teilfunktionen. Ein analoges Beispiel im gesellschaftlichen Bereich wäre die Herausdifferenzierung spezifischer Funktionen durch Arbeitsteilung. «Evolution» läßt sich demnach definieren als «fortschreitende Integration bei fortschreitender Differenzierung» oder, in präziserer Form, als «Übergang von inkohärenter Homogenität zu kohärenter Heterogenität, verbunden mit einem Verlust an Bewegung und Integration von Materie» (ibidem S. 262).

Die hier zum Ausdruck kommende Abstraktheit der Sprache SPENCERS, welche geradewegs die moderne Kybernetik vorwegnimmt, hindert ihn allerdings nicht, umfangreiches historisches und ethnographisches Material zur Stützung seiner Thesen zu studieren und auszubreiten. Daher erscheint SPENCERS Theorie der gesellschaftlichen Entwicklung sehr viel empirischer und konkreter als die COMTEsche.

Das zentrale Problem des Urmenschen war für SPENCER das Überleben in einer Welt von ihm feindlichen Tierarten. Dies zwang ihn vor allem zur Entwicklung des Willens zum Töten, welcher seinen gesamten Charakter prägen mußte. Gruppen, die diesen Willen nicht entwickelten, fielen als nicht überlebenstüchtig unweigerlich der Ausrottung anheim – die Rede vom «Überleben der Tüchtigsten» stammt von SPENCER; DARWIN hat sie ausdrücklich von ihm übernommen. Der Wille zum Töten läßt sich aber, so SPENCER, nicht auf die Tötung der subhumanen Arten beschränken; er dehnt sich notwendig auf die Mitmenschen aus, besonders auf diejenigen, die nicht der eigenen Horde angehören – weshalb ständige Kriegführung und Militarismus ein Wesensmerkmal dieser frühen Gesellschaften ist. Die Horden oder wandernden Familien sind anfangs notwendig sehr klein und undifferenziert; jedermann ist gleichzeitig Krieger, Jäger, Fischer, Werkzeugmacher, Baumeister etc. Die ständige Kriegführung hatte jedoch – neben der Ausrottung lebensuntüchtiger Rassen – immer wieder zur Folge, daß einzelne Gruppen ihre zufällige militärische Überlegenheit zur Versklavung, dauerhaften Unterwerfung und Einverleibung anderer benutzten. Hierdurch wurde der gruppeninterne Bereich, in dem die Kriegführung untersagt und vergleichsweise friedliche Entwicklung der Produktion möglich war, vergrößert. Dadurch wurde zum einen die Entwicklung weniger kriegerischer Charakterzüge gefördert, zum anderen die interne Differenzierung durch arbeitsteilige Spezialisierung – die Arbeitsteilung zwischen produzierenden Sklaven und kriegführenden Herren ist eine der ersten Formen der Differenzierung, andere folgten. Die Kriegführung nach außen jedoch ging weiter; sie mußte mit gleicher Notwendigkeit wie auf der ersten Stufe zur Inkorporation neuer Einheiten in immer größere soziale Gebilde und zu immer weitergehender Ausbreitung der Arbeitsteilung, der Produktion und des friedlich-industriellen Charaktertyps führen. Am Ende dieses Prozesses wird die friedliche Weltgesellschaft stehen, welche die Kriegführung, das Militär und die Regierung nicht mehr nötig hat.

Obwohl es nach dem bisher Dargestellten so scheinen mag, ist der Vorwurf nicht zutreffend, SPENCER habe ein ungeheuer vereinfachendes, geradliniges und «unilineares» Modell der Entwicklung entworfen. SPENCER ist sich der Komplexität der historischen Entwicklung voll bewußt und führt ungezählte Differenzierungen ein, um ihr Rechnung zu tragen. Dies zeigt sich vor allem in der zwiefältigen «Klassifizierung sozialer Phänomene», die er vornimmt (SPENCER 1887, S. 120ff). Er unterscheidet Gesellschaften zum einen nach dem Grad ihrer Integration als «einfache», «zusammengesetzte» (nämlich aus Subgruppen mit eigenen politischen Oberhäuptern), «doppelt» und «dreifach zusammengesetzte» (jeweils aus Subgruppen der vorhergehenden Stufe). Einfache Gesellschaften können herrschaftslos organisiert sein, aber wie alle höheren Formen auch gelegenheitsgebundene, unstabile und sogar stabile Herrschaftssysteme entwickeln. Auf allen Stufen außer der höchsten kommen nomadische, halbseßhafte und seßhafte Lebensweise vor. Aus alledem ergibt sich eine ungeheuer verästelte Vielfalt von Typen, die in keiner Weise in eine gemeinsame Entwicklungsfolge gebracht werden können – obwohl die allgemeine Entwicklungsrichtung natürlich vom Einfachen und Undifferenzierten zum Zusammengesetzten geht. All dies bleibt nicht bloße Spekulation; es wird belegt mit Beispielen aus über hundert verschiedenen Gesellschaften, von den Andamanern zu den Yucatanern und von den homerischen Griechen zu den victorianischen Engländern.

Zum zweiten klassifiziert SPENCER Gesellschaften aber auch nach der relativen Bedeutung ihrer militärischen und ihrer produktiven

Organe in einen militanten und einen industriellen Typ. Der *militante* Typ ist dadurch gekennzeichnet, daß die gesamte Gesellschaft nach den Grundsätzen einer Armee organisiert ist: zentralisierte Herrschaft mit absoluter Autorität, strenge Hierarchie und vollständige Unterordnung der niedrigen Ränge unter die jeweils höheren. Das gleiche Bild wiederholt sich in der Familie und der Religion; und selbst der Charakter der Menschen wird durch die Organisationsform geprägt: In Gesellschaften des militanten Typs herrschen gewalttätige und gleichzeitig autoritätsgläubige Charaktere vor. Die Gesellschaft ist eben ein «Organismus», in dem alles von allem abhängt. Der *industrielle* Typus ist durch hohe Produktivität, Antimilitarismus, Demokratie, Freiheit des Handelns und Heiligkeit des Eigentums gekennzeichnet. Die Unterordnung der Regierung unter die Gesellschaft garantiert hier, daß die Harmonie zwischen privaten und öffentlichen Interessen verwirklicht wird und zur Maximierung des Glücks der Gesellschaftsmitglieder führt. Der vorherrschende Charaktertyp ist durch Fleiß, Individualismus und Friedfertigkeit geprägt.

Die allgemeine Entwicklungsrichtung ist auch hier klar: Sie führt vom militanten zum industriellen Typ. Aber SPENCER führt selbst eine ganze Reihe von einfachen Gesellschaften an, die industriell, friedlich und demokratisch organisiert waren, von den Arafuas bis zu den Pueblos. Dagegen bemerkt er, daß im England seiner eigenen Epoche, nachdem gerade «ein Grad an individueller Freiheit erreicht (worden war), größer als jemals zuvor einer bestanden hatte, seit sich Nationen zu bilden begonnen hatten» (SPENCER 1897, S. 672), mit dem Imperialismus nun eine Re-Barbarisierung, ein Umschwung zu neuem Militarismus und Autoritarismus sowie zu neuer Zentralisierung und Staatseinmischung eingetreten war. Diese Entwicklung bekämpft SPENCER als eingefleischter Liberaler mit aller Leidenschaft. Seine bitteren Tiraden gegen die skrupellose koloniale Expansionspolitik Englands, die ständig Verträge mit gutgläubigen Eingeborenen schloß, nur um sie bei nächstbester Gelegenheit wieder zu brechen, sind auch heute noch überaus lesenswert – zumal sie in so seltsamem Kontrast zu dem ideologischen Nutzen stehen, den die Kolonialisten aus SPENCERS Slogan vom Überleben der Tüchtigsten ziehen konnten: Die schwächeren Rassen müßten eben den stärkeren weichen. Dieser Widerspruch ist SPENCER jedoch nie aufgegangen. Statt dessen klammert er sich an seine liberal-evolutionistische Hoffnung:

«Wenn aber der Entwicklungsprozeß, welcher, durch die vergangenen Zeiten niemals stillstehend das Leben auf seine jetzige Höhe gebracht hat, durch die ganze Zukunft noch fortdauert, was wir doch voraussetzen müssen, dann wird unter all den rhythmischen Wandlungen in jeder Gesellschaft, mitten unter all dem Leben und Sterben von Nationen, mitten unter dem Ersetzen von Rassen durch Rassen, jene Anpassung der menschlichen Natur an den socialen Zustand weitergehen, welche begann, als sich Wilde zuerst zur gegenseitigen Verteidigung in Horden sammelten – eine Anpassung, welche schließlich vollständig sein wird» (ibidem S. 679).

Dann wird das letzte Stadium der menschlichen Entwicklung erreicht sein, das Stadium der Freiheit, der Individuation, der Harmonie zwischen öffentlichen und privaten Interessen, des Friedens und des Glücks. Da dies der Zustand ist, zu dem die ganze Schöpfung hinstrebt, entspricht er auch der höchsten Moralität; ihn zu verwirklichen ist moralische Pflicht.

Es ist offenkundig, daß die von SPENCER herausgearbeiteten Mechanismen der gesellschaftlichen Entwicklung – Differenzierung und Integration, Kampf aller gegen alle, Survival of the Fittest – sehr viel weniger idealistisch sind, einer Erklärung von Sozialem durch Soziales sehr viel zuträglicher als COMTES «Ideen regieren die Welt». Insofern bietet SPENCERS Soziologie eine Reihe von wertvollen Einsichten und weiterführenden Ideen – woran auch die vielen berechtigten und unberechtigten Einwände gegen seine Methodologie nichts ändern können. Unberechtigt erscheint, wie gezeigt, unter anderem der Vorwurf der Unilinearität. Die berechtigten Einwände wenden sich in erster Linie gegen SPENCERS Gebrauch der Organismus-Analogie und der komparativen Methode. Was in aller Welt beweist es, wenn SPENCER die handarbeitenden Berufe mit den Ernährungsorganen und die Kaufleute mit dem Gefäßsystem im menschlichen Körper in eins setzt? Noch weniger angebracht ist es, die verschiedensten Gesellschaften nach dem Vorhandensein oder Fehlen einzelner Kulturzüge wie Zauberei oder Kopfjagd miteinander zu vergleichen, ohne den kulturellen Zusammenhang zu berücksichtigen, in dem diese stehen, ohne in Rechnung zu stellen, daß formal gleichartige Kulturzüge in unterschiedlichem gesellschaftlichem Kontext völlig verschiedenartige Bedeutung haben können. Dennoch kann diese Kritik die Brauchbarkeit der zentralen Konzepte von SPENCER nicht in Frage stellen.

Auf der anderen Seite ist jedoch nicht zu übersehen, daß insbesondere das Prinzip des Überlebenskampfes eine Projektion der Selbsterfahrung des Bürgertums unter den Bedingungen des Konkurrenzkapitalismus in die gesamte Weltgeschichte hinein darstellt – eine Vorstellung, die etwa dem Zunfthandwerker zur Blütezeit der mittelalterlichen Städte oder einem Theologen derselben Zeit niemals hätte in den Sinn kommen können. Ebensowenig ist zu übersehen, daß diese Konzeption den militärisch wie den wirtschaftlich Überlegenen eine billige Rechtfertigung zur Unterdrückung der Schwächeren liefert; denn die Tatsache ihrer Überlegenheit beweist ihrzufolge ja gerade, daß ihnen die Zukunft und damit die Moral gehört.

Spencer selbst zieht hin und wieder solche ‹sozialdarwinistischen› Konsequenzen (‹spenceristisch› wäre angebrachter): «Wir müssen das als relativ gut bezeichnen, was das Überleben der Gesellschaft fördert, wie großes Leid es auch ihren Mitgliedern auferlegen mag» (Spencer 1904, S. 233). Konsequenterweise wendet er sich gegen jede Art von sozialstaatlichen Maßnahmen – gegen jegliche Form der Armengesetzgebung ebenso wie gegen obligatorische Pockenimpfung wie gegen ein aus Steuermitteln finanziertes Kanalisationssystem, ja sogar gegen ein kostenloses öffentliches Schulsystem; all dies würde den natürlichen Ausleseprozeß stören. Diejenigen, die durch wirtschaftliche Schwierigkeiten nicht «zur Verbesserung in der Produktion – das heißt zu höherer geistiger Aktivität – stimuliert werden, sind auf dem besten Weg zur Ausrottung und müssen letztlich durch diejenigen ersetzt werden, bei denen der wirtschaftliche Druck diese Wirkung hat» (Spencer 1852, S. 459).

Dieses Modell setzt natürlich voraus, daß die Fähigkeit zu «höherer geistiger Aktivität» ausschließlich durch Erbanlagen bestimmt ist – wenn auch Umweltfaktoren eine Rolle spielen, macht es Sinn, diese Faktoren zu verändern, um jene Aktivität zu fördern. Es setzt weiter voraus, daß die Startchancen für alle Begabten gleich sind – anderenfalls würde es Sinn machen, die Chancen der Benachteiligten zu verbessern. Es setzt schließlich voraus, daß diejenigen Qualitäten, welche es in unserer Gesellschaft erlauben, Reichtum zu scheffeln, die für das künftige Überleben und den Fortschritt der Menschheit allein entscheidenden sind – andernfalls würde es Sinn machen, auch Eigenschaften, die für die Profitmacherei nutzlos sind, zu fördern. Diese drei Voraussetzungen – die von dem Konzept des Überlebenskampfes durchaus abtrennbar sind – sind selbst unter den Bedingungen des Konkurrenzkapitalismus nicht nur fragwürdig, sondern falsch. Sie entsprechen jedoch den Legitimationsbedürfnissen der Bourgeoisie dieses Stadiums wie auch ihrer Opposition gegen staatliche Eingriffe in ihre Geschäfte. Insofern sind sie bürgerliche Ideologie. Selbst als Ideologie werden sie jedoch mit dem Aufkommen des Monopolkapitalismus, für den Stärkung der Staatsmacht und ständige Zunahme der staatlichen Wirtschaftstätigkeit Überlebensnotwendigkeiten darstellen, in den letzten Lebensjahren SPENCERS zunehmend anachronistisch.

Lewis Henry Morgan (1818 bis 1881)

MORGAN studiert die gesellschaftliche Entwicklung unter zwei zentralen Gesichtspunkten: dem der Produktion und dem der Reproduktion. Beide müssen getrennt untersucht werden, sind aber empirisch eng miteinander verbunden: Bestimmten Stadien der technologischen Entwicklung entsprechen stets bestimmte Familienformen und Verwandtschaftssysteme. Das brauchbarste Kriterium für die Einteilung der Menschheitsgeschichte liefert die jeweils angewandte Technologie. Mit Hilfe dieses Kriteriums lassen sich drei Hauptstufen der Menschheitsentwicklung unterscheiden: Wildheit, Barbarei und Zivilisation. Die ersten beiden lassen sich nochmals in drei Unterstufen gliedern: die untere, die mittlere und die obere. Daraus ergibt sich folgendes Schema (cf. MORGAN 1908, S. 9ff):

Unterstufe der Wildheit: Die Menschen ernähren sich von Früchten und Nüssen und leben zumindest teilweise auf Bäumen. Von diesem Stadium haben keinerlei Spuren bis in unsere Zeit überlebt; es kann nur erschlossen, nicht empirisch nachgewiesen werden.

Mittelstufe der Wildheit: Gekennzeichnet durch die Erfindung von Techniken des Feuermachens und durch die dadurch ermöglichte Nutzung von Fisch als zusätzlichem Nahrungsmittel. Grob gearbeitete Steinwerkzeuge kommen vor.

Oberstufe der Wildheit: Gekennzeichnet durch die Erfindung von Pfeil und Bogen, die die Effektivität der Jagd so sehr erhöhte, daß erstmals der regelmäßige Konsum von Fleisch möglich wurde. Die Techniken der Steinbearbeitung wurden wesentlich verbessert.

Unterstufe der Barbarei: Gekennzeichnet durch die Erfindung der Töpferei.

Mittelstufe der Barbarei: Gekennzeichnet durch die Zähmung von Milch und Fleisch liefernden Tieren in der Alten, den Anbau von Mais auf bewässerten Feldern in der Neuen Welt.

Oberstufe der Barbarei: Gekennzeichnet durch die Erfindung von Techniken der Eisenbearbeitung, welche ihrerseits vor allem die Erfindung des Pflugs und damit eine gewaltige Steigerung der Produktivität der Landwirtschaft ermöglichte.

Zivilisation: Gekennzeichnet durch die Entwicklung der Schrift bzw. des phonetischen Alphabets.

Der Unterstufe der Wildheit entspricht im Reproduktionsbereich die «Blutsverwandtschaftsfamilie» (cf. ibidem S. 337ff), die Promiskuität zwischen allen Männern und Frauen derselben Generation. Unter dieser Regelung sind für ego alle Angehörigen der älteren Generation potentielle Väter oder Mütter, alle Angehörige der gleichen Generation potentielle Brüder oder Schwestern und gleichzeitig potentielle Geschlechtspartner. Auch dieses Stadium läßt sich empirisch nicht direkt nachweisen; aus dem Überleben von Verwandtschaftsterminologien, in denen alle Angehörigen der älteren Generation als «Väter» oder «Mütter», alle Angehörigen der eigenen Generation als «Brüder» oder «Schwestern» bezeichnet werden («Malaiisches System»), läßt sich jedoch erschließen, daß es einmal existiert haben muß (Verwandtschaftsterminologien sind nach Morgan notwendig statischer als familiäre Organisationsformen). Diese Form des allgemeinen Bruder-Schwester-Inzests war jedoch der Entwicklung des menschlichen Intellekts abträglich. Sie mußte deshalb irgendwann eingeschränkt werden – und diejenigen, die sie einschränkten, mußten durch die Höherentwicklung ihrer Intelligenz einen Vorteil im Überlebenskampf erzielen. Daher ist der Übergang zum mittleren Stadium der Wildheit mit der ersten Einschränkung der intragenerationellen Promiskuität verbunden: dem Verbot des Bruder-Schwester-Inzests in der «Punalua-Familie» (cf. ibidem S. 357ff). Hier «heiratet» jeweils eine Gruppe von «Brüdern» gemeinsam eine Gruppe von «Schwestern» anderer Abstammung. Auch dieses System hat Spuren in der Verwandtschaftsterminologie hinterlassen, im «Turanisch-Ganuwanischen System», in dem die Kinder einer Brüder-Generation untereinander «Brüder» und «Schwestern» bleiben, die Kinder

der Schwestern jener (älteren) Brüder-Generation aber mit einem anderen Terminus (Kreuzcousin) benannt werden. Das nächste Stadium der Einschränkung des Inzests – verbunden mit weiterer Entwicklung der Intelligenz – wurde auf der Oberstufe der Wildheit mit der «Paarungsfamilie» und der matrilinearen Sippe erreicht. Hier wird der Geschlechtsverkehr zwischen allen Personen mit gemeinsamen weiblichen Vorfahren ausgeschlossen; die Abstammung wird anfangs immer ausschließlich in der weiblichen Linie verfolgt, da die Mutterschaft stets gewiß ist, die Vaterschaft stets ungewiß – zumal die Ehen auf dieser Stufe jederzeit auf Wunsch eines Partners aufgelöst werden konnten und daher oft sehr kurzlebig waren. Die aus diesen Regelungen entstehenden matrilinearen Clane entwickelten sich zu egalitären politischen Einheiten, die sich im Laufe der weiteren Entwicklung regelmäßig zu Phratrien, Stämmen oder gar Stammesföderationen zusammenschlossen. Alle diese auf Verwandtschaft gegründeten politischen Gebilde waren wesentlich demokratisch organisiert.

Die Matrisippe überlebte auch in der Barbarei für lange Zeit. Ihr Ende kam mit der Entstehung des Privateigentums. Sobald es ein Privateigentum nennenswerten Umfangs zu vererben gab, entwickelten die Männer ein Interesse, die Vererbung ihres Besitzes ausschließlich auf ihre wirklichen Kinder einzuschränken, sie diesen andererseits auch zu garantieren. Hierin liegt die Ursache für die Beschränkung der weiblichen Sexualität auf einen Ehepartner durch den Übergang zur patriarchalischen und schließlich zur monogamen Familie mit patrilinearer Verwandtschaftsrechnung auf der Stufe der Zivilisation. Die Prädominanz der mit Privateigentum ausgestatteten monogamen Familie verträgt sich jedoch kaum mit den Geboten der Clan-Solidarität (sei es des alten Matri-Clans, sei es der kurzlebigen Zwischenform des Patri-Clans); ihr Privateigentum geht ihr vor. Darüber hinaus schwächt die durch die Produktivkraftentwicklung herbeigeführte Bevölkerungsvermehrung die alten Prinzipien der politischen Organisation auf verwandtschaftlicher Grundlage: Hunderttausende von Menschen umfassende Bevölkerungsgruppen können nicht auf Verwandtschaftsbasis organisiert werden. Deshalb müssen die Clane, Stämme und Konföderationen territorial organisierten politischen Einheiten Platz machen.

Morgans Werk ist dem der anderen Evolutionisten des 19. Jahrhunderts in mancherlei Hinsicht überlegen. Zum einen ist er der einzige systematische Theoretiker der Evolution, der selbst empirisch-ethnographische Forschungsarbeit geleistet hat – Feldforschung unter nordamerikanischen Indianern 1859 bis 1862 sowie postalische Umfragen unter Hunderten von Missionaren mit Fragebogen zur Erforschung der Verwandtschaftsterminologien in aller Welt. Seine Studien über den egalitären matrilinearen Clan markieren den Beginn jeglicher ernsthaften Untersuchung von unilinearen Deszendenzgruppen, insbesondere bezüglich des Verhältnisses von politischer und verwandtschaftlicher Organisation. Seine Umfrageaktionen sind erste Versuche, Beobachtungsfehler durch das «Gesetz der großen Zahl» auszugleichen. Auch MORGANS Konzeptualisierung des Evolutionsprozesses muß als Schritt in die richtige Richtung angesehen werden. Daß MORGAN technologische Kriterien als Basis für die Definition der einzelnen Entwicklungsstadien benutzte, lenkte bei aller Unzulänglichkeit die Aufmerksamkeit doch auf die immense evolutionäre Bedeutung der Effektivierung der menschlichen Arbeit, also die Produktivkraftentwicklung.

Die Unzulänglichkeiten seines evolutionären Schemas sind allerdings nicht zu übersehen. Um nur einige zu erwähnen (eine detaillierte Auseinandersetzung findet sich bei HARRIS 1968, S. 183–188; cf. auch CHILDE 1975): Die Fischerei ist kein universelles Stadium, sondern eine lokale Anpassungserscheinung. Für den Übergang von einer nur Vorgefundenes aneignenden zu einer die Natur bewußt umgestaltenden Wirtschaftsweise ist die Töpferei im Vergleich zum Übergang zur Bodenbearbeitung (der «neolithischen Revolution») von gänzlich untergeordneten Bedeutung. Die Viehzucht geht der Landwirtschaft in der Alten Welt nicht voraus; nach aller archäologischen Evidenz sind beide gleich alt usw. Ähnliche Einwände lassen sich gegen MORGANS Schema der familiären Entwicklung vorbringen: Keiner der mutmaßlichen Belege für irgendeine Form der Gruppenehe hielt genauerer Überprüfung stand. Paarbeziehungen sind gerade auf den früheren Stufen der gesellschaftlichen Entwicklung regelmäßig die dominante Eheform – wenngleich sie meist schon nach relativ kurzer Frist wieder gelöst werden können, was für beide Geschlechter eine Art «sukzessiver Polygamie» ermöglicht. Auch daß die Matrilinearität der Patrilinearität notwendig vorausgeht, läßt sich nicht nachweisen. In Einzelfällen lassen sich sogar Belege für die entgegengesetzte Entwicklung finden; und unter den bis in die jüngste Zeit überlebenden Ethnien mit steinzeitlicher Technologie finden sich patrilinear wie matrilinear organisierte Gruppen. Empirisch bedarf MORGANS Schema also gewaltiger Korrekturen.

Darüber hinaus lassen sich bedeutsame theoretische Einwände vorbringen. Vor allem ist es MORGAN bei aller Betonung der zentralen Bedeutung materieller Faktoren für die gesellschaftliche Entwicklung nicht gelungen, eine Abhängigkeits- oder Interdependenzbeziehung zwischen den Bedingungen der Produktion und der Reproduktion oder, konkreter: zwischen Technologie und Familienformen aufzuzeigen. Die behaupteten Korrelationen zwischen Stadien der technologischen und der familiären Entwicklung erscheinen völlig willkürlich. Daß sich allgemeine Promiskuität nur mit einem Intellekt verträgt, der nicht einmal die Produktion einfachster Steinwerkzeuge zuläßt, ist bestenfalls eine vage Assoziation. Das gleiche gilt für die Kombination: Mittelstufe der Wildheit/Punalua-Familie. Die Matrisippe wird von den technologischen Umwälzungen zwischen Oberstufe der Wildheit und Oberstufe der Barbarei überhaupt nicht berührt. Soweit überhaupt eine Beziehung zwischen Produktion und Reproduktion hergestellt wird, ist sie, wie ersichtlich, nicht nur vage, sondern auch eher von der Art eines biologischen Determinismus als von der des Materialismus: Durch immer weitergehende Ausschaltung von Inzucht steigt die durchschnittliche Intelligenz, was seinerseits technischen Fortschritt ermöglicht. Und dieser biologische Determinismus ist – von den Fragwürdigkeiten der empirischen Voraussetzungen einmal abgesehen – selbst biologisch äußerst dubios: Inzucht muß keineswegs notwendig zu einem Verlust an Intelligenz führen (cf. LÉVI-STRAUSS 1966). Alles in allem ist MORGANS «Materialismus» weniger eine Realität als ein nicht eingelöstes Versprechen. Daß FRIEDRICH ENGELS dies übersah, als er in seinem Buch über den «Ursprung der Familie, des Privateigentums und des Staates» MORGANS Schema ohne jede Einschränkung übernahm, läßt selbst bei diesem Vater des historischen Materialismus (anders als bei MARX) mehrfach Relikte eines biologischen Determinismus aufscheinen.

Vom Fortschrittsglauben der zeitgenössischen Bourgeoisie, die in der bürgerlichen Gesellschaft uneingeschränkt die höchste Stufe in der Entwicklung zu immer vollkommenerem Glück der Menschheit sah, ist MORGAN allerdings ebenso weit entfernt wie MARX und

ENGELS, welch letzterer mit vollster Zustimmung die folgende Passage aus MORGANS «Urgesellschaft» zitiert:

«Seit dem Eintritt der Zivilisation ist das Wachstum des Reichtums so ungeheuer geworden, seine Formen so verschiedenartig, seine Anwendung so umfassend und seine Verwaltung so geschickt im Interesse der Eigentümer, daß dieser Reichtum dem Volk gegenüber eine nicht zu bewältigende Macht geworden ist. Der Menschengeist steht gebannt vor seiner eigenen Schöpfung. Aber dennoch wird die Zeit kommen, wo die menschliche Vernunft erstarken wird zur Herrschaft über den Reichtum, wo sie feststellen wird sowohl das Verhältnis des Staates zu dem Eigentum, das er schützt, wie die Grenzen der Rechte des Eigentümers. Die Interessen der Gesellschaft gehen den Einzelinteressen absolut vor, und beide müssen in ein gerechtes, harmonisches Verhältnis gebracht werden. Die bloße Jagd nach Reichtum ist nicht die Endbestimmung der Menschheit. Die seit Ausbruch der Zivilisation verflossene Zeit ist nur ein kleiner Bruchteil der ihr noch bevorstehenden. Die Auflösung der Gesellschaft steht drohend vor uns als Abschluß einer geschichtlichen Laufbahn, deren einziges Endziel der Reichtum ist; denn eine solche Laufbahn enthält die Elemente ihrer eigenen Vernichtung. Demokratie in der Verwaltung, Brüderlichkeit in der Gesellschaft, Gleichheit der Rechte, allgemeine Erziehung werden die nächste höhere Stufe der Gesellschaft einweihen, zu der Erfahrung, Vernunft und Wissenschaft stetig hinarbeiten. Sie wird eine Wiederbelebung sein – aber in höherer Form – der Freiheit, Gleichheit und Brüderlichkeit der alten Gentes» (MORGAN 1908, S. 474).

Die Klassiker: skeptische Theorien der gesellschaftlichen Entwicklung

Karl Marx (1818 bis 1883)

Historischer Materialismus

Wie im ersten Kapitel schon angedeutet, war MARX der festen Überzeugung, daß es möglich sei, determinierende Faktoren der gesellschaftlichen Entwicklung zu identifizieren, Faktoren, welche die Entwicklung aller anderen Bereiche des gesellschaftlichen Lebens in sehr viel stärkerem Maße beeinflussen, als sie ihrerseits von jenem beeinflußt werden. Um sie ausfindig zu machen, müssen wir damit anfangen, daß wir

«... die erste Voraussetzung aller menschlichen Existenz, also auch aller Geschichte konstatieren, nämlich die Voraussetzung, daß die Menschen imstande sein müssen, zu leben, um ‹Geschichte machen› zu können. Zum Leben aber gehört vor Allem Essen und Trinken, Wohnung, Kleidung und noch einiges Andere. Die erste geschichtliche Tat ist also die Erzeugung der Mittel zur Befriedigung dieser Bedürfnisse, die Produktion des materiellen Lebens selbst, und zwar ist dies eine geschichtliche Tat. eine Grundbedingung aller Geschichte, die noch heute, wie vor Jahrtausenden, täglich und stündlich erfüllt werden muß, um die Menschen nur am Leben zu halten» (MARX 1969 a, S. 28).

Aus dieser zu Recht für die Theorie des Historischen Materialismus als grundlegend angesehenen Passage kann man gewiß nicht schließen, MARX behaupte eine funktionale Abhängigkeit der nicht-materiellen von den materiellen Faktoren dergestalt, daß jede Erscheinung im Bereich der ersteren unmittelbar durch korrespondierende Erscheinungen im Bereich der letzteren verursacht würde. So sagt auch ENGELS:

«Nach materialistischer Geschichtsauffassung ist das *in letzter Instanz* bestimmende Moment die Produktion und Reproduktion des wirklichen Lebens. Mehr hat weder MARX noch ich je behauptet. Wenn uns jemand das dahin verdreht, das ökonomische Moment sei das *einzig* bestimmende, so verwandelt er jenen Satz in eine nichtssagende, abstrakte absurde Phrase. Die ökonomische Lage ist die Basis, aber die verschiedenen Momente des Überbaus ... üben auch ihre Einwirkung auf den Verlauf der geschichtlichen Kämpfe aus und bestimmen in vielen Fällen vorwiegend deren Form» (ENGELS 1967, S. 462).

Was man daraus entnehmen kann, ist nicht mehr (aber auch nicht weniger) als die Behauptung, daß die Notwendigkeiten der Produktion des materiellen Lebens absolute Schranken setzen für die Entwicklungsmöglichkeiten in allen anderen Bereichen des gesellschaftlichen Lebens. Was immer an Aktivitäten auf anderen Gebieten (Kunst, Religion, Politik, Verwandtschaft, Erziehung, Recht usw.) stattfindet, darf die Produktion des materiellen Lebens bei Strafe des physischen Untergangs nicht gefährden. Im Konfliktfall (und nur in diesem) müssen sich in allen Gesellschaften, die überleben wollen (bzw. überlebt haben), die Erfordernisse der gesellschaftlichen Arbeit gegenüber den Anforderungen aller anderen Bereiche durchsetzen – und in genau diesem Sinne haben sie in stärkerem Maß determinierende Bedeutung als alle anderen Faktoren. Wer beim Studium der Gesellschaft die gesellschaftliche Arbeit außer acht läßt, vernachlässigt gerade die entscheidenden Determinanten des gesellschaftlichen Lebens zugunsten sekundärer Faktoren – und dies ist der Vorwurf, den MARX gegenüber jeglichem Idealismus erhebt.

Die entscheidende Tatsache des gesellschaftlichen Lebens ist für MARX also die Arbeit bzw. die Produktion. Arbeit ist für MARX *gesellschaftliche Aneignung der Natur*. Sie ist gesellschaftlich: «Der einzelne und vereinzelte Jäger und Fischer ... gehört zu den phantasielosen Einbildungen der 18. Jahrhundert-Robinsonaden» (MARX 1974a, S. 5); und die Menschen «produzieren nur, indem sie auf eine bestimmte Weise zusammenwirken und ihre Tätigkeiten gegeneinander austauschen» (MARX 1951, S. 80). Jeder Akt der Produktion ist gleichzeitig ein Verhalten zum Mitmenschen. «Was vom Verhältnis des Menschen zu seiner Arbeit und sich selbst, das gilt vom Verhältnis des Menschen zum anderen Menschen, wie zur Arbeit und dem Gegenstand der Arbeit des anderen Menschen» (MARX 1968b, S. 82).

Sie ist Aneignung der Natur: Der Mensch setzt die «seiner Leiblichkeit angehörigen Naturkräfte, Arme und Beine, Kopf und Hand in Bewegung, um sich den Naturstoff in einer für sein eigenes Leben brauchbaren Form anzueignen» (MARX 1969b, S. 192). Von den Arten der Aneignung der Natur, wie sie auch im Tierreich vorkommen, unterscheidet sich die menschliche Arbeit durch das entscheidende Faktum der Planung, der gedanklichen Antizipation des Arbeitsergebnisses:

«Eine Spinne verrichtet Operationen, die denen des Webers ähneln, und eine Biene beschämt durch den Bau ihrer Wachszellen manchen menschlichen Baumeister. Was aber von vornherein den schlechtesten Baumeister vor der besten Biene auszeichnet, ist, daß er die Zelle im Kopf gebaut hat, bevor er sie in Wachs baut. Am Ende des Arbeitsprozesses kommt ein Resultat heraus, das beim Beginn desselben schon in der Vorstellung des Arbeiters, also schon ideell vorhanden war» (ibidem).

Entsprechend dieser Charakterisierung läßt sich der Entwicklungsstand der menschlichen Arbeit – des entscheidenden Faktors aller gesellschaftlichen Entwicklung – durch die beiden Merkmale der Effektivität der Naturaneignung und der Art und Weise des gesellschaftlichen Zusammenwirkens in der Produktion erfassen. Das erste von diesen Merkmalen ist das, was Marx mit dem Terminus *Produktivkräfte* bezeichnet, das zweite entspricht den *Produktionsverhältnissen*. Beide zusammen formen eine «Produktionsweise», welche die in letzter Instanz determinierende «ökonomische Basis» einer Gesellschaft bildet.

Produktivkräfte

Der Begriff der Produktivkräfte ist der weniger problematische. Im Prinzip lassen sich die Produktivkräfte messen durch die Effektivität der Methoden der Naturaneignung. Je effektiver die menschlichen Bedürfnisse mittels bestimmter Produktionsmethoden befriedigt werden können, desto höher entwickelt sind die Produktivkräfte. Technisch mag die Messung wohl Schwierigkeiten bieten, prinzipiell erscheint sie jedoch als möglich. Hierbei sind stets zwei Dinge in Rechnung zu stellen: zum einen die in einer Gesellschaft benutzten Produktionsinstrumente:

«Dieselbe Wichtigkeit, welche der Bau von Knochenreliquien für die Erkenntnis der Organisation untergegangener Tiergeschlechter, haben Reliquien von Arbeitsmitteln für die Beurteilung untergegangener ökonomischer Gesellschaftsformationen. Nicht was gemacht wird, sondern wie, mit welchen Arbeitsmitteln gemacht wird, unterscheidet die ökonomischen Epochen» (Marx 1969b, S. 194f).

Zum anderen muß jedoch stets auch die «gesellschaftliche Produktivkraft der Arbeit» in Rechnung gestellt werden, die Tatsache, daß die Produktion der Mittel zur Bedürfnisbefriedigung durch Kooperation effektiviert werden kann – was Marx z. B. an den Monumentalbauten der alten Asiaten, Ägypter, Etrusker etc. erläutert, welche bekanntlich mit einfachsten Werkzeugen gebaut wurden, aber eben unter Ausnutzung der produktivitätssteigernden Wirkung der Kooperation (ibidem S. 296). Einzelne Personen oder kleine Arbeitsgruppen hätten die Steinblöcke, aus denen die Pyramiden gebaut wurden, niemals bewegen können, große Massen von kooperierenden Arbeitern konnten sie bis zur Höhe von einigen hundert Metern aufeinanderschichten. Ebenso wären vereinzelte jagende Wildbeuter niemals in der Lage, einen Elefanten zu erlegen, kooperierende Jagdgruppen können es.

Die generelle These des Historischen Materialismus zur Entwicklung der Produktivkräfte besagt, daß die Effektivität der gesellschaftlichen Arbeit im Lauf der Menschheitsgeschichte ständig, wenn auch nicht stetig gestiegen ist – und langfristig gesehen kann daran auch kein Zweifel bestehen, ob man nun das Paläolithikum mit dem Neolithikum oder das Deutschland von 1500 mit dem von 1900 vergleicht. Der Wandel im Bereich der Produktivkräfte ist progressiv im Sinn einer Steigerung des «Grades der möglichen Verfügung über Naturprozesse» (HABERMAS); in diesem Bereich macht es für MARX Sinn, von Fortschritt zu reden.

Diese Konzeption vom Fortschritt der Produktivkräfte ist aber keineswegs identisch mit der allumfassenden, integralen Fortschrittsidee der alten Evolutionisten. Sie impliziert keine Vorstellung von notwendiger Verbesserung in allen Lebensbereichen. Im Gegenteil zieht die Verbesserung der Möglichkeiten zur Gewinnung der Mittel zur Bedürfnisbefriedigung eben nicht mit Notwendigkeit Verbesserungen in der tatsächlichen Bedürfnisbefriedigung der Masse der Bevölkerung nach sich, wie gerade die kapitalistische Entwicklung beweist – wobei zusätzlich zu berücksichtigen ist, daß nicht jede momentane Effektivitätssteigerung auch langfristig die Möglichkeiten der Bedürfnisbefriedigung verbessert. Ferner wird die MARXsche Fortschrittskonzeption in nachprüfbarer, meßbarer Weise entwickelt: Behauptet wird, daß bei der Verfolgung eines bestimmten Ziels («Produktion des materiellen Lebens») permanent weniger effektive durch effektivere Mittel ersetzt wurden.[3] Und dieses Ziel wird nicht in metaphysischer Weise als höchster Wert, dem sich jeder zu unterwerfen hat, eingeführt, sondern in durchaus empirischer Weise: Nur Gesellschaften, welche das Ziel «Produktion des materiellen Lebens» mit Erfolg verfolgten, konnten im physischen Sinn überleben, weshalb dieses Ziel für alle überlebenden Gesellschaften als gegeben angenommen werden kann.

Produktionsverhältnisse

Daß MARX' Fortschrittsbegriff nicht identisch ist mit dem integralen Fortschrittsgedanken, wird besonders deutlich, wenn wir uns den Produktionsverhältnissen zuwenden. Wenn, wie MARX voraussetzt, die Effektivierung der Produktion in klassenlosen Gesellschaften auf einer bestimmten Stufe die Entwicklung von Techniken der Ausbeutung der Mehrheit durch eine Minderheit erfordert, so ist dies für die hinfort Ausgebeuteten wahrlich kein Fortschritt in ihren gesellschaftlichen Beziehungen. Im Bereich der Produktionsverhältnisse kann von generellem Fortschritt folglich nicht ausgegangen werden. Hier liegen die Dinge wesentlich komplizierter.

MARX selbst hat den Begriff der Produktionsverhältnisse nirgends exakt definiert. Er gibt nur einige interpretierende Umschreibungen, deren wichtigste hier zitiert werden sollen:

«In der gesellschaftlichen Produktion gehen die Menschen bestimmte, notwendige, von ihrem Willen unabhängige Verhältnisse ein, Produktionsverhältnisse, die einer bestimmten Entwicklungsstufe ihrer materiellen Produktivkräfte entsprechen» (MARX 1974b, S. 9).

«In der Produktion beziehen sich die Menschen nicht allein auf die Natur. Sie produzieren nur, indem sie auf eine bestimmte Weise zusammenwirken und ihre Tätigkeiten gegeneinander austauschen. Um zu produzieren, treten sie in bestimmte Beziehungen und Verhältnisse zueinander, und nur innerhalb dieser gesellschaftlichen Beziehungen findet ihre Beziehung zur Natur, findet die Produktion statt» (MARX 1951, S. 80).

«Welches immer die gesellschaftlichen Formen der Produktion, Arbeiter und Produktionsinstrumente bleiben stets ihre Faktoren. Aber die einen wie die anderen sind dies nur der Möglichkeit nach im Zustand ihrer Trennung voneinander. Damit überhaupt produziert werde, müssen sie sich verbinden. Die besondere Art und Weise, worin diese Verbindung bewerkstelligt wird, unterscheidet die verschiedenen Epochen der ökonomischen Gesellschaftsstruktur» (MARX 1969c, S. 41).

«Nur die Form, worin diese Mehrarbeit dem unmittelbaren Produzenten, dem Arbeiter abgepreßt wird, unterscheidet die ökonomischen Gesellschaftsformationen, z. B. die Gesellschaft der Sklaverei von der der Lohnarbeit» (MARX 1969b, S. 231).

Der Gehalt dieser Umschreibungen läßt sich wie folgt zusammenfassen: Für MARX sind die Produktionsverhältnisse charakterisiert durch die Art und Weise, wie die Produzenten mit den Produktionsmitteln, die Produzenten untereinander, die Produzenten mit den Nicht-Produzenten (den Aneignern der Mehrarbeit) und schließlich die Produzenten wie die Nicht-Produzenten mit den Produkten der Arbeit in Verbindung gebracht werden. Um es in schematischer Weise darzustellen:

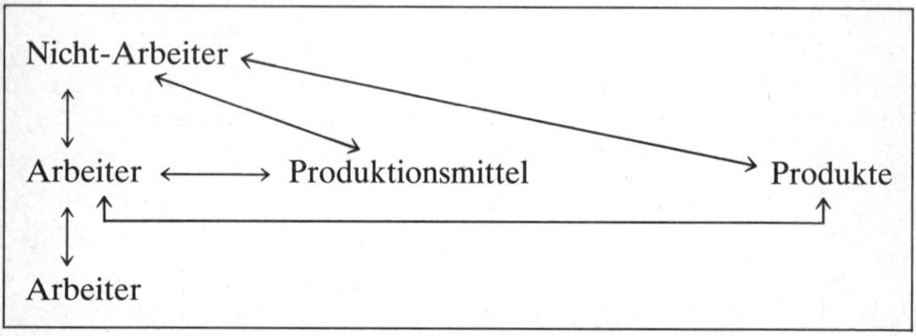

Alle in diesem Diagramm durch Pfeile markierten Beziehungen stellen einzelne Produktionsverhältnisse dar; zusammengenommen charakterisieren sie die Produktionsverhältnisse einer Gesellschaft in ihrer Totalität. Der entscheidende Punkt ist, daß diese Beziehungen in verschiedenen Gesellschaftsformationen sehr unterschiedliche Formen annehmen. In Sklavenhaltergesellschaften sind Produzenten, Produktionsmittel und Produkte allesamt Privateigentum der Nicht-Arbeiter (der Sklavenhalter); die Beziehungen zwischen Nicht-Arbeitern und allen anderen Elementen des Schemas können als Eigentumsbeziehungen gekennzeichnet werden. Die Kooperation der Arbeiter untereinander wird ausschließlich durch die Sklavenhalter organisiert. In der (idealtypischen) Feudalgesellschaft andererseits sind die Arbeiter nicht Privateigentum der Nicht-Arbeiter (der Feudalherren). Sie stehen jedoch in Beziehungen rechtlicher, politischer, militärischer und persönlicher Abhängigkeit zu ihnen, welche es ermöglichen, ihnen zwangsweise Fronarbeit auf den Feldern der Herren zusätzlich zur Arbeit auf ihrem eigenen Land aufzuerlegen. Die Besitzrechte an den Produktionsmitteln sind gespalten; die Produzenten besitzen erbliche Nutzungsrechte an dem Land, das ihnen zur Eigenbearbeitung überlassen ist, die Nicht-Arbeiter haben ein Obereigentum an diesem Land und mehr oder weniger vollständiges Privateigentum am Herrenland. Die Produkte der Fronarbeit gehören dem Herrn allein, was die Bauern auf ihrem eigenen Land erarbeiten, bleibt (größtenteils) ihr Eigentum. Kooperation größeren Maßstabs wird vorwiegend durch die Feudalherren (bzw. ihre Vögte und Meier) organisiert, auf etwas niedrigerer Ebene aber auch durch die Produzenten selbst (Dorfgemeinde).

Im Kapitalismus stehen zum Unterschied hiervon die Arbeiter nicht länger in rechtlichen (etc.) Abhängigkeitsbeziehungen zu den Nicht-Arbeitern (den Kapitalisten); sie sind formell freie Eigentümer ihrer Arbeitskraft. Ihre Beziehung zu den Nicht-Arbeitern ist ein reines Geldverhältnis, eine Beziehung des Kaufs und Verkaufs von Arbeitskraft auf dem Markt. Die Produktionsmittel ebenso wie die Arbeitsprodukte sind ausschließliches Privateigentum der Kapitalisten; letztere sind jedoch vertraglich verpflichtet, einen Teil des von den Arbeitern geschaffenen Wertes als Lohn an diese zurückzugeben. Die Organisation der Kooperation zwischen den Arbeitern obliegt den Nicht-Arbeitern. In einem «Verein freier Menschen» schließlich, wie Marx ihn entwirft (Marx 1969b, S. 57), wären die Produktionsmittel Gemeineigentum, und die Verteilung der Produkte wie die Zusammenarbeit der Produzenten würde demokratisch durch die Gemeinschaft aller Produzenten geregelt.

Klassen

Einer Art von Produktionsverhältnissen kommt besondere Bedeutung zu: den Klassenverhältnissen. «Alle bisherige Geschichte ist die Geschichte von Klassenkämpfen», heißt es im Kommunistischen Manifest – eine These, von der später nur die Urgemeinschaft ausgenommen werden sollte (cf. Engels).

Die Frage «Was bildet eine soziale Klasse?» wird von Marx erst im letzten, unvollendet gebliebenen Abschnitt des «Kapital» gestellt. Die provisorische Antwort lautet:

> «Auf den ersten Blick die Dieselbigkeit der Revenuen und Revenuequellen. Es sind drei große gesellschaftliche Gruppen, deren Komponenten, die sie bildenden Individuen, respektive von Arbeitslohn, Profit und Grundrente, von der Verwertung ihrer Arbeitskraft, ihres Kapitals und Grundeigentums leben» (Marx 1969d, S. 892f).

Diese Antwort wird von vielen als endgültige Definition des Klassenbegriffs mißverstanden; Klassen wären demnach durch Revenuequellen definiert. Dabei wird jedoch schon das einschränkende «auf den ersten Blick» übersehen. Übersehen wird ferner, daß MARX fortfährt, nach dieser Definition müßten auch «Ärzte und Beamte» als zwei verschiedene soziale Klassen angesehen werden – ein Standpunkt, den er nicht teilt, ohne ihn jedoch noch korrigieren zu können; das Manuskript bricht wenige Zeilen später ab. Übersehen wird schließlich der Kontext, in dem die Frage gestellt wird: Der Abschnitt über die sozialen Klassen bildet einen Teil des Abschnitts über «Die Revenuen und ihre Quellen», in dessen 1. Kapitel die Vorstellung, Kapital, Grundeigentum und Arbeit seien «drei verschiedene, von einander unabhängige Einkommensquellen», eine Mystifikation darstellt. In Wirklichkeit basieren nach MARX alle drei Einkommensarten – nicht nur der Lohn – auf menschlicher Arbeit; Profit und Grundrente resultieren aus der entschädigungslosen Aneignung von durch die Produzenten geleisteter «Mehrarbeit» (vgl. insbesondere MARX 1969d, S. 825ff).

Die Kategorie der entschädigungslosen Aneignung fremder Mehrarbeit bildet demnach den Schlüssel zum MARXschen Klassenbegriff. «Nur die Form, worin diese Mehrarbeit dem unmittelbaren Produzenten, dem Arbeiter abgepreßt wird, unterscheidet die ökonomischen Gesellschaftsformationen» (MARX 1969b, S. 231). Von sozialen Klassen spricht MARX nur, wenn ein Teil der Gesellschaft sich die Mehrarbeit eines anderen Teils entschädigungslos aneignet (cf. dazu ausführlicher HAUCK 1979). «Mehrarbeit» ist Arbeit, die über das hinausgeht, was zur Produktion des Lebensunterhalts des Arbeiters und seiner Familie erforderlich ist. Die «notwendige Arbeit», die Arbeit, die zur Gewinnung des Lebensunterhalts notwendig ist, kann schwerlich dauerhaft von Personen angeeignet werden, die nicht unmittelbare Produzenten sind – eine Gesellschaft, die den unmittelbaren Produzenten das zum Überleben Notwendige nicht beließe, würde ihre eigenen Existenzgrundlagen zerstören. Wo die Produktivkräfte auch nur einigermaßen entwickelt sind, besitzt die menschliche Arbeit jedoch stets die «glückliche Eigenschaft», mehr produzieren zu können, als zu ihrer eigenen Reproduktion erforderlich ist. Dieses «mehr», dieser «Surplus», der über das, was die Produzenten zum Überleben benötigen, hinaus produziert wurde, kann auch auf Dauer von anderen appropriiert werden – und dies ist die Grundlage jeglicher Klassengesellschaft. Soziale Klassen sind demnach gesellschaftliche Gruppierungen, welche sich entweder entschädigungslos fremde Mehrarbeit aneignen oder gezwungen sind, unentgoltene

Mehrarbeit für andere zu leisten – und das ist, was MARX «Ausbeutung» nennt.

Gegenüber dem Klassenbegriff der bürgerlichen Soziologie ist es wichtig festzuhalten, daß für MARX das Klassenverhältnis stets einen objektiven ökonomischen Antagonismus beinhaltet, welcher eben in der Aneignung der Arbeit der einen durch die anderen besteht – einer von jeglicher subjektiven Vorstellung unabhängigen Tatsache. Klassengesellschaften sind stets antagonistische Gesellschaften. Nur wo dieser objektive Antagonismus gegeben ist, kann von Klassen im MARXschen Sinn die Rede sein – im Gegensatz zum bürgerlichen Schichtbegriff, der dazu dient, die Bevölkerung von Gesellschaften jedweder Art nach kontinuierlichen Prestige- oder Einkommensskalen etc. zu sortieren. Die Bevölkerung zu sortieren ist nicht MARX' Interesse; ihm geht es um die Erklärung umfassender historischer Prozesse, und hierfür findet er den Schlüssel in dem durch den Klassenbegriff bezeichneten Antagonismus.

Zusammenhang von Produktivkräften und Produktionsverhältnissen

Daß für MARX Produktivkräfte und Produktionsverhältnisse zusammen als «Produktionsweise» die «ökonomische Basis» der Gesellschaft bilden, welche in letzter Instanz die anderen Erscheinungen des sozialen Lebens bestimmt – ohne daß Redeterminierungen ausgeschlossen wären –, wurde bereits notiert. Darüber hinaus muß jedoch festgehalten werden, daß Produktivkräfte und Produktionsverhältnisse in gegenseitiger Abhängigkeit voneinander stehen. Sie sind nicht autonom, sondern interdependent. Bestimmte Produktivkräfte können mit bestimmten Produktionsverhältnissen unvereinbar sein – daß sich z. B. mit handwerklicher Kleinproduktion keine Atomkraftwerke bauen und betreiben lassen, ist evident. Man muß sich jedoch hüten, eine eindeutige Abhängigkeitsbeziehung anzunehmen etwa in dem Sinne, daß ein spezifischer Entwicklungsstand der Produktivkräfte eine und nur eine Organisationsform der Produktionsverhältnisse erzwinge. Die Fälle UdSSR und China zeigen z. B., daß Industrialisierung auf der Grundlage staatlichen Eigentums an den Produktionsmitteln ebenso möglich ist wie einst im klassischen Kapitalismus auf der Grundlage des Privateigentums. Zwischen Produktivkräften und Produktionsverhältnissen besteht also nicht eine simple

Eins-zu-Eins-Beziehung; man muß vielmehr von einem Vereinbarkeitsspielraum ausgehen: Ein bestimmter Entwicklungsstand der Produktivkräfte ist vereinbar mit einigen spezifischen Gestaltungsweisen der Produktionsverhältnisse, nicht aber mit anderen – und vice versa.

Schließlich muß betont werden, daß das Verhältnis beider zueinander kein einseitiges ist, sondern ein wahrhaft interdependentes: Die Entwicklung der Produktivkräfte mag zu einem bestimmten Zeitpunkt Änderungen in den Produktionsverhältnissen erzwingen, so wie etwa die schiere Effektivität der kapitalistischen Fabriken im Zeitalter der industriellen Revolution die ‹Fesseln› der bestehenden feudalen Produktionsverhältnisse und der Kleinstaaterei sprengte. Umgekehrt können jedoch bestimmte Produktionsverhältnisse auch die Entwicklung der Produktivkräfte vorantreiben – wie im Kapitalismus, wo die Konkurrenz jeden einzelnen Kapitalisten zwingt, die Effektivität der Produktion in seinem eigenen Betrieb ständig zu erhöhen, was zu ständiger «Revolutionierung der Produktivkräfte» führt.

Für Marx' Theorie der weltgeschichtlichen Entwicklung ist nun die These zentral, daß es keine radikal neue Entwicklung, keinen Übergang von einer ökonomischen Gesellschaftsformation zu einer anderen, in anderen Worten: keine *Revolution* geben kann, solange Harmonie zwischen Produktivkräften und Produktionsverhältnissen besteht. Nur wenn die beiden in Widerspruch zueinander geraten, kann die Revolution stattfinden – dies ist die Grundlage seiner Revolutions- wie seiner Evolutionstheorie.

Das Wesen des Kapitalismus

Marx' Hauptinteresse richtet sich allerdings nicht auf eine Theorie der Weltgeschichte von den Anfängen bis zur Gegenwart, sondern auf die Theorie seiner eigenen, der kapitalistischen Gesellschaft – wie schon der Titel seines Hauptwerkes «Das Kapital» deutlich macht. Seine Studien zur weltgeschichtlichen Entwicklung dienten ihm in erster Linie dazu, sein Verständnis der kapitalistischen Gesellschaft als einer spezifischen historischen Form der gesellschaftlichen Organisation durch Vergleich mit anderen Formen zu verbessern.

Kapitalistische Produktion ist zunächst Produktion von Waren. Produziert wird nicht für den unmittelbaren Gebrauch, sondern für den Tausch. Entscheidend für den Produzenten ist nicht der Gebrauchswert seines Produkts, sein unmittelbarer Nutzen für die Bedürfnisbefriedigung, sondern sein Tauschwert, das, was er im Austausch dafür erhält – und beide können auseinanderfallen: Der Gebrauchswert eines Gutes mag hoch sein, während sein Tauschwert niedrig ist (z. B. Wasser) und umgekehrt.

Der Tauschwert einer Ware ist für MARX (der hier der Interpretation von DAVID RICARDO folgt) gleich der Menge an Arbeit, die in ihre Produktion investiert wird; im Normalfall ist der Warentausch ein Austausch gleicher Arbeitsmengen. Um dies zu veranschaulichen, wollen wir annehmen, ein Individuum habe unter Bedingungen völliger Transparenz der Produktionsbedingungen und freier Mobilität von einer Beschäftigung zur anderen – sagen wir – Tontöpfe produziert und möchte sie nun gegen Tuch austauschen. Zur Vereinfachung wollen wir ferner annehmen, die in der Töpferscheibe oder im Webstuhl investierte Arbeit sei unbedeutend und zu vernachlässigen. Wenn sich der Töpfer unter diesen Umständen ökonomisch rational verhält, muß er darauf achten, im Austausch eine Menge an Tuch zu bekommen, deren Produktion mindestens ebensoviel Arbeit gekostet hat wie die Produktion seiner Töpfe. Denn wenn er weniger bekäme, wäre es vernünftiger, das Tuch selbst zu produzieren; so könnte er mit geringerem Arbeitsaufwand die gleiche Menge an Tuch bekommen; er würde Zeit sparen, die er sogar dazu benutzen könnte, weiterhin Töpfe zu produzieren, so daß er am Ende beides haben könnte. Nun ist die Kalkulation des Webers natürlich genau die gleiche; auch er sucht mindestens eine ebenso große Menge Arbeit zurückzubekommen, wie er verausgabt hat. Der Punkt der Übereinstimmung zwischen beiden sollte also erreicht sein, wenn Waren, die gleiche Arbeitsmengen enthalten, gegeneinander ausgetauscht werden. MARX wie RICARDO wissen natürlich, daß die Verhältnisse in der kapitalistischen Gesellschaft komplizierter sind. Im wesentlichen erscheinen sie ihnen jedoch als identisch: Auch hier sei der Warentausch normalerweise ein Austausch gleicher Arbeitsmengen.

Im übrigen geht es MARX hierbei natürlich nicht um Preistheorie, sondern um Gesellschaftstheorie, nämlich um die Frage, wie der gesellschaftliche Zusammenhang zwischen den arbeitsteilig aber formell unabhängig voneinander produzierenden Privatarbeitern im Kapitalismus hergestellt wird. In allen arbeitsteiligen Gesellschaften muß die gesellschaftliche Gesamtarbeit entsprechend den jeweiligen Bedürfnissen auf die verschiedenen Produktionszweige verteilt werden. In vorkapitalistischen Gesellschaften geschieht dies in der Regel durch gemeinschaftliche oder herrschaftlich aufoktroyierte Planung (Beispiele wären die berühmte indische Dorfgemeinde oder der mittelalterliche Fronhof). Im Kapitalismus gibt es keine derartige Planung; jeder einzelne Warenproduzent entscheidet individuell, was er herstellen will. Dennoch ist es klar, daß auch hier die gesellschaftliche Gesamtarbeit entsprechend den Bedürfnissen auf die einzelnen Produktionszweige verteilt werden muß. Der Mechanismus, durch den das geschieht, ist hier jedoch der Austausch von Waren: Wenn auf die Produktion eines bestimmten Gutes gesamtgesellschaftlich zu viel Arbeit aufgewendet wurde, zeigt sich dies – im nachhinein – an seiner Nicht-Austauschbarkeit bzw. an seiner Austauschbarkeit unter Wert, zu einem Wert, der der auf seine Produktion verwendeten Arbeitszeit nicht entspricht. Der gesellschaftliche Zusammenhang wird hier also erst im nachhinein und ausschließlich über die Arbeitsprodukte hergestellt. Er unterliegt nicht der bewußten Gestaltung der Produzenten, sondern stellt sich blindlings und schicksalhaft hinter ihrem Rükken her.

Andererseits können wir, wenn wir die kapitalistische Gesellschaft ausschließlich aus dieser Perspektive des Tausches, der Warenzirkulation, betrachten (wie die gesamte Politische Ökonomie), nichts als vollständige Gleichheit entdecken: Jeder erhält ebensoviel an Arbeit bzw. an Wert zurück, wie er weggibt, jeder erhält seinen Anteil; Ausbeutung, Aneignung fremder Arbeit ist ausgeschlossen. Dieses freundlich-friedfertige Bild vollständiger Harmonie birgt jedoch ein Paradoxon in sich: Wenn jeder die Wertmenge zurückerhält, die er weggibt, wie ist es dann möglich, daß alle Kapitalisten Gewinne machen, daß sie alle am Ende einer Periode mehr Wert besitzen als zu Beginn? Dies kann nicht die Folge bloßen Betrugs sein; denn in diesem Fall müßten die Profite der einen durch Verluste von anderen ausgeglichen werden; zumindest in normalen Zeiten pflegen jedoch alle Kapitalisten Gewinne zu machen. Ebensowenig kann es das Resultat gewaltsamer Konfiskation von Gütern sein; der Kapitalist ist für gewöhnlich kein Räuber, sondern einer, der ausschließlich aus dem Kauf und Verkauf von Waren Gewinn zieht. Wie also ist es möglich, daß sämliche Kapitalisten ihre Waren zu deren Wert austauschen und dennoch jeder einen Mehrwert aus dem Tausch herausholt?

Um dieses Paradox zu lösen, argumentiert Marx wie folgt: Um aus dem Kauf und Verkauf von Waren zu ihrem Wert einen Gewinn zu ziehen,

«... müßte unser Geldbesitzer so glücklich sein, innerhalb der Zirkulationssphäre, auf dem Markt, eine Ware zu entdecken, deren Gebrauchswert die eigentümliche Beschaffenheit besäße, eine Quelle von Wert zu sein, deren wirklicher Verbrauch also selbst Vergegenständlichung von Arbeit wäre, daher Wertschöpfung» (MARX 1969b, S. 181).

Wenn er eine Ware von dieser wunderbaren Tischlein-Deck-Dich-Qualität fände, könnte er sie kaufen, sie dann Wert schöpfen, also produzieren lassen, mindestens so lange, bis der durch sie geschaffene Wert ihren Kaufpreis überstiege; dann könnte er das neugeschaffene Produkt zu seinem Wert verkaufen und hätte trotzdem einen Gewinn gemacht. Das erstaunliche ist: «Der Geldbesitzer findet auf dem Markt eine solche spezifische Ware vor – das Arbeitsvermögen oder die Arbeitskraft» (ibidem). Diese spezifische Ware, die Arbeitskraft, besitzt nicht nur die Eigenschaft, überhaupt Wert zu schaffen; sie besitzt sogar die Eigenschaft, einen Wert schaffen zu können, der höher ist als ihre Beschaffungskosten. Wir wissen bereits, daß die menschliche Arbeitskraft normalerweise fähig ist, mehr zu produzieren, als zu ihrer eigenen Reproduktion notwendig ist. Der Wert der Ware Arbeitskraft ist für MARX aber (wie der aller anderen Waren auch) gleich ihren Reproduktionskosten, gleich der Menge an Arbeit, die zu ihrer Reproduktion nötig ist. In jedem Fall bilden diese Reproduktionskosten langfristig das Minimum des Gegenwertes, den der Arbeiter für den Verkauf seiner Arbeitskraft erhalten muß (seines Lohnes) – andernfalls würde die Arbeiterklasse bald aussterben, das System müßte zusammenbrechen. Im Einzelfall mag er mehr erhalten – etwa wegen Engpässen auf dem Arbeitsmarkt. Wenn jedoch der Preis seiner Arbeitskraft, sein Lohn, ebenso hoch (oder gar höher) wäre wie der Wert, den er schafft, würde sie kein Kapitalist kaufen. Gekauft wird sie ja gerade, weil sie mehr einbringt, als sie kostet; das ist die Grundlage des ganzen Geschäfts. In anderen Worten: Nur wenn der Arbeiter einen Wert schafft, der größer ist als der Wert seines Lohnes, einen Mehrwert, den sich der Kapitalist unentgeltlich aneignen kann, wird er seine Arbeitskraft überhaupt verkaufen können. Um unser Paradox zu lösen, müssen wir also die Oberflächensphäre der reinen Zirkulation verlassen und uns statt dessen der Sphäre der Produktion selbst zuwenden. Und hier sehen wir, daß der Arbeiter zwar, sagen wir, für acht Stunden am Tag arbeiten muß, aber den Gegenwert seines Lohnes schon, sagen wir, in vier Stunden produziert haben muß (andernfalls würde er nicht beschäftigt); die restlichen vier Stunden gehen entschädigungslos an den Kapitalisten – und eben darin besteht der Klassencharakter der kapitalistischen Gesellschaft.

Daß die Arbeitskraft wertschaffend im Sinn von «produktiv» ist, wird übrigens auch von der die MARX-RICARDOsche Arbeitswertlehre ablehnenden bürgerlichen Nationalökonomie nicht bestritten. Hier gilt sie jedoch nur als einer von drei «Produktionsfaktoren»; auch Kapital und Boden seien produktiv und müßten deshalb entsprechend entlohnt werden – durch Zins und Grundrente. Dabei wird (auch wenn wir die Annahme von ihrer Produktivität einmal nicht in Frage stellen wollen) übersehen, daß es nicht der Boden und das Kapital selbst sind, die Grundrente und Zins einstreichen, sondern die Boden- und Kapitaleigentümer, diejenigen, die ein Stück Land oder Kapital monopolisiert haben. Boden und Kapital lassen sich aber von ihren Eigentümern durchaus abtrennen – ohne ihre Produktivität zu verlieren –, die Arbeitskraft nicht. Nach alledem läßt sich von der Arbeitskraft wohl sagen, daß sie einen Wert schafft, der höher ist als ihre Entlohnung, nicht aber vom Boden oder vom Kapital – hier ließe sich bestenfalls sagen: Der Boden (bzw. das Kapital) schafft einen Wert, der höher ist als der Wert, welchen sich sein Eigentümer, derjenige, der ihn monopolisiert hat, aneignen kann. Ausbeutung gibt es nur im Falle der Arbeitskraft – und der Nachweis der Ausbeutung des Proletariats selbst unter der Annahme des Äquivalententauschs ist der zentrale Punkt der Argumentation im «Kapital». Im übrigen ist durch die Neo-Ricardianische Schule (cf. SRAFFA, COGOY) die Diskussion der Arbeitswertlehre auch in der bürgerlichen Nationalökonomie neuerdings wieder zu einem möglichen Thema der wissenschaftlichen Auseinandersetzung erhoben worden.

Die Arbeitskraft ist jedoch selbstredend nicht von Natur aus eine Ware. Wenn sie der Kapitalist auf dem Markt vorfinden soll, müssen bestimmte Vorbedingungen erfüllt sein. Zunächst

> «... kann die Arbeitskraft als Ware nur auf dem Markt erscheinen, sofern und weil sie von ihrem eigenen Besitzer, der Person, deren Arbeitskraft sie ist, als Ware feilgeboten wird. Damit ihr Besitzer sie als Ware verkauft, muß er über sie verfügen können, also freier Eigentümer seines Arbeitsvermögens, seiner Person sein» (MARX 1969b, S. 182).

Eine weitere Bedingung muß erfüllt sein, wenn die Arbeitskraft zur Ware werden soll: Wenn der Arbeiter andere Waren verkaufen könnte, würde er nicht seine Arbeitskraft zu einem Preis verkaufen, der niedriger ist als der Wert, den sie schafft. Um andere Waren produzieren zu können, muß er aber Produktionsmittel besitzen, Rohmaterialien, Arbeitsinstrumente usw. «Er kann keine Stiefel machen ohne Leder» (ibidem S. 183). Nur wer keine Produktionsmittel besitzt, hat keine andere Wahl, als seine Arbeitskraft zu verkaufen. Die Existenz einer Klasse von produktionsmittellosen Proletariern ist also die zweite Voraussetzung dafür, daß die Arbeitskraft zur Ware wird.

Beide Voraussetzungen waren im Feudalismus nicht gegeben: Der leibeigene Fronarbeiter war schollenpflichtig; er war nicht freier Eigentümer seiner Arbeitskraft; er konnte sie nicht beliebig verkaufen, denn sie war Eigentum seines Herrn. Er war auch nicht frei von Produktionsmitteln, sondern Besitzer seines Landes und Eigentümer seines Viehs und der meisten landwirtschaftlichen Geräte. Von beidem, von der Schollenpflichtigkeit wie vom Besitz an Produktionsmitteln, wurde er im prototypischen englischen Fall durch die «Einhegungen» (enclosures) und ähnliche Arrangements befreit («Bauernbefreiung» hieß der analoge Vorgang in Preußen): Die Feudalherren vertrieben ihre Leibeigenen von dem Land, das sie bisher bearbeitet hatten, um es für die einträglichere Schafzucht nutzen zu können («Schafe fraßen Menschen»). Eine riesige Masse von arbeits- und heimatlosen, vagabundierenden Proletariern wurde geschaffen.

Nach alledem können wir unsere Ausgangsfrage nach dem Wesen des Kapitalismus wie folgt beantworten: Der Kapitalismus ist eine Produktionsweise, in der die Warenproduktion sich so sehr verallgemeinert hat, daß nicht nur die meisten materiellen Güter als Waren angeboten werden, sondern in großem Umfang auch die Arbeitskraft persönlich freier und produktionsmittelloser Arbeiter als Ware ge- und verkauft und im Produktionsprozeß zur Schaffung von Mehrwert angewendet wird.

Die Bewegungsgesetze des Kapitalismus

Nachdem wir im Vorgehenden den Marxschen Begriff der kapitalistischen Produktionsweise entwickelt haben, können wir uns nun der Frage ihrer Entwicklungsgesetze zuwenden. Wenn ich recht sehe, formulierte MARX im wesentlichen sechs solcher Gesetzmäßigkeiten:

1. Akkumulation,
2. Revolutionierung der Produktionsinstrumente,
3. Zentralisation,
4. steigende organische Zusammensetzung des Kapitals,
5. tendentieller Fall der Profitrate,
6. zyklischer, krisenanfälliger Charakter der ganzen Entwicklung.

1. «Akkumulation um der Akkumulation, Produktion um der Produktion willen», das ist nach MARX der «historische Beruf der Bourgeoisieperiode» (MARX 1969b, S. 621). Akkumulation bedeutet, daß das Kapital seinen eigenen Wert vergrößert. Nur wertzeugender Wert, nur «geldheckendes Geld» ist für MARX überhaupt Kapital. Wie geht diese Wertzeugung vonstatten?

Im einfachsten Fall von Warentausch gibt ein Individuum eine Ware, die es hat, aber nicht benötigt, weg gegen eine andere, die es nicht hat, aber benötigt:

Ware gegen Ware; W – W

Wenn dieser Austausch durch Geld vermittelt ist,

Ware – Geld – Ware; W – G – W

bleibt er in einer Hinsicht wesentlich derselbe: Das tauschende Individuum hat eine Ware, die es nicht benötigt, weggegeben gegen eine andere, qualitativ verschiedene, die es benötigt. Diese andere kann es zur Befriedigung seiner Bedürfnisse benutzen – konsumieren –, und damit ist der Prozeß abgeschlossen, er hat sein natürliches Ende gefunden.

Die Zirkulation des Kapitals ist davon grundlegend verschieden. Hier wird Geld benutzt zum Kauf von Waren, welche für mehr Geld wiederverkauft werden

Geld – Ware – mehr Geld; G – W – G'

Was aus dem Prozeß herauskommt, ist nicht ein qualitativ verschiedener Gebrauchswert, sondern genau das gleiche, was hineingesteckt wurde: Geld – wenngleich in größerer Quantität. Dieser Prozeß hat kein natürliches Ende: Die größere Menge Geldes ist ebenso Geld wie die ursprüngliche Summe. Wie diese kann sie benutzt werden, um eine neue Ware zu kaufen und für noch mehr Geld wieder zu verkaufen und so weiter, ohne Ende – und nur insoweit sie in dieser

Weise genutzt wird, ist sie Kapital: Wenn sie vom Kapitalisten für seine eigene Konsumtion der Zirkulation entzogen wird, verliert sie ihre Kapitaleigenschaft, wird zur Revenue. «Die Bewegung des Kapitals ist daher maßlos» (ibidem S. 167). Das Kapital ist gezwungen, sich selbst ständig zu vermehren.

2. Revolutionierung der Produktionsinstrumente: Wie wir gesehen haben, ist die spezifische Ware, die dem Kapital jene ständige Bewegung der Selbstvergrößerung erlaubt, die Arbeitskraft, da sie nicht nur in der Lage ist, Wert zu produzieren, sondern sogar einen Wert, der ihre Beschaffungskosten übersteigt. Wenn der Arbeiter den Gegenwert seines Lohnes in vier Stunden schafft, hindert dies den Kapitalisten nicht, ihn acht Stunden arbeiten zu lassen und den in den restlichen vier Stunden geschaffenen Mehrwert unentgeltlich einzustreichen. Zur Vergrößerung seines Mehrwerts, zur Effektivierung jenes maßlosen Prozesses der Selbstverwertung des Kapitals hat der Kapitalist nun verschiedene Möglichkeiten: Er kann den Arbeitstag z. B. auf 10 Stunden verlängern und somit seinen Gewinn auf den Gegenwert von 6 Stunden steigern. Aber diese Methode stößt auf absolute Grenzen: 24 Stunden am Tag kann kein Mensch arbeiten, auch 20 Stunden nicht. Der Kapitalist kann weiter versuchen, den Lohn zu senken, so daß dessen Gegenwert schon in, sagen wir, 2 Stunden geschaffen wird und ihm selbst nun 6 Stunden gehören. Aber auch diese Methode stößt auf Grenzen: Wenn die Löhne generell nicht ausreichen, um das Überleben der Arbeiter und ihrer Nachkommenschaft zu ermöglichen, wird die Kuh, die man molk, bald krepieren; das System muß zusammenbrechen. Diese beiden Methoden, die Marx unter dem Begriff der «absoluten Mehrwertproduktion» zusammenfaßt, sind daher vor allem dort im Gebrauch, wo das Kapital auf einen nahezu unbegrenzten Nachschub von Arbeitskräften von außerhalb rechnen kann (heute in erster Linie in der «Dritten Welt»); anderswo können sie immer nur kurzfristig angewendet werden.

Vor allem dort, wo man an die erwähnten Grenzen stieß, hat man daher andere Methoden entwickelt, Methoden der «relativen Mehrwertproduktion». Betrachten wir einmal mehr das Beispiel eines durchschnittlichen Kapitalisten mit durchschnittlichem Gewinn, der seine Arbeiter vier Stunden zur Reproduktion ihres Lohnes, vier

Stunden zur Produktion von Mehrwert arbeiten läßt. Wenn dieser Kapitalist seinen Arbeitern nun neue und effektivere Produktionsinstrumente in die Hand gibt, mit deren Hilfe sie den Gegenwert ihres Lohnes in, sagen wir, zwei Stunden produzieren können, so ergibt sich abermals eine Steigerung seines Mehrwerts auf den Gegenwert von 6 Arbeitsstunden. Erhöhung der Effektivität der Arbeitsinstrumente bringt dem Kapitalisten, der sie einführt, also einen Extramehrwert; und dieser Extramehrwert wird seine Position im Konkurrenzkampf mit den anderen Kapitalisten entscheidend verbessern. Die Konkurrenz zwingt daher jeden einzelnen Kapitalisten, ständig nach effektiveren Produktionsinstrumenten Ausschau zu halten. «Es ist daher der immanente Trieb und die beständige Tendenz des Kapitalismus, die Produktionskraft der Arbeit zu steigern» (ibidem S. 338).

3. Zentralisation: Effektivierung der Produktionsinstrumente ist nicht das einzige Mittel zur Erhöhung der Arbeitsproduktivität. Durch Kooperation auf erweiterter Stufenleiter ist es ebenfalls möglich, die Produktionskosten, das heißt die zur Produktion einer bestimmten Quantität von Gütern erforderliche Menge an Arbeit, zu senken. Wenn ein Kapitalist die Fabrik eines anderen seiner eigenen Firma einverleiben kann, kann er auf erweiterter Stufenleiter produzieren, die Vorteile der economy of scale nutzen und somit billiger produzieren. Das ist es, was Marx mit Zentralisation meint: Vergrößerung des eigenen Kapitals nicht durch bloße Akkumulation, sondern durch «veränderte Verteilung schon bestehender Kapitale» (ibidem S. 655). Dieser Mechanismus der Zentralisation ist deshalb so wichtig, weil ihm die entscheidende Rolle im Konkurrenzkampf zwischen den einzelnen Kapitalen zukommt – welcher seinerseits für den Zwang zur Akkumulation wie zur Revolutionierung der Produktionsinstrumente verantwortlich ist.

«Der Konkurrenzkampf wird durch Verwohlfeilerung der Ware geführt. Die Wohlfeilheit der Waren hängt, ceteris paribus, von der Produktivität der Arbeit, diese aber von der Stufenleiter der Produktion ab. Die größeren Kapitale schlagen daher die kleineren. Die Konkurrenz rast hier in direktem Verhältnis zur Anzahl und im umgekehrten Verhältnis zur Größe der rivalisierenden Kapitale: Sie endet stets mit dem Untergang vieler kleinerer Kapitalisten, deren Kapitale teils in die Hände des Siegers übergehen, teils untergehen» (ibidem S. 654).

Mit anderen Worten: Wer nicht in der Lage ist, sein Kapital zu vergrößern, wird im Durchschnitt gesehen zu teuer produzieren und deshalb seine Ware nur noch ohne Gewinn, unter Verlust oder überhaupt nicht mehr absetzen können. Er wird deshalb bald nicht mehr in der Lage sein, auch nur die Ersatzinvestitionen vorzunehmen, die zur Aufrechterhaltung seines Betriebs notwendig sind. Deshalb wird er ihn eines Tages aufgeben und entweder verkommen oder in die Hände eines größeren und erfolgreicheren Konkurrenten übergehen lassen müssen – welcher eben dadurch noch größer wird. Daraus resultiert die dem Kapitalismus immanente Tendenz zur Bildung immer größerer individueller Kapitale – bis hin zu den Aktiengesellschaften, Trusts, Kartellen und Monopolen, die ab dem Ende des 19. Jahrhunderts das Gesicht der Wirtschaft in den kapitalistischen Staaten in immer stärkerem Maße bestimmen.

4. Steigende organische Zusammensetzung des Kapitals: Marx unterscheidet bei dem im Produktionsprozeß angewandten Kapital zwischen konstantem Kapital (C), dem für Produktionsmittel, Rohstoffe, Gebäude etc. angelegten Teil, und variablem Kapital (V), dem für Arbeitskraft angelegten Teil. Unter organischer Zusammensetzung des Kapitals versteht er das Verhältnis C/V. Der Wert dieses Verhältnisses steigt mit der Effektivierung der Produktion im Laufe der kapitalistischen Entwicklung ständig. Genau dadurch, daß der Arbeiter immer mehr und immer aufwendigere «arbeitssparende» Produktionsinstrumente verwendet, wird ja die Effektivierung erreicht. Und niemand wird bestreiten, daß das in Produktionsmitteln angelegte Kapital pro Arbeiter bzw. pro Arbeitsplatz in der Tat ständig vergrößert wurde – man vergleiche nur die Fabriken von heute mit denen von 1850.

Nun könnten allerdings theoretisch die Löhne im gleichen Maß gestiegen sein wie das konstante Kapital pro Arbeiter, was bedeuten würde, daß das Verhältnis C/V trotz allem konstant geblieben wäre. Marx hält diese logische Möglichkeit für real ausgeschlossen. Er argumentiert dabei wie folgt: Steigende Löhne sind eine Folge verstärkter Nachfrage nach Arbeitskraft; wenn die Löhne jedoch über einen bestimmten Punkt hinaus steigen, müssen die Profite der Unternehmer fallen; deshalb werden diese endlich ihre Produktion einschränken und eben dadurch auch die Nachfrage nach Arbeitskraft – weshalb die Löhne schließlich wieder fallen müssen. Betrachten wir einmal mehr den Fall eines Betriebes, in dem die Arbeiter 4 Stunden notwendige, 4 Stunden Mehrarbeit leisten. Nehmen wir nun an, der Kapitalist statte eines Tages seine Arbeiter mit teureren und effektiveren Produktionsinstrumenten aus, die ihnen ermöglichen, das Äquivalent ihres vorherigen Lohnes in 3 Stunden zu produzieren; gleichzeitig würden jedoch die Löhne steigen, so daß auch weiterhin 4 Stunden zu ihrer Reproduktion nötig wären. In diesem Fall hätte der Kapitalist mehr Kapital investiert, nur um den gleichen Profit zu realisieren wie vorher; das Verhältnis des Gewinns zur Gesamtinvestition wäre also gesunken. Mehr auszugeben ohne mehr einzunehmen ist jedoch nicht das Interesse des Kapitalisten; deshalb wird er an diesem Punkt nicht mehr weiter investieren – und alle Kapitalisten in der gleichen Lage mit ihm. Die Nachfrage nach Arbeitskraft wird stagnieren, ja zurückgehen, da weniger Investitionsgüter produziert werden. Damit wäre die Ursache für die Steigerung der Löhne verschwunden; sie würden nicht länger steigen, sondern sinken. Deshalb können die Löhne niemals auf Dauer schneller steigen als die Gewinne.

Aber das ist noch nicht alles: Normalerweise muß die Lohnsteigerungsrate hinter der Gewinnsteigerungsrate zurückbleiben. Wenn die Kapitalisten die Effektivität ihrer Produktionsinstrumente vergrößern, benötigen sie logischerweise eine geringere Anzahl von Arbeitern, um die gleiche oder sogar eine größere Menge von Waren zu produzieren als zuvor. Arbeitssparende Maschinen machen einen Teil der Arbeiter überflüssig – und diese überschüssigen Arbeiter werden das Angebot an Arbeitskräften im Vergleich zur Nachfrage erhöhen und so ebenfalls auf die Löhne drücken.

Was ist nun die Relevanz von alledem? Daß das Verhältnis von konstantem zu variablem Kapital ständig steigt, heißt nichts anderes, als daß der Anteil am gesamten gesellschaftlichen Reichtum, den die Arbeiter erhalten, ständig sinkt. Wachsende organische Zusammensetzung des Kapitals ist gleichbedeutend mit *relativer Verelendung* des Proletariats; selbst, wenn die Löhne der Arbeiter absolut steigen, muß ihr Anteil am gesellschaftlichen Gesamtvermögen zurückgehen.

5. *Tendenzieller Fall der Profitrate:* Die Profitrate ist für MARX definiert durch das Verhältnis von Mehrwert zu investiertem Kapital, welches wiederum zerfällt in konstantes und variables Kapital.

$$P = \frac{M}{C+V}$$

Nun läßt das Steigen der organischen Zusammensetzung des Kapitals C im Verhältnis zu V immer größer werden. Wenn sich inzwischen das Verhältnis M/V, die Ausbeutungs- oder Mehrwertrate nicht ändert, muß sich dadurch der Wert von P verringern – was sich mathematisch einfach zeigen läßt, denn:

$$\frac{M}{C+V} = \frac{M}{V} \cdot \frac{1}{C/V+1}$$

Unsere Prämisse war, daß M/V konstant bleibt, C/V wächst; in diesem Fall wächst nur der Nenner unseres Bruchs, weshalb sein Gesamtwert, der Wert von P, sinken muß.

Doch gibt es eine Reihe von Gegentendenzen gegen den tendenziellen Fall der Profitrate – die MARX wohl sieht, aber insgesamt herunterspielt. Vor allem ist nicht einzusehen, warum M/V konstant bleiben soll. MARX meint wohl, die Überlebensnotwendigkeiten der Arbeiter würden der Steigerung der Ausbeutungsrate absolute Grenzen setzen – V kann niemals gleich Null werden. Obwohl dies zutrifft, scheint er dabei aber die durch die Revolutionierung der Produktivkräfte erreichbare Verbilligung der in den Unterhalt der Arbeiter eingehenden Konsumgüter zu unterschätzen; denn wenn diese billiger werden, ist es möglich, die Löhne der Arbeiter zu senken, ohne ihren Lebensunterhalt zu gefährden. Auf weitere Gegenargumente ist hier nicht einzugehen. Festzuhalten ist nur, daß alle Versuche, die Entwicklung der Profitrate empirisch zu untersuchen (cf. GILLMAN, WYGODSKI), bisher zu keinen eindeutigen Ergebnissen gekommen sind. «Die Richtung, in der sich die Profitrate verändern wird, (wird) unbestimmt» (SWEEZY 1972, S. 126). Unbestritten bleibt dabei allerdings, daß die Profitrate langfristig sinken muß, wenn die Mehrwertrate nicht gesteigert werden kann.

6. *Der Krisenzyklus:* Bei MARX werden zwei Typen (vgl. SWEEZY 1972) von Krisen behandelt. Der erste entspringt der bereits diskutierten Situation, daß als Folge von rascher Akkumulation und ver-

mehrter Nachfrage nach Arbeitskraft die Löhne so sehr steigen, daß die Profite der Unternehmer gefährdet erscheinen. Dies kann zu einer Kettenreaktion führen: Die Unternehmer schränken ihre Investitionen ein, verringern dadurch die Nachfrage nach Investitionsgütern; die Investitionsgüterindustrie muß ihre Produktion verringern und Arbeiter entlassen, welche daraufhin ihren Konsum einschränken müssen – dadurch wird die Konsumgüterindustrie in Mitleidenschaft gezogen usw.

Der zweite Typ tritt auf, wenn in einer Akkumulationsphase gesamtwirtschaftlich mehr Güter produziert worden sind, als profitbringend verkauft werden können. Die kaufkräftige Nachfrage – und das ist im Kapitalismus die einzige, die zählt – ist zu niedrig im Vergleich zu dem durch das expandierende Kapital produzierten Angebot. Auch hier kann es zu einer Kettenreaktion kommen, die erst dann ein Ende findet, wenn die Produktion so weit zurückgegangen ist, daß sie der kaufkräftigen Nachfrage wieder entspricht – und dann tritt die umgekehrte Kettenreaktion ein: Es lohnt sich wieder zu investieren, weshalb jeder seine Chance wahrnehmen muß, was zu einem neuen Investitionsboom und schließlich erneut zur Überakkumulation führen muß. Hier wird oftmals eingewendet, diese Art von Krisen könne doch einfach vermieden werden: Man müsse nur den Arbeitern höhere Löhne geben, dadurch würde die kaufkräftige Nachfrage erhöht und die Disproportion beseitigt. Dieser Ausweg ist aber illusorisch; denn eine derartige Erhöhung der Löhne müßte ja, wie gesehen, zu einer Krise vom ersten Typ führen. Somit ergibt sich, daß beschleunigte Akkumulation des Kapitals in jedem Fall zur Krise führen muß: Ist sie mit steigender Nachfrage nach Arbeitskraft verbunden, provoziert sie eine Krise vom ersten Typ, ist sie es nicht, eine vom zweiten Typ. Zur Akkumulation aber ist jeder Kapitalist bei Strafe des Untergangs gezwungen.

Was in den Krisen deutlicher als irgendwo sonst zum Ausdruck kommt, ist der Grundwiderspruch des Kapitalismus: der Widerspruch zwischen gesellschaftlicher Produktion und privater Aneignung. Produziert wird nur, was eine Mindestmenge an privatem Profit bringt. Wenn einmal mehr produziert worden ist (was in beiden Arten von Krisen der Fall ist), muß ein Teil davon stillgelegt, entwertet werden. Die darin investierte Arbeit war umsonst, sie war schlichte Vergeudung. Einerseits unterliegt der Kapitalismus dem Grundgesetz «ungefesselte Entwicklung der Produktionskraft und Vermehrung des Reichtums» (MARX 1969e, III, S. 53) durch die Entwicklung der «kooperativen Form des Arbeitsprozesses auf stets wachsender Stufenleiter» und «die bewußte technologische Anwendung der Wissenschaft» (MARX 1969b, S. 790). Andererseits wird dieser Reichtum immer wieder vergeudet, kann er niemals zur Gänze genutzt werden, denn die «Grundlage» seiner Produktion ist «Beschränkung der Masse der Produzenten auf die notwendigen Lebensmittel» (MARX 1969e, III, S. 55). «Das Kapitalmonopol wird zur Fessel der Produktionsweise, die mit ihm und unter ihm aufgeblüht ist» (MARX 1969b, S. 791). Dies wird nach MARX' Überzeugung auch «die Empörung der stets anschwellenden und durch den Mechanismus des kapitalistischen Produktionsprozesses selbst geschulten, vereinten und organisierten Arbeiterklasse» wachsen lassen, so lange, bis diese sich erhebt, die «kapitalistische Hülle» der Produktion sprengt und die private Aneignung – die Grundlage jenes Widerspruchs – beseitigt.

Zur Einschätzung von Marx

Grundlage der hier vorgetragenen MARX-Interpretation ist die Überzeugung, daß MARX in allererster Linie Gesellschaftstheoretiker ist, nicht bloßer Wirtschaftstheoretiker – dies in zweierlei Hinsicht:

1. In dem Sinn, daß er die die Gesellschaft in ihrer Totalität bestimmenden Faktoren zu identifizieren sucht – und in der gesellschaftlichen Arbeit identifiziert. Mag auch die Erkenntnis, daß die Menschen leben müssen, um Geschichte zu machen, trivial sein, so wird sie doch von jenen Soziologen vergessen, die glauben, Gesellschaft als rein normatives Gebilde oder als bloßes Interaktionssystem studieren und die gesellschaftliche Auseinandersetzung mit der Natur außer acht lassen zu können. Wer gerade die entscheidenden Bestimmungsfaktoren der gesellschaftlichen Bewegung (diejenigen, die sich im Konfliktfall gegen alle anderen durchsetzen müssen) aus der Betrachtung ausschließt, macht sich der Oberflächlichkeit, des Haftens am Äußerlichen schuldig. Nur eine Soziologie, die – wie MARX – alle sozialen Phänomene in ihrem Zusammenhang mit der gesellschaftlichen Aneignung der Natur studieren würde, könnte jene Oberflächlichkeit überwinden.

Nicht trivial sind die begrifflichen Unterscheidungen, mit deren Hilfe MARX die Art und Weise der gesellschaftlichen Naturaneignung zu fassen sucht. Die Begriffe «Produktionsweise», «Produktivkräfte» und «Produktionsverhältnisse» mit ihren jeweiligen gesellschaftsspezifischen Konkretisierungen müssen ihre heuristische Fruchtbarkeit in der empirischen Anwendung erweisen. Ich meine: Sie haben sie erwiesen[4] – nicht nur in der MARXschen Theorie der gesellschaftlichen Entwicklung (s. o.) oder etwa in seiner Charakterisierung der feudalen Produktionsweise (s. z. B. MARX 1969d, Kap. 47), sondern auch und vor allem in seiner Theorie der kapitalistischen Gesellschaft selbst. Betont werden muß hier v. a. die Erkenntnis, daß mit der Verallgemeinerung der Warenproduktion (dem spezifisch kapitalistischen Produktionsverhältnis) alle gesellschaftlichen Beziehungen charakteristische Veränderungen erfahren müssen.

«Die Bourgeoisie, wo sie zur Herrschaft gekommen, hat alle feudalen, patriarchalischen, idyllischen Verhältnisse zerstört. Sie hat die buntscheckigen Feudalbande, die den Menschen an seine natürlichen Vorgesetzten knüpften, unbarmherzig zerrissen und kein Band zwischen Mensch und Mensch übriggelassen als das nackte Interesse, als die gefühllose ‹bare Zahlung›. Sie hat die heiligen Schauer der frommen Schwärmerei, der ritterlichen Begeisterung, der spießbürgerlichen Wehmut in dem eiskalten Wasser egoistischer Berechnung ertränkt ...» (MARX/ENGELS 1969, S. 28).

Wenn man auch LUKÁCS' These, daß die Warenform «sämtliche Lebensäußerungen der Gesellschaft ... nach ihrem Ebenbilde umformen» mußte (LUKÁCS 1970, S. 172), nicht zustimmen kann – die Familie z. B. kann ihre Funktion der physischen und psychischen Reproduktion der Arbeitskraft nur deshalb schlecht und recht erfüllen, weil sie nicht «nach dem Ebenbild» der Warenbeziehung organisiert ist –, so ist ihm doch im folgenden recht zu geben: Die Warenbeziehung

«... drückt dem ganzen Bewußtsein des Menschen ihre Struktur auf: seine Eigenschaften und Fähigkeiten verknüpfen sich nicht mehr zur organischen Einheit der Person, sondern erscheinen als ‹Dinge›, die der Mensch ebenso ‹besitzt› und ‹veräußert› wie die Gegenstände der äußeren Welt. Und es gibt naturgemäß keine Form der Beziehung der Menschen untereinander, ... die sich nicht in zunehmendem Maße dieser Gegenständlichkeitsform unterwerfen würde» (ibidem S. 194).

Gerade die WEBERschen Analysen von Recht, Staat und Bürokratie zeigen nach LUKÁCS, wie all diese Bereiche sich jener «Gegenständlichkeitsform unterwerfen» mußten – ohne deshalb selbst warenförmig organisiert zu werden.

2. Aber noch in einem anderen Sinn ist die MARXsche Theorie Gesellschafts- und nicht nur Wirtschaftstheorie: Es ist MARX' stetes Be-

mühen, die quasi-objektiven, ‹verdinglichten› Kategorien des Wirtschaftslebens wie der Wirtschaftstheorie auf ihr gesellschaftliches Wesen zurückzuführen. Der Tauschwert erscheint als natürliche Eigenschaft einer Ware; in Wirklichkeit drückt er jedoch ein gesellschaftliches Verhältnis zwischen Personen aus, ein Verhältnis allerdings, das die Personen gerade wegen des dinglichen Scheins nicht durchschauen und deshalb auch nicht kontrollieren können. Ähnlich erklärt Marx Zins, Rente und Profit, die scheinbar natürlichen Früchte von Kapital und Boden, aus der entschädigungslosen Aneignung von Mehrarbeit der Produzenten durch die Produktionsmitteleigentümer, also aus einem gesellschaftlichen Verhältnis. Und der Wert ist ihm nur «ein Buchstabe für ein Produktionsverhältnis» (Marx 1974a, S. 60), eines, in dem der gesellschaftliche Zusammenhang nicht Gegenstand der bewußten, planvollen Tätigkeit der Gesellschaftsmitglieder ist, sondern allenfalls das Resultat anonymer und unbeherrschter Marktgesetze, die dem einzelnen über die Verkäuflichkeit oder Unverkäuflichkeit seiner Waren im nachhinein mitteilen, ob er sich als Gesellschaftsmitglied bewährt hat oder nicht.

Der vermeintliche Ökonomismus von Marx erweist sich in Wirklichkeit als ständiges Zurückführen ökonomischer Kategorien und Gesetze auf die gesellschaftliche Tätigkeit der Menschen. Dies führt ihn jedoch keineswegs zu einer Theorie der Allmacht des Subjekts. Denn die Gesetzmäßigkeiten, über die sich der gesellschaftliche Zusammenhang herstellt, setzen sich im Kapitalismus (und in anderer Form auch in älteren Gesellschaftsformationen) ja gerade über die Köpfe der Subjekte hinweg durch, unterliegen nicht ihrer «Kontrolle und bewußten Beherrschung». Diese Erkenntnis muß gegenüber allen subjektivistischen Ansätzen in der Soziologie festgehalten werden. Von den rein objektivistischen Ansätzen unterscheidet sich Marx nicht nur dadurch, daß er den dinglichen, quasi-natürlichen Charakter jener Gesetzmäßigkeiten als Schein enthüllt und auf sein gesellschaftliches Wesen zurückführt, sondern auch und vor allem dadurch, daß er jenes gesellschaftliche Wesen als historisches und somit veränderbares erkennt. In älteren Gesellschaftsformationen herrschten andere Gesetzmäßigkeiten, und in künftigen werden wieder andere herrschen – auch dies muß gegenüber aller späteren Soziologie festgehalten werden.

Für Marx steht im übrigen außer Frage, daß der von ihm anvisierte

«Verein freier Menschen» erst dann möglich sein wird, wenn die Subjekte die sozialen Gesetzmäßigkeiten durchschauen und ihr gesellschaftliches Zusammenleben somit zum Gegenstand ihrer bewußten Tätigkeit machen können (cf. MARX 1969a, S. 34ff). Dieses Ziel ist für ihn jedoch nicht nur utopisches Konstrukt; er versucht zu zeigen, daß es in der realen Tendenz der geschichtlichen Entwicklung angelegt ist: Die beiden Grundgesetze der kapitalistischen Entwicklung «Beschränkung der Masse der Produzenten auf die notwendigen Lebensmittel» und «ungefesselte Entwicklung der Produktionskraft und Vermehrung des Reichtums» werden zunehmend miteinander unverträglich, bis schließlich der Punkt erreicht ist, an dem nur die Alternative bleibt: entweder Beseitigung der Grundlage dieses Widerspruchs, nämlich der privaten Aneignung bei gesellschaftlicher Produktion und damit auch der Grundlage des verdinglichten Scheins in den ökonomischen Beziehungen – oder «Rückfall in die Barbarei».

Auch wenn all dies zutrifft, läßt sich nicht bestreiten, daß sich einige der Prognosen von MARX bis jetzt nicht bewahrheitet haben. Vor allem seine Hoffnung, die ständige Wiederkehr der Krisen müsse den Arbeitern binnen kurzem die Augen über die Tatsache der Ausbeutung und deren Ursachen öffnen und sie dadurch zur Umwälzung der Produktionsverhältnisse treiben, hat sich zumindest für den Westen als zu optimistisch erwiesen. Was MARX unterschätzt hat und in seiner Zeit wohl auch unterschätzen mußte, ist die ideologische Integrationsfähigkeit des Kapitalismus gegenüber den Arbeitern – sei es durch «Vergoldung ihrer Ketten», durch massenpsychologische Manipulation oder durch faschistischen Terror. Man sollte aber ebensowenig vergessen, daß sich auch die bürgerliche Revolution nicht an einem Tag – etwa des Jahres 1789 – weltweit durchgesetzt hat. Sie erstreckte sich über einige Jahrhunderte, erlitt ständig Rückschläge und hat selbst heute noch nicht überall gesiegt. Ähnliches müssen wir realistischerweise auch vom Übergang zum Sozialismus erwarten.

Max Weber (1864 bis 1920)

Die Protestantismus-These

Max Webers populärstes und verbreitetstes Werk ist sein Essay «Die protestantische Ethik und der Geist des Kapitalismus». Obwohl Webers Intentionen von einer ganzen Reihe späterer – v. a. amerikanischer – Soziologen aufs gröbste mißverstanden wurden, weil gar zu viele nur diese eine Studie, diesen kleinen Teil seiner Religionssoziologie gelesen hatten unter Vernachlässigung seiner Arbeiten zum Hinduismus, Buddhismus, Confutsianismus, Taoismus und Antiken Judentum, müssen auch wir unsere Überlegungen zu Weber mit diesem Essay beginnen. Anders wäre die zentrale These, die all seinen späteren Arbeiten zur Soziologie zugrunde liegt, kaum zu verstehen: die These, daß die Menschheitsentwicklung als Prozeß zunehmender Rationalisierung begriffen werden kann.

Webers Ausgangspunkt ist in diesem Essay die Beobachtung, daß im Deutschland seiner Zeit die katholischen Regionen im Durchschnitt industriell weit weniger entwickelt waren als die protestantischen. Er stellt weiter fest, daß der gleiche Zusammenhang historisch auf gesamteuropäischer Ebene beobachtet werden kann: die ersten kapitalistischen Nationen, die ersten Industrieländer waren die protestantischen Niederlande und das protestantische England; die vorher viel reicheren katholischen Staaten Italien, Spanien, Portugal folgten – wenn überhaupt – erst sehr viel später. Diesen zunächst unverständlichen Zusammenhang zwischen Religionszugehörigkeit und wirtschaftlicher Entwicklung zu erklären, ist die Aufgabe, die Weber sich stellt – was sind die Ursachen dieser seltsamen Korrelation?

Zur Beantwortung dieser Frage untersucht Weber zunächst die «Wirtschaftsgesinnung» der ersten Kapitalisten. Er kommt zu dem Ergebnis, daß es sich dabei um eine sehr spezifische und «unnatürliche» Gesinnung handle: Ziel der frühen Kapitalisten war nicht einfach, Gewinne oder auch möglichst hohe Gewinne zu machen – dieses Motiv ist in allen handeltreibenden Gesellschaften verbreitet. Die ersten Kapitalisten jedoch strebten nach Gewinn um des Gewinnes willen. Profite zu erzielen war für sie Selbstzweck, nicht Mittel zur Befriedigung ihrer Bedürfnisse – und das unterscheidet sie von den Hökern, Händlern und Kaufleuten aller früheren Zeiten. Zuvor war es die Bestimmung des Reichtums gewesen, konsumiert zu werden. Insbesondere der Adel wie auch die Fernhandelskaufleute des späten Mittelalters häuften Reichtum an, um ihn zu genießen, um ein Leben in Luxus führen zu können. Die frühen Kapitalisten jedoch pflegten trotz ihres Reichtums in äußerster Sparsamkeit zu leben. Jeder Konsum, der über das absolut Lebensnotwendige hinausging, erschien ihnen als Verschwendung. Das Ideal war, jeden Pfennig, den man einnahm, zu reinvestieren, alles Geld, das man erwarb, zu nutzen, um mehr Geld daraus zu machen – genau das, was bei MARX «Akkumulation um der Akkumulation willen» geheißen hatte; in ihrer Charakterisierung der frühen Kapitalisten unterscheiden sich MARX und WEBER demnach kaum (vgl. insbesondere MARX 1969b, S. 168, 618). Und auch die Definition des «modernen Kapitalismus» als «rationale Organisation freier Arbeit», die WEBER später geben sollte (WEBER 1920a, S. 10), kommt der MARXschen sehr nahe.

Nachdem WEBER die Wirtschaftsgesinnung der frühen Kapitalisten solchermaßen charakterisiert hat, versucht er zu zeigen, daß zwischen ihr, zwischen dem «Geist des Kapitalismus» und den religiösen Doktrinen des Calvinismus, eine substantielle Affinität besteht. Der Ausgangspunkt dafür ist ihm Calvins Prädestinationslehre, nach der Gott schon zu Anbeginn der Welt in einem für uns unerforschlichen Beschluß einem Teil der Menschen seine Gnade zuteil werden ließ und sie damit zu späteren Heiligen vorherbestimmte, einem anderen nicht, weshalb dieser der ewigen Verdammnis anheimfallen wird. Die menschlichen Werke – und erst recht magische Mittel wie die Sakramente – haben darauf überhaupt keinen Einfluß.

Aus dieser Irrelevanz der menschlichen Handlungen für das Seelenheil und der absoluten Unerforschlichkeit von Gottes Ratschlüssen folgt im Prinzip eine absolute Ungewißheit des einzelnen darüber, ob er zu den Heiligen oder zu den Verdammten gehört. Eine derartige Unsicherheit ist aber, so WEBER, in einem vom Glauben bestimmten Zeitalter ein für die Masse der Individuen psychologisch unerträglicher Zustand. Man suchte deshalb nach *Zeichen*, die einen Hinweis geben konnten, daß man zu den Auserwählten gehöre. In einem absolut untadeligen Lebenswandel in dieser Welt, im Verzicht auf Muße und Genuß zugunsten ständiger Arbeit glaubte man, ein solches Indiz der Auserwähltheit sehen zu können. Man wurde also zur Askese gedrängt – aber nicht wie in den katholischen Mönchsorden zu einer

Askese im Dienste der Meditation oder Kontemplation (durch Kontemplation Gott näher kommen zu wollen, wäre für die Prädestinationslehre ebenso ein Aberglaube wie die Hoffnung auf Sakramente), sondern zu innerweltlicher Askese, asketischer Bewährung im Berufsleben. Und dies war nicht nur von religiösen Virtuosen – wie den Mönchen – gefordert, sondern von allen Gläubigen. Dadurch wurde eine der oben charakterisierten «unnatürlichen» Wirtschaftsgesinnung schon recht nahe kommende Einstellung geschaffen – und dies auf Massenbasis.

Besondere Bedeutung erhielt das alles jedoch dadurch, daß man bald nach einem handgreiflicheren Zeichen der Auserwähltheit suchte, als es jenes doch recht interpretationsbedürftige Gebot eines untadeligen Lebenswandels in dieser Welt abgeben konnte. Und man fand ein solches Zeichen.

«Wenn Gott euch einen Weg zeigt, auf dem ihr ohne Schaden für eure Seele oder für andere in gesetzmäßiger Weise *mehr gewinnen könnt* als auf einem anderen Wege und ihr diesen zurückweist und den minder gewinnbringenden verfolgt, dann *kreuzt ihr einen der Zwecke eurer Berufung. Ihr weigert euch, Gottes Verwalter zu sein* ... Nicht freilich für Zwecke der Fleischeslust und Sünde, wohl aber für Gott dürft ihr arbeiten, um reich zu sein» (Baxter nach Weber, 1969a, S. 176).

Hiermit ist eine Einstellung religiös begründet, die exakt dem rastlosen Streben der frühen Kapitalisten nach Gewinn nicht des Genusses wegen, sondern um seiner selbst willen entspricht. Reichtum wird zum Zeichen der Auserwähltheit – was bei diesen Kapitalisten im übrigen auch ein «pharisäisch gutes Gewissen beim Gelderwerb» nach sich zog samt der entsprechenden Hartherzigkeit gegenüber den Armen, wie sie sich z. B. in der barbarischen englischen Armengesetzgebung manifestierte (Weber 1969a, S. 198f). Schließlich wurden die Arbeiter selbst zu asketischer Arbeit im Beruf angehalten, was in nicht zu unterschätzendem Maß zu ihrer Unterwerfung unter die eiserne Disziplin der kapitalistischen Industrie beigetragen hat. All dies zusammen mußte die wirtschaftliche Entwicklung notwendig beeinflussen; die protestantische Ethik wurde nach Weber zu einer der wichtigsten kausalen Voraussetzungen für die Entstehung des Kapitalismus.

Diese These ist natürlich äußerst kontrovers, historisch wie systematisch (vgl. z. B. den Sammelband von Seyfarth/Sprondel 1973). Es scheint, als würden einige von den Beispielen, mit denen Weber sie zu untermauern suchte, mit seiner Vorstellung vom asketischen, Tag und Nacht arbeitenden Kapitalisten, der jeden Pfennig reinvestiert, überhaupt nicht zusammenpassen – Benjamin Franklin z. B. scheint diese Lebensweise zwar in seinen Büchern propagiert, nicht aber praktiziert zu haben (cf. KOLKO 1965). Weiterhin ist der Calvinismus vielerorts jünger als der Manufakturkapitalismus – v. a. in den Niederlanden (cf. KOFLER 1971; ZEITLIN 1968) –, kann also nicht dessen Ursache sein. Schließlich läßt WEBER die Möglichkeit außer acht, daß die ersten Kapitalisten durch die Konkurrenz gezwungen gewesen sein könnten, jene aus Askese und Gewinnsucht gemischte Wirtschaftsgesinnung zu entwickeln. Obwohl er sieht, daß der Calvinismus seine weiteste Verbreitung in der aufsteigenden Klasse der mittleren Handel- und Gewerbetreibenden fand, welche der übermächtigen Konkurrenz der Fernhandelskaufleute ausgesetzt waren (cf. WEBER 1920a, S. 48f; KOFLER 1971; DOBB 1972), erörtert er die Möglichkeit nicht, daß diese ihre ökonomische Situation für ihre massenweise Konversion zum Calvinismus verantwortlich sein könnte.

Immerhin ist WEBER vorsichtig genug, die Einseitigkeit seines Ansatzes herauszustellen. Er wiederholt mehrmals, daß er keineswegs einen einseitigen Materialismus durch einen ebenso einseitigen Spiritualismus ersetzen wolle; er habe nur versucht, die andere Seite der Medaille sichtbar zu machen, diese eine Form der kausalen Determinierung, die gewöhnlich übersehen werde, weil sie nicht so offen zutage liegt (WEBER 1920a, S. 12). Und in diesem Sinne einer von mehreren wirkenden Einflußlinien läßt sich der von WEBER aufgezeigte Zusammenhang von protestantischer Ethik und kapitalistischem Geist trotz aller vorgebrachten Kritik wohl schwerlich bestreiten. Wenn WEBER allerdings hin und wieder explizit behauptet, er habe mit diesem Aufsatz den historischen Materialismus widerlegt (vgl. MARIANNE WEBER 1926, S. 359, 446), dann wird davon allenfalls ein Vulgärmaterialismus der primitivsten Art getroffen, der mit dem MARXschen nichts gemein hat.

Die Rationalisierungsthese

In seinen späteren Arbeiten zur Religionssoziologie hebt WEBER vor allem auf eine Besonderheit des asketischen Protestantismus ab, die er in dem ersten Aufsatz wohl angeführt, aber nicht im gleichen Maß betont hatte: die Tendenz, das Leben in dieser Welt zu rationalisieren.

Diese Tendenz erschien ihm nun als die wichtigste spirituelle Vorbedingung der Entstehung des Kapitalismus (Weber 1920a, S. 10ff). Der Calvinismus ermahnte die Menschen nicht nur zu harter Arbeit als solcher, sondern zur methodischen Rechnungsführung über jegliche Tätigkeit; keine einzige Minute durfte verschwendet, keine einzige Gewinnchance ausgelassen werden. Diese systematisch-methodische Planung des Lebens in dieser Welt nennt Weber – im Unterschied etwa zu der vergleichbar systematischen Planung spezifisch außerweltlichen Verhaltens wie Kontemplation und Meditation in den katholischen Mönchsorden – «Rationalismus der Weltbeherrschung». Und in der «Rationalisierung der Weltbeherrschung» sieht er die spezifische Errungenschaft des Okzidents, welche letzteren von jeder außerokzidentalen Kultur unterscheidet. Seine späteren Studien zum Verhältnis von religiösen und sozioökonomischen Faktoren in Indien, China und dem alten Israel können am besten verstanden werden als Versuche, die Einmaligkeit jenes «okzidentalen Rationalismus» historisch zu belegen.

Weber mußte dabei allerdings schon sehr früh ein wichtiges und scheinbar paradoxes Phänomen zur Kenntnis nehmen: Auch Buddhismus, Hinduismus und Konfutsianismus legten großes Gewicht auf Rationalisierung. Die indische Askese erscheint ihm sogar als die «rational entwickeltste der Welt» (Weber 1920b, S. 149). Die indische Religiosität beruht generell auf der Überzeugung

> «... daß die Erlösung in der Befreiung vom Rad der Wiedergeburten bestehe, und daß sie nur durch Loslösung von dieser Welt der Vergänglichkeit, des innerweltlichen Handelns und des am Handeln haftenden Karman zu erlangen sei» (ibidem S. 204).

Dementsprechend wurden von den hinduistischen, buddhistischen und jainistischen Mönchen und Eremiten in höchstem Maße systematisierte Methoden der Askese entwickelt, welche ihnen ermöglichen sollten, sich selbst von allen weltlichen Gedanken und Begierden zu befreien, ihre Seele von jeglichem Haften an der Welt zu entleeren und so schließlich jeglichem Leiden zu entrinnen. Rationalisierung im Sinne systematischer und methodischer Planung der Lebensführung auf ein bestimmtes Ziel hin war im Buddhismus, Hinduismus und Jainismus also fraglos ein Faktor von zentraler Bedeutung. Darüber hinaus wurden im alten Indien systematische (insofern rationale) Kunstlehren zur Gewinnung und Erhaltung politischer Macht, frei von jeglichem moralischen Skrupel (Arthashastra), und ebenso zur Gewährleistung und Maximierung sexuellen Genusses (Kamasutra) entwikkelt. Nach alledem kann also «‹Rationalismus› etwas sehr Verschiedenes bedeuten» (WEBER 1969a, S. 265) – und es bedeutete in verschiedenen Kulturen auch sehr Verschiedenes. WEBERS Hauptinteresse galt jedoch der Beziehung des religiösen zum *«ökomischen Rationalismus»* (ibidem). Die spezifische Besonderheit des Calvinismus liegt für ihn eben darin, daß dieser die höchste religiöse Prämie gerade auf ökonomischen Rationalismus gesetzt habe. Hinduismus und Buddhismus setzten im Gegensatz dazu die höchste religiöse Prämie keineswegs auf innerweltlichen, geschweige denn ökonomischen Rationalismus, sondern auf Weltflucht; sie rationalisierten in allererster Linie die Methoden zur Entleerung der Seele von allem Haften an der Welt. Und wenn auch Politik und Sexualität im alten Indien ebenfalls rationalisiert worden waren, so war dies zum einen doch nicht das Werk der Religionen selbst, zum anderen (und das ist wichtiger) war es nur für die religiös minder Qualifizierten von Belang; die höchsten und exemplarischen Formen der Religiosität waren stets durch das Bemühen um Befreiung von allen weltlichen Begierden – einschließlich der sexuellen und politischen – gekennzeichnet, eben durch Rationalisierung der Weltflucht.

Der Konfutsianismus schließlich, um ein weiteres Beispiel für die Verschiedenartigkeit der Rationalisierungsmöglichkeiten zu geben, setzte die höchste Prämie auf perfekte Kenntnis der klassischen chinesischen Literatur, auf positives Wissen in einer spirituellen Sphäre – meilenweit entfernt von allen irdischen Belangen und Alltagsproblemen. Die letzteren blieben ausschließlich den religiös indifferenten, egoistisch-utilitaristischen Strebungen der Individuen überlassen. Die religiösen Vorschriften hatten mit der Gestaltung des täglichen Lebens nichts zu tun.

Für die spätere Religionssoziologie WEBERS ist es aber weiterhin wesentlich, daß der Calvinismus jetzt nicht mehr als einzige religiöse Grundlage des okzidentalen Rationalismus angesehen wird. Statt dessen versucht WEBER jetzt, die Ursprünge dieser Erscheinung bis in sehr viel frühere Epochen der okzidentalen und nahöstlichen Geschichte zurückzuverfolgen. Die älteste Grundlegung des Zusammenhangs zwischen religiösem und innerweltlichem Verhalten glaubt er schließlich im antiken Judentum identifizieren zu können. Die zentrale Glaubenstatsache im antiken Judentum war der Bund zwischen Gott und seinem Volk. In diesem Bund hatte Jahwe den Israeliten feierlich irdisches Heil versprochen («das Land, wo Milch und Honig fließen») unter der Bedingung, daß sie den Inhalt seiner Gebote in ihrem täglichen Leben verwirklichten.

«Wenn Jahwe zürnte und der Nation oder dem einzelnen nicht half, so mußte daran eine *Verletzung der berith* mit ihm die Schuld tragen. Hier mußte also die Fragestellung der amtlichen Instanzen wie der einzelnen einsetzen: *welches seiner Gebote* war übertreten worden? Darauf konnten irrationale Divinationsmittel keine Antwort geben, sondern nur die Kenntnis der Gebote selbst und die Gewissenserforschung» (WEBER 1920c, S. 179).

Mit anderen Worten: Der Glaube an einen persönlichen Gott, welcher das ganze Volk für seine weltlichen Taten und Untaten (wie in seinen Geboten definiert) belohnte oder bestrafte, führte zur Rationalisierung des Handelns in dieser Welt nach dem Maßstab einer rationalen Ethik. Jedermann war gezwungen, Gottes Gebote zu studieren und sein eigenes Verhalten ständig an ihnen zu messen. Dies war nicht vereinbar mit irrationalen Weissagungsmethoden; deshalb mußte die Magie ausgeschaltet werden – in deutlichem Kontrast zu dem, was im alten Indien und China geschehen war: Hier hatten (wie dargestellt) ebenfalls Intellektuelle bzw. religiöse Eliten eine Art von Rationalismus entwickelt, in welchem für Magie und irrationale Weissagung kein Platz zu sein schien. Dieser Rationalismus war aber nur für die religiösen Eliten selbst gemeint, nicht für die Massen. Letztere wurden Magiern und Wahrsagern jeglicher Art überlassen; und oft genug übten die Intellektuellen selbst Magierfunktionen für die Massen aus, um sich ihren Lebensunterhalt zu verdienen – trotz all ihres ‹internen› Rationalismus.

Schließlich muß festgehalten werden, daß WEBER im «Antiken Judentum» (WEBER 1920c) wie in der gesamten späteren Religionssoziologie auch der «anderen Seite der Medaille», der ökonomischen Verursachung religiöser Erscheinungen, erhöhte Aufmerksamkeit schenkt. Im «Antiken Judentum» z. B. legt er größten Wert auf die Tatsache, daß sich die Israeliten für lange Zeiten in der Lage eines unterdrückten und ghettoisierten Pariavolkes befanden – teilweise als Konsequenz ihrer schwachen militärischen und politischen Position zwischen den Großmächten der Zeit, teilweise als Folge bewußter

Absonderung. Diese Situation war verantwortlich für das periodische Wiederauftreten militärischer und politischer Katastrophen – bis hin zum Babylonischen Exil. Und erst diese regelmäßige Wiederkehr von Katastrophen gab den Predigten der Unheilspropheten, mit der ständigen Mahnung, Gottes Gebote zu befolgen, um seinen Zorn zu vermeiden, das nötige Maß an Evidenz.

Außerreligiöse Entstehungsbedingungen des Kapitalismus

In all seinen späteren Werken analysiert WEBER über das bisher Gesagte hinaus eine Reihe von Faktoren, welche die Entwicklung des okzidentalen Rationalismus, respektive des Kapitalismus, entscheidend bestimmten, jedoch nicht (oder allenfalls in sehr loser Weise) mit der Religion in Zusammenhang standen. Die wichtigsten dieser Faktoren sind:

1. die Entwicklung der okzidentalen Stadt,
2. die Rationalisierung des Rechts,
3. Bürokratisierung,
4. der Übergang von der traditionalen zur legalen Herrschaft.

1. Die okzidentale Stadt

WEBER zeigt, daß es Städte im Sinne von relativ großen Siedlungen mit Markt und gewerblicher Produktion nahezu überall in der Welt gegeben hat. Er kommt jedoch zu der Überzeugung, daß die okzidentale Stadt des Mittelalters eine Besonderheit aufweist, die sonst nirgendwo zu finden ist: Die Städte sind hier Einungen freier handel- und gewerbetreibender Bürger, welche es fertiggebracht hatten, sich ein eigenes, nur für sie geltendes Recht zu schaffen und durchzusetzen und gegenüber den nicht-bürgerlichen Gewalten nahezu vollständige Autonomie und Autokephalie zu erringen. Im Orient hatten die Herrscher stets die Möglichkeit, in Handel und Gewerbe zu ihrem eigenen Vorteil hineinzuregieren. Hineinregieren konnten sie durch direkte Beschlagnahme der Reichtümer von Geschäftsleuten – etwa bei Gelegenheit ihres Ablebens.[5] Sie konnten es aber auch durch ihre Rechtsprechung, der die Stadtbürger unterworfen waren – und diese Rechtsprechung war in aller Regel eben nicht an den Erfordernissen von Handel und Gewerbe, sondern an den Interessen der Herrscher ausgerichtet. Sie konnten es schließlich oftmals durch zwangsweises Zurückholen von Hörigen, welche in der Stadt lebten und produzierten, aber immer noch jederzeit zu Frondiensten auf dem Gut des Herrn gepreßt werden konnten. All diese Arten von Einmischung waren natürlich der Entwicklung von Handel und Gewerbe abträglich, da sie jede rationale Kalkulation unmöglich machten.

«Die Stadtbürgerschaft usurpierte daher – und dies war ... eine große, der Sache nach *revolutionäre* Neuerung der mittelalterlich-okzidentalen gegenüber allen anderen Städten – die Durchbrechung des Herrenrechts. In den mittel- und nordeuropäischen Städten entstand der bekannte Grundsatz ‹Stadtluft macht frei› – d. h. nach einer verschieden großen, stets aber relativ kurzen Frist verlor der Herr eines Sklaven oder Hörigen das Recht, ihn als Gewaltunterworfenen in Anspruch zu nehmen» (WEBER 1956a, S. 529).

Erst diese «revolutionäre Errungenschaft» ermöglichte die Entwicklung von Handel und Gewerbe nach deren eigenen Gesetzmäßigkeiten, unabhängig von externen Einmischungen; in diesem Sinne war sie notwendige Vorbedingung für die Entstehung des Kapitalismus.

Die Autonomie der okzidentalen Stadt fiel dieser allerdings nicht als Geschenk des Himmels in den Schoß; sie mußte den feudalen Mächten in gewaltsamen Auseinandersetzungen abgerungen werden. Daß die Städte des Westens hierbei erfolgreich waren, haben sie v. a. der Zersplitterung der Autorität im okzidentalen Feudalismus zu verdanken, der Tatsache der weitgehenden politischen und militärischen Unabhängigkeit all der ungezählten Feudalherren samt der daraus folgenden permanenten militärischen Rivalität zwischen ihnen. Gegenbild sind für WEBER hier v. a. die «orientalischen Despotien»:

«Die Notwendigkeit der Stromregulierung hatte in Vorderasien (einschließlich Ägypten) und ... auch in China eine königliche Bürokratie entstehen lassen ..., welche den König befähigte, mit Hilfe des Personals und der Einnahmen, die sie ihm beschafften, die Heeresverwaltung in eigene bürokratische Bewirtschaftung zu nehmen: der ‹Offizier› und der ‹Soldat›, die ausgehobene, aus Magazinen ausgerüstete und verpflegte Armee wurde hier die Grundlage der militärischen Macht» (ibidem S. 543).

Ganz anders im Feudalismus, wo die einzelnen Vasallen des Königs (und deren Vasallen und Untervasallen) Land als Lehen zugeteilt bekamen, welches ihnen ermöglichte (und auch ermöglichen sollte), ihre Heere selbst zu verpflegen und auszurüsten. Die Städte hatten es hier also nicht mit einer einzigen mächtigen kaiserlichen Bürokratie zu tun, sondern mit vielen konkurrierenden Machthabern, von denen jeder eine eigene Machtbasis in Gestalt seines Lehens hatte. Diese

Situation konnten die Städte ausnutzen, um jene für die ungehinderte Entwicklung von Handel und Gewerbe so notwendige Autonomie und Autokephalie zu erringen.

2. Die Rationalisierung des Rechts

Für die Rationalisierung des Rechts lassen sich verschiedene Ursachen angeben. Eine der wichtigsten liegt im Interesse des aufsteigenden Bürgertums der okzidentalen Stadt an einem kalkulierbaren Recht.

«Denn der moderne rationale Betriebskapitalismus bedarf ... des berechenbaren Rechts und der Verwaltung nach formalen Regeln, ohne welche ... kein rationaler privatwirtschaftlicher Betrieb mit stehendem Kapital und sicherer *Kalkulation* möglich ist» (Weber 1920a, S. 11).

Solange das Ergebnis von Gerichtsverfahren nicht vorausberechnet werden kann, kann kein Bourgeois seine geschäftlichen Aktivitäten in rationaler Weise planen. Deswegen bemühten sich die Städte zunächst, alle irrationalen Beweismittel wie Zweikampf oder Gottesurteil aus dem Gerichtsverfahren zu eliminieren. Sie mußten ferner auch alle Arten von «Kadi-Justiz» ausschalten, jene traditionellen Formen der Rechtsprechung, bei denen die Entscheidung nicht durch Subsumtion des spezifischen Falles unter allgemeine Regeln gefunden wird, sondern ausschließlich aus dem materiellen Gerechtigkeitsempfinden des Richter-Herrschers folgt, aus seinen ganz persönlichen Vorstellungen darüber, was im konkreten Fall – nicht ohne, sondern ganz bewußt mit Ansehen der Person – Rechtens sei. Statt dessen war es erforderlich, die Regeln des materiellen Rechts wie des Verfahrensrechts zu generalisieren und zu systematisieren, ein logisch kohärentes System allgemeiner Normen zu schaffen, welche für die Richter (und Herrscher) ebenso verbindlich sein mußte wie für die Bürger, wenn Kalkulierbarkeit erzielt werden sollte.

Zu diesem Interesse des Bürgertums kam jedoch zu einem gewissen Zeitpunkt ein Interesse der Herrscher selbst an einem berechenbaren Recht hinzu – vor allem bei den Monarchen des absolutistischen Zeitalters, welche alle traditionellen Vorrechte der minderen Feudalherren einschließlich ihrer traditionellen Rechtsprechungsgewalt brechen mußten, um ihre absolute Herrschaft aufzurichten. Hinzu kam schließlich das professionelle Interesse des Standes der Rechtsgelehrten, welches diese dazu drängte, in ihrem Tätigkeitsbereich eine studierbare intellektuelle Ordnung aufzurichten. Eine derartige intellektuelle Ordnung der Rechtssphäre war zum erstenmal in effektiver Weise im römischen Recht verwirklicht worden, weshalb dieses zur Grundlage aller modernen Bemühungen um Rationalisierung des Rechts wurde.

3. *Bürokratisierung*

Der zentrale Wesenszug der idealtypischen Bürokratie ist für Weber die Institutionalisierung der Amtsautorität: Die Mitglieder des bürokratischen Apparates üben Herrschaft nur kraft Amtes aus, nur ex officio; sie können Gehorsam nur in ihrer Eigenschaft als Amtsträger beanspruchen, nicht als die Personen, die sie sind (was sie zum Beispiel von Propheten, Heiligen oder Kriegshelden unterscheidet). Dies schließt ein, daß ihre Herrschaftsgewalt strikt auf ein genau umgrenztes Gebiet beschränkt ist und niemals alle Bereiche des sozialen Lebens umfaßt. Die Amtsregeln definieren, wer Befehle welchen Inhalts geben kann. «Gehorcht wird nicht der Person kraft deren Eigenrecht, sondern der gesatzten Regel, die dafür maßgebend ist, wem und inwieweit ihr zu gehorchen ist» (Weber 1956b, S. 552). Weiterhin sind die Herrschaftsrechte in einer Bürokratie abgestuft nach einer formalen Hierarchie von Ämtern mit Unterordnung der unteren unter die oberen. Jedes dieser Ämter hat seinen eigenen Zuständigkeitsbereich, seine eigene «Kompetenz» in strikter Abgrenzung von der der anderen. Auch die Vorgesetzten sind durch die Regel gebunden; ihre Autorität ist auf einen genau umgrenzten Bereich eingeschränkt, welcher allerdings weiter ist als der ihrer Untergebenen; je höher die Position in der Hierarchie, desto ausgedehnter die «Kompetenz». Die Amtsregeln sind des weiteren «formalisiert»; sie lassen keinen Raum für persönliche Motive oder gefühlsmäßige Einflüsse und sehen nur Entscheidungen ‹ohne Ansehen der Person› vor. Die Bezahlung, schließlich, erfolgt in der Form eines festen Gehalts, dessen Höhe sich nach dem Rang richtet und das vom Apparat selbst gezahlt wird – und nicht etwa von den Klienten erhoben oder aus Pfründen herausgezogen wird.

Ein derart formalisiertes Modell der Verwaltung entspricht evidentermaßen den Kalkulationsbedürfnissen von Kapitalisten wie Herrschern weit besser als alle älteren Administrationsformen; es ist überdies ein weit effektiveres Mittel der Implementierung von Entscheidungen (man vergleiche es nur mit dem feudalen Modell, wo nahezu jeder Vasall nahezu jeden Befehl von oben sabotieren konnte). Diese Vorteile machten es für alle Arten von Herrschern und Unternehmern so attraktiv, daß bürokratische Herrschaft heute zum bei weitem gebräuchlichsten Herrschaftsinstrument geworden und in der Tat in nahezu alle Lebensbereiche eingedrungen ist: Nicht nur Staaten und kapitalistische Unternehmungen, sondern auch Kirchen und Schulen und Wohltätigkeitsorganisationen sind heute notwendig bürokratisch organisiert. Und dieser Prozeß der zunehmenden Bürokratisierung ist noch keineswegs abgeschlossen, er wird sich unvermeidlich weiter fortsetzen – was für WEBER eine Quelle der Beklemmung ist:

«Im Verein mit der toten Maschine ist sie [die Bürokratisierung] an der Arbeit, das Gehäuse der Hörigkeit der Zukunft herzustellen, in welche vielleicht dereinst die Menschen sich ... ohnmächtig zu fügen gezwungen sein werden» (WEBER 1958, S.332).

Einen Ausweg sieht er nicht; Bürokratisierung ist unvermeidlich, sie ist unser Schicksal.

4. Der Übergang von der traditionalen zur legalen Herrschaft

Dieser Übergang steht für WEBER in engem Zusammenhang mit der Bürokratisierung, da für ihn bürokratische Herrschaft den reinsten Typ legaler Herrschaft darstellt. Die «Grundvorstellung» bei der *legalen Herrschaft* ist, daß «beliebiges Recht durch formal korrekt gewillkürte Satzung geschaffen und abgeändert werden könne» (WEBER 1956b, S.551). Legale Herrschaft bezieht ihre Legitimität aus ihrer Einsetzung entsprechend einem Satz formaler Regeln. Da diese Regeln wissentlich geschaffen wurden, «gesatzt», wie WEBER sagt, können sie auch wissentlich geändert werden – wobei allerdings die jeweils gültigen Prozeduren eingehalten werden müssen. Gehorsam ist nicht der Person des Herrschers, sondern dem Amt geschuldet. Die Amtsregel legt fest, wem man gehorchen muß und Befehle welchen Inhalts befolgt werden müssen. Der Verwaltungsstab besteht typischerweise aus bürokratischen Beamten. Beispiele für legale Herrschaft sind v. a. in jedem parlamentarischen System zu finden, wo der Herrscher nach den formalen und willkürlich gesatzten Regeln des Wahlrechts bestimmt wird und (ihrerseits willkürlich gesatzte) Amtsregeln festlegen, welche Bereiche seiner Befehlsgewalt unterliegen.

Bei der *traditionalen* Herrschaft ist im Gegensatz dazu die Grundvorstellung die der «Heiligkeit der von jeher vorhandenen Ordnungen und Herrengewalten» (ibidem S. 553). Das Recht gilt nicht als wissentlich geschaffen, sondern als vorgegeben und objektiv existent. «Neues Recht gegenüber den Traditionsnormen zu schaffen, gilt als prinzipiell unmöglich» (ibidem); wo es faktisch dennoch geschieht, erscheint dies stets in der Gestalt bloßer Interpretation des von jeher Geltenden. Gehorcht wird der Person des Herrschers, welche durch die Tradition geheiligt ist. Zwar ist «der Inhalt der Befehle durch Tradition gebunden»; außerhalb der Normen der Tradition ist der Herrscher jedoch nur durch äußerst elastische Regeln eingeschränkt: Hier kann er nach freier Gnade und Willkür, nach Gefallen, Zuneigung und Abneigung schalten und walten. Der Verwaltungsstab besteht nicht aus Beamten, sondern aus persönlich Abhängigen, Vasallen oder Freunden des Herrschers. «Der bürokratische Begriff der Kompetenz als einer sachlich abgegrenzten Zuständigkeitssphäre fehlt» (ibidem). Deshalb wie wegen des persönlichen Charakters der Herrschaft ist die Berechenbarkeit der Regierungsaktionen unter traditioneller Autorität weit geringer als unter legaler – Grund genug für die aufsteigende Bourgeoisie für die Ersetzung der ersteren durch die letztere, im europäischen Fall für die Beseitigung der Feudalherrschaft zu kämpfen.

Diese beiden Typen legitimer Herrschaft sind allerdings nicht die einzig möglichen. Es gibt einen dritten: die *charismatische* Herrschaft. Grundvorstellung ist die Hingabe an die Person des Führers um seiner Gnadengaben, seines «Charismas», seiner persönlichen, außerwerktäglichen, nie dagewesenen Qualitäten willen. Die Legitimität charismatischer Herrschaft leitet sich her aus den ungewöhnlichen, außeralltäglichen Fähigkeiten des Herrschers, seinen magischen, seherischen, heroischen, demagogischen Talenten o. ä. Typische Fälle sind Propheten, Heilige und Kriegshelden; der Typ des Untergebenen ist der Jünger. Da Gehorsam hier ebenfalls ausschließlich der Person des Herrschers geschuldet ist, ist auch charismatische Herrschaft schwer zu berechnen. Auf der anderen Seite ist sie jedoch eine spezifisch antitraditionelle, eine spezifisch revolutionäre Macht, da die Autorität des Herrschers hier ja gerade nicht durch von jeher geltende Ordnungen geheiligt ist, sondern im Gegenteil auf seinen eigenen, neuen und außergewöhnlichen Fähigkeiten beruht. Deshalb dient charismatische Herrschaft oft als Werkzeug zur Überwindung der traditionellen Herrschaft. Das Hauptproblem der charismatischen Herrschaft ist das Nachfolgeproblem: Wie findet man den neuen Führer, wenn der alte verstorben ist? Die Lösung dieses Problems erfordert irgendeine Form der «Routinisierung des Charisma», der Institutionalisierung von Rekrutierungsmechanismen, welche in aller Regel entweder in die Bahnen der traditionalen oder der legalen Herrschaft einmündet.

Wissenschaftslehre

Nahezu ebenso populär – und noch häufiger mißverstanden – wie WEBERS «Protestantismus-These» wurde seine «Wertfreiheits»-Lehre. Die wichtigsten Thesen dieser Lehre besagen: Werturteile (die sagen, was sein soll) und Tatsachenaussagen (die sagen, was ist) sind völlig heterogene Dinge. Erstere können nicht aus letzteren und letztere nicht aus ersteren abgeleitet werden. Die Wissenschaft hat ausschließlich Tatsachenaussagen zu liefern, welche allein empirisch-wissenschaftlich bewiesen werden können. Werturteile können nur durch persönliche Überzeugungen begründet werden – welche allerdings ihrerseits durch soziale Einflüsse geformt sein können. Die höchsten und letzten möglichen Wertprinzipien (aus denen sich andere niedrigere ableiten lassen) sind nicht nur verschieden; sie sind miteinander unvereinbar. Zwischen ihnen herrscht «unvereinbar tödlicher Kampf, so wie zwischen ‹Gott› und ‹Teufel›. Zwischen diesen gibt es keine Relativierungen und Kompromisse» (WEBER 1951, S. 493). Nach alledem ist es für den Wissenschaftler eine Forderung schlichter intellektueller Redlichkeit, diese beiden Arten von Aussagen nicht zu vermengen, geschweige denn seine persönlichen Wertungen anderen im Namen der Wissenschaft aufzudrängen; deshalb hat er sich am Katheder und in seinen wissenschaftlichen Publikationen von Werturteilen zu enthalten – um so mehr, als die Studenten im Hörsaal zu schweigen haben und seine Überzeugungen deshalb nicht diskutieren können.

Das ist es, was WEBERS Wertfreiheitslehre besagt. Sie sagt nicht, der Wissenschaftler solle sich als Person von Werturteilen und politischen Stellungnahmen enthalten; WEBER sieht im Gegenteil in Menschen, die derartiges versuchen, nichts als Schwächlinge; und er selbst war politisch äußerst aktiv (als Vertreter nationalistischer deutscher

Großmachtinteressen) – nur eben außerhalb des Hörsaals und seiner wissenschaftlichen Publikationen. Ebensowenig besagt WEBERS Wertfreiheitslehre, daß wissenschaftliche Tätigkeit keine politische Konsequenzen habe; er betont im Gegenteil, daß «alles Handeln, und natürlich auch ... das *Nicht*-Handeln, in seinen Konsequenzen eine *Parteinahme* zugunsten bestimmter Werte bedeutet» (ibidem S. 150), weshalb jede verantwortungsvolle Persönlichkeit (insbesondere jeder Wissenschaftler) diese Konsequenzen zu bedenken habe, bevor er sich zum Handeln entschließe. Die Wertfreiheitslehre besagt schließlich auch nicht, daß Werturteile keinen Einfluß auf die Wissenschaft hätten; der bei weitem größte Teil von WEBERS Wissenschaftslehre ist im Gegenteil der Frage nach der Art dieses Einflusses gewidmet.

Da dies der zentrale Punkt von WEBERS Wissenschaftstheorie ist, müssen wir hier etwas länger verweilen. WEBER ist in der Nachfolge von KANT der Überzeugung, daß die Außenwelt in Wirklichkeit nicht aus den diskreten Einzelobjekten besteht, die wir in ihr sehen; sie ist nichts als ein kontinuierlicher, end- und formloser «chaotischer Strom von Geschehnissen, der sich durch die Zeit dahinwälzt» (ibidem S. 214). Aus diesem Strom formen nur wir selbst diskrete Einzelobjekte – dadurch daß wir willkürlich Teile aus ihm gedanklich herausschneiden, zusammenfassen und mit einem Namen belegen, mit anderen Worten: durch die Bildung von Begriffen. Welche Phänomene wir so herausgreifen und wie wir sie zusammenfassen, ist unserer Willkür überlassen; keine Art der Kategorisierung ist objektiv richtiger als irgendeine andere.[6] Die «Auslese und Formung» der Objekte unserer Wissenschaft (ibidem S. 277) ist also eine Frage der Entscheidung, eine Frage unserer Werturteile.

«Die Frage, was zum Gegenstand der gattungsmäßigen Begriffsbildung gemacht werden soll, ist gar nicht ‹voraussetzungslos›, sondern eben im Hinblick auf die *Bedeutung* entschieden worden, welche bestimmte Bestandteile jener unendlichen Mannigfaltigkeit ... für die Kultur besitzen» (ibidem S. 177).

«Wenn immer die Meinung auftritt, jene Gesichtspunkte könnten ‹dem Stoff selbst entnommen› werden, so entspringt das der naiven Selbsttäuschung des Fachgelehrten, der nicht beachtet, daß er von vorneherein kraft der Wertideen, mit denen er unbewußt an den Stoff herangegangen ist, aus einer absoluten Unendlichkeit einen winzigen Bestandteil als *das* herausgehoben hat, auf dessen Betrachtung es ihm allein ankommt» (ibidem S. 181).

Daß verschiedene Wissenschaftler angesichts dieser Sachlage überhaupt über annähernd die gleichen Dinge sprechen, liegt daran, daß jede Kultur einen ganz bestimmten «endlichen Ausschnitt aus der sinnlosen Unendlichkeit des Weltgeschehens» mit «Sinn und Bedeutung» belegt – welche selbst denjenigen, der ihr «als Todfeind sich entgegenstellt», zwingen, «zu ihnen als bedeutsam (positiv oder negativ) Stellung zu nehmen» (ibidem S. 180). Andere Kulturen haben jedoch andere Relevanzvorstellungen; für den buddhistischen Mönch, welcher sein einziges Ziel in der Entleerung seiner Seele von allen weltlichen Begierden sieht, wären etwa die geschäftigen Bemühungen unserer Ökonomen, Mittel zur Kontrolle des Krisenzyklus zu finden, ebenso wie die Begriffe, die sie dazu entwickeln, von absoluter Irrelevanz.

Der Wissenschaftler tut jedoch nach Weber mehr, als die Welt nur zu kategorisieren: Er identifiziert *kausale Beziehungen*, welche zwischen den von ihm mittels Begriffsbildung geformten Objekten bestehen. «Das Ziel sozialökonomischer Erkenntnis in unserem Sinn (ist): Erkenntnis der Wirklichkeit in ihrer Kulturbedeutung und ihrem kausalen Zusammenhang» (ibidem S. 174). Für Weber steht fest, daß die Begriffe nicht Ziel, sondern «vielmehr gedankliche Mittel zum Zweck der geistigen Beherrschung des empirisch Gegebenen sind und allein sein können» (ibidem S. 208); ihre Konstruktion «hat also ... den Wert, als Mittel richtiger kausaler ‹Zurechnung› zu fungieren» (ibidem S. 520). Ob solche kausalen Beziehungen vorliegen, ist eine reine Tatsachenfrage, eine «mit den Mitteln der wissenschaftlichen Erfahrung zu treffende, also eine empirische Feststellung» (ibidem S. 512). Die Antwort auf diese Frage kann nur mittels Tatsachenaussagen gefunden werden; hier haben Werturteile nichts zu suchen.

Um es am Beispiel klarzumachen: Daß und in welcher Weise Weber die Kategorien «Geist des Kapitalismus» und «Protestantische Ethik» bildete, ist seine willkürliche wertbedingte Entscheidung; ob letztere die Entstehung des ersteren (mit-)verursachte, ob also eine Kausalbeziehung zwischen beiden besteht, ist eine reine Tatsachenfrage, die objektiv wissenschaftlich entschieden werden kann. Der wissenschaftliche Nachweis einer solchen Kausalbeziehung muß – wenn er in korrekter Weise erfolgte – für jedermann zwingend sein, unabhängig davon, ob der Betreffende die der Begriffsbildung zugrunde liegenden Werturteile teilt oder nicht und ob die Erkenntnis für ihn von Relevanz ist oder so irrelevant, wie sie es für «einen

Chinesen» (der alten Zeit, versteht sich) oder für unseren buddhistischen Mönch sein müßte (cf. ibidem S. 155f).

Idealtypen

Für die Sozial- und Kulturwissenschaften schlägt Weber eine spezifische Art der Begriffsbildung vor: Die zentralen Konzepte müßten hier «Idealtypen» sein. Für Weber sind die Objekte der Sozial- und Kulturwissenschaften «historische Individuen» – nicht im Sinne individueller menschlicher Persönlichkeiten, sondern im Sinne singulärer und einzigartiger historisch-gesellschaftlicher Phänomene. Solche «historischen Individuen» sind sehr komplexe Gebilde, die niemals in ihrer Totalität erfaßt werden können. Deshalb müssen wir notwendig einige der sie ausmachenden Elemente vernachlässigen, andere einseitig steigern, überbetonen, idealisieren, wenn wir sie überhaupt wissenschaftlich begreifbar machen wollen. Welche Elemente wir steigern, hängt davon ab, welche Elemente uns als typisch erscheinen.

Die von den Sozial- und Kulturwissenschaften untersuchten Phänomene besitzen eine spezifische Eigenschaft: Sie können nicht nur schlicht zur Kenntnis genommen, nicht nur *konstatiert* werden wie die Erscheinungen der nicht-menschlichen Natur; sie können darüber hinaus vom Beobachter ihrem gemeinten Sinn nach *verstanden* werden, da sie von denkenden menschlichen Wesen derselben Art wie des Beobachters selbst geschaffen sind. Und da es möglich ist, sie zu verstehen, muß der Beobachter auch versuchen, dies zu tun, da der Sinn, den die Akteure ihren Handlungen geben, von kausaler Bedeutung für diese Handlungen ist. Die Handlungen, die wir am besten verstehen können, sind aber rationale Handlungen, Aktivitäten, welche einen klar definierten *Zweck* verfolgen und die effektivsten *Mittel* zur Erreichung dieses Zwecks zu gebrauchen suchen. Deshalb sind die Idealtypen, welche den höchsten Grad an Verstehbarkeit menschlichen Handelns ermöglichen, *rationale* Idealtypen, in denen die ins Ideale gesteigerten Faktoren in einem logisch kohärenten System hierarchisch geordneter Ziele verbunden sind.

Ein Beispiel wäre der Idealtyp des Homo Oeconomicus in der Wirtschaftstheorie. Hier benutzt der Wissenschaftler den Idealtypus, um im Gedankenexperiment herauszufinden, was geschehen würde, wenn auf einem völlig freien und transparenten Markt jeder Teilnehmer in rationaler Weise das einzige Ziel der Profitmaximierung verfolgen würde. Wenn das, was auf einem realen Markt geschieht, dem im idealtypischen Modell entworfenen Geschehen entspräche, hätte es der Ökonom als Ergebnis rationalen Verhaltens verstanden. Normalerweise werden die realen Verhältnisse allerdings von den idealtypischen abweichen. WEBER meint jedoch, daß die einzige Möglichkeit herauszufinden, welche nicht-rationalen Elemente involviert sind, im Vergleich der realen Erscheinungen mit dem rationalen Idealtyp liege. Die Funktion des Idealtyps ist es also nicht, die Wirklichkeit zu beschreiben; er ist vielmehr ein Instrument zur Feststellung, in welchem Maße sich die Realität unseren Verstehbarkeit anstrebenden Konstrukten annähert. Gleiches trifft für alle Arten von nicht-rationalen Idealtypen zu, d. h. für Versuche, die ins Ideale gesteigerten typischen Züge eines «historischen Individuums» in eine verstehbare Ordnung nicht rationaler, sondern z. B. gefühlsmäßiger Art zu bringen.

Zur Einschätzung Webers

Bei der Beurteilung WEBERS möchte ich mich auf zwei Punkte beschränken: die Rationalisierung der Weltbeherrschung und die Wertfreiheit.

Der Begriff *Rationalisierung der Weltbeherrschung* ist in meinen Augen viel zu undifferenziert, als daß er wirklich ein okzidentales Spezifikum ausdrücken könnte (cf. HAUCK 1980). Eine präzise Definition dessen, was damit gemeint sein könnte, gibt WEBER nirgends. Klar ist jedoch, daß Rationalisierung der Weltbeherrschung im Gegensatz zu Erscheinungen wie Rationalisierung der Weltflucht oder Weltanpassung, aber auch Rationalisierung puren Bildungswissens nach Art der chinesischen Literaten gesehen werden muß. Klar ist ferner, daß der zentrale Aspekt der Rationalisierung der Weltbeherrschung für WEBER stets in der Rationalisierung des ökonomischen Verhaltens besteht. Es trifft sicherlich auch zu, daß unterschiedliche Kulturen diesem Aspekt im Vergleich mit den vorher genannten durchaus unterschiedliches Gewicht zugemessen haben. Aber selbst wenn wir uns auf den ökonomischen Aspekt beschränken, umfaßt der Begriff gar zu Heterogenes. An Rationalisierung der Weltbeherrschung in einem Sinn, im Sinn der Erleichterung ihrer Arbeit, waren nämlich zumindest die arbeitenden Menschen zu allen Zeiten interessiert – und ohne Arbeit hat noch keine Gesellschaft überlebt. Steigerung der Effektivität der Arbeit wird zudem in allen Gesellschaften durch Umweltdruck immer wieder erzwungen. Ein Bemühen um Rationalisierung der Weltbeherrschung in dem Sinne, daß die Menschen versuchen, die gesellschaftliche Aneignung der Natur leichter und effektiver zu gestalten – und das heißt: die *Produktivkräfte* entwikkeln –, kann man deshalb getrost für alle Gesellschaften als gegeben annehmen.

Das Bemühen um Entwicklung der Produktivkräfte ist kein westliches Spezifikum, sondern ein universelles Phänomen – soweit sich WEBERS Rationalisierungsthese hierauf bezieht, ist sie falsch. Spezifisch für den Okzident ist jedoch, daß diese Rationalisierung in einer ganz bestimmten Weise ausgeweitet wird auf die *Produktionsverhältnisse* – durch die rationale Organisation freier Arbeit unter dem Gesichtspunkt der Maximierung des privaten Profits der Produktionsmitteleigentümer im «modernen Kapitalismus». Dadurch, daß WEBER dieses potentiell explosive Wissen in den abstrakten Begriff «Rationalisierung der Weltbeherrschung» sublimiert, hebt er aber einseitig die rationale, die positiv menschliche Seite dieser Entwicklung heraus (die Assoziation «Effektivierung der Arbeit» spielt dabei eine gewichtige Rolle); ihre eher irdischen Aspekte wie Entfremdung und Ausbeutung der Arbeiter verschwinden im Hintergrund – und der Gedanke, daß sich hierin seine Hingabe an die Werte der Bourgeoisie ausdrückt, ist schwerlich von der Hand zu weisen.

Das Postulat der *Wertfreiheit*, die Forderung, der Wissenschaftler solle sich in seinen wissenschaftlichen Publikationen und Lehrveranstaltungen von Werturteilen enthalten, ist (wie WEBER sehr wohl weiß) selbst ein Werturteil. Da es jedoch nicht als bloß persönliche Überzeugung WEBERS, sondern als für alle Wissenschaftler gelten sollende Norm formuliert wird, ist es legitim, nach seiner Begründung zu fragen. Die Argumente, die WEBER zur Begründung vorträgt, erscheinen mir jedoch allesamt als nicht sonderlich stichhaltig. Wenn wir auch akzeptieren müssen, daß es eine Forderung der intellektuellen Redlichkeit ist, Werturteile und Tatsachenaussagen nicht zu vermengen, so folgt daraus doch nicht, daß nicht beide im gleichen Buch oder in der gleichen Veranstaltung vertreten werden dürfen. Sicherlich wäre es für einen akademischen Lehrer unverantwortlich, eine Situation, in der den Studenten die Möglichkeit der Kritik genommen ist, auszunutzen, um sie mit seinen subjektiven Werturteilen zu indoktrinieren; dieses Problem wäre aber besser durch Institutionalisierung der Diskussionsfreiheit im Hörsaal zu lösen als durch Aufstellung der praktisch ohnehin kaum erfüllbaren Wertfreiheitsforderung. Das ebenfalls vorgetragene Argument, wo das Werturteil hereinkomme, höre das Verständnis der Tatsachen auf, verkennt, daß zumindest einige bedeutende Wissenschaftler (im Falle von Marx würde Weber hier sicherlich zustimmen) beide Arten von Urteilen in denselben Werken fällten und dennoch zum Verständnis wesentlicher Tatsachen gelangten. Wenn dem so ist, macht aber eine generelle Verbotsnorm keinen Sinn.

Ein zentrales, aus Webers eigener Wissenschaftslehre ableitbares Gegenargument gegen die Wertfreiheitsforderung wird überhaupt nicht diskutiert: das Problem der Parteilichkeit der Wissenschaft. Weber setzt wohl voraus, daß die Ergebnisse der Wissenschaft im Falle eines Konfliktes zwischen verschiedenen Wertstandpunkten innerhalb einer Kultur stets beiden Seiten nützlich sei (cf. ibidem 586), da die gemeinsame Kultur für alle, auch für ihre ‹Todfeinde› definiere, was relevant ist. Das ist jedoch in Frage zu stellen. Die Kategorien, die der eine von seinem Wertstandpunkt aus formt, und die kausalen Zusammenhänge, die er mit ihrer Hilfe entdeckt, können für den, der einen anderen Wertstandpunkt vertritt, irrelevant und nutzlos sein. Die Entdeckung einer neuen Waffentechnik kann z. B. der Pazifist in keiner Weise zur Verwirklichung seiner Ziele nutzen. Noch besser läßt sich die Frage an einem anderen Beispiel diskutieren: Die bürgerliche Entwicklungstheorie definierte wirtschaftliche Entwicklung lange Zeit ausschließlich als Erhöhung des Bruttosozialprodukts pro Kopf der Bevölkerung und untersuchte entsprechend Bedingungen für Entwicklung in diesem Sinne. In einem Land mit extrem ungleicher Einkommensverteilung (wie sie in vielen Ländern der Dritten Welt gegeben ist) kann jedoch eine Erhöhung des Einkommens der, sagen wir, reichsten 5 Prozent der Bevölkerung bei gleichzeitiger Verringerung des Einkommens der restlichen 95 Prozent insgesamt eine Erhöhung des Prokopfeinkommens bedeuten. Die mit Hilfe dieser Definition formulierten Entwicklungstheorien und -strategien lägen in diesem Fall ausschließlich im Interesse jener 5 Prozent. Und in der Tat erklären einige Entwicklungstheoretiker explizit, wachsende Ungleichheit sei (in den ersten Stadien) eine Vorbedingung für ökonomische Entwicklung. Für alle an sofortiger Verbesserung der Lage der Armen Interessierten sind diese Theorien absolut nutzlos. Sie mußten andere Kategorien entwickeln (D. Seers z. B. definiert Entwicklung als Abschaffung von Armut, Arbeitslosigkeit und Ungleichheit), mit deren Hilfe andersartige Kausalzusammenhänge aufgedeckt und andersartige Strategien formuliert werden konnten. Das Resultat sind zwei Wissenschaften: eine im Interesse der reichen Minderheit und eine im Interesse der armen Mehrheit – und beide mögen empirisch zutreffende Kausalbeziehungen zwischen den durch ihre jeweiligen Kategorien markierten Phänomene aufzustellen in der Lage sein, Kausalbeziehungen, die jedoch weder identisch noch wechselseitig von Relevanz wären. Das heißt aber, daß selbst eine in Webers Sinn wertfreie Sozialwissenschaft parteilich sein kann – und oft genug ist sie es auch. Wenn also Wissenschaft de facto dem einen Wert dient und wider den anderen streitet, dann ist es eine Forderung der intellektuellen Redlichkeit, jene Werte auch zu benennen.

Ein weiterer Punkt soll angesprochen werden: Es scheint, als sei Weber bezüglich der Möglichkeit, Brücken über die fraglos bestehende Kluft zwischen Werturteilen und Tatsachenaussagen zu schlagen, gar zu pessimistisch gewesen. Vor allem hat er wohl übersehen, daß sich jeder Wissenschaftler schon durch das Aufnehmen wissenschaftlicher Arbeit als solcher bestimmten Normen oder Werten unterwirft, insbesondere der Norm, daß jede Aussage in intersubjektiver Diskussion zwischen freien und gleichen Partnern unter ausschließlicher Berücksichtigung der Rationalität der Argumente beurteilt werden muß. Tatsachenaussagen gelten als wissenschaftlich objektiv, wenn sie diesen Test bestehen. Werturteile können dem gleichen Test unterworfen werden, und es ist nicht einzusehen, warum ihnen der Charakter der Wissenschaftlichkeit abgesprochen werden soll, wenn sie ihn bestehen (cf. E. König 1975). Ihre Objektivität ist um so besser gesichert, je universeller die Teilnahme an jenen Diskussionen ist. Aus diesem Grund ist es notwendig, gerade auch den hiervon normalerweise ausgeschlossenen Klassen effektiven Zugang zu allen Instanzen zu garantieren, in denen bindende Wertentscheidungen gefällt werden – nicht allein zu den politischen Entscheidungsinstanzen, den Massenmedien (die Vorstellung, Parlament und ‹Pressefreiheit› würden das schon garantieren, ist pure Illusion), sondern auch zu den Entscheidungszentren der Wirtschaft und zu den universitären wie außeruniversitären Gremien, in denen die Beschlüsse über die wertmäßige Ausrichtung der Wissenschaft gefällt werden.

Trotz aller Einwände muß anerkannt werden, daß WEBERS wissenschaftliche Arbeiten – anders als die des späten DURKHEIM – niemals zu purer und simpler Bourgeoisie-Ideologie verkommen. Er hat – anders als jener – die Gesellschaft nirgendwo in harmonisierend-idealisierender Weise als perfekte, von grundlegenden Antagonismen freie Einheit dargestellt. Wenn er dabei auch die Bedeutung der Antagonismen im Bereich der «Werte» (wie diesen Bereich als ganzen) gewaltig überbetont haben mag, so hat er doch die Realität des Klassengegensatzes niemals außer acht gelassen. Mit seinen eigenen Worten:

> «Und es wird gestritten nicht nur ... zwischen ‹Klasseninteressen›, sondern auch zwischen Weltanschauungen, – obwohl die Wahrheit natürlich vollkommen bestehen bleibt, daß dafür, welche Weltanschauung der einzelne vertritt, neben manchem anderen auch und sicherlich im ganz hervorragenden Maße der Grad von Wahlverwandtschaft entscheidend zu werden pflegt, der sie mit seinem ‹Klasseninteresse› verbindet» (WEBER 1951, S. 153).

Obwohl er überzeugter Anhänger bürgerlicher Wertvorstellungen war, verklärte er die bürgerliche Gesellschaft doch niemals zur Idealgesellschaft. Infolge dieses nüchtern-heroischen Realismus trug er fraglos mehr als irgendein anderer bürgerlicher Soziologe zur Entmystifizierung der bürgerlichen Gesellschaft bei.

Émile Durkheim (1858 bis 1917)

Arbeitsteilung

In dem ersten Werk DURKHEIMS, welches ein weiteres Publikum erreichte, einem Buch mit dem Titel «Über die Teilung der sozialen Arbeit» (1893 veröffentlicht), werden bereits alle Fragen skizziert, die für seine späteren Studien zentral werden sollten. Wie sie einmal zu beantworten sein würden, war hier aber noch nicht eindeutig auszumachen. In den meisten Fällen schienen liberale Antworten ebenso möglich zu sein wie autoritäre, wobei DURKHEIM in der «Arbeitsteilung» tendenziell die liberalen bevorzugte, später aber deutlich zur autoritären Seite hinüberwechselte.

Der erste Satz des Buches über die Arbeitsteilung lautet: «Dieses Buch ist vor allem ein Versuch, Tatsachen des moralischen Lebens nach der Methode der positiven Wissenschaften zu behandeln» (DURKHEIM 1977, S. 72). Dieser Satz enthält DURKHEIMS gesamtes Programm in der Nußschale: eine *positive Wissenschaft der Moral.* Dieser Versuch wird, so meint er, sicherlich auf Widerstand stoßen; man wird entgegnen, er müsse den eigentlichen, den transzendentalen und in gewisser Weise geheiligten Charakter der Moral verfehlen. DURKHEIM erwidert: Auch wenn «moralische Faktoren» von höherem Wert seien als alle anderen, so seien sie doch «Phänomene wie alle anderen auch», sie seien «realisierte Fakten» (später wird er sogar sagen, sie seien «Dinge»). Der Beweis für ihren Fakten-Charakter liegt darin, daß sie nicht nach Belieben verändert werden können; wie die von den Naturwissenschaften untersuchten Tatsachen sind sie in gewisser Weise von unserem Wollen unabhängig, sie widerstehen unseren Versuchen, sie zu verändern (später wird er sagen, ihr wesentliches Merkmal sei der Zwang). Wenn es sich aber um Tatsachen handelt, dann muß es auch «möglich sein, sie zu beobachten, sie zu beschreiben, sie zu klassifizieren und die Gesetze zu suchen, die sie erklären» (ibidem S. 72). Diese Methode ist natürlich sehr verschieden von der der Moralisten, welche die Moral teils aus einem a priori feststehenden Prinzip, teils aus der Wissenschaft ableiten wollen; eine derartige wissenschaftliche Begründung einer bestimmten Moral erscheint DURKHEIM unmöglich. Dennoch glaubt er, die Wissenschaft könne uns helfen zu erkennen, was wir tun sollen. Denn «es gibt einen Zustand der moralischen Gesundheit, den zu bestimmen der Wissenschaft ... gebührt» (ibidem S. 74) – ebenso wie die Medizin den Zustand körperlicher Gesundheit definiert. Folglich muß es der Wissenschaft auch möglich sein, den pathologischen Charakter bestimmter moralischer Erscheinungen aufzuzeigen und Mittel und Wege zu ihrer Heilung zu finden (stets zwischen dem Normalen und dem Pathologischen zu unterscheiden, wird später zu einer seiner grundlegenden «Regeln der soziologischen Methode» werden). Als wichtigste Vorbedingung dieses Zustandes der «moralischen Gesundheit» erscheint ihm die *gesellschaftliche Solidarität* – welche in der Tat das zentrale Thema sämtlicher Werke DURKHEIMS darstellt; sie ist für DURKHEIM, was für MARX die Produktionsweise und für WEBER die Rationalisierung war: der entscheidende Determinationsfaktor im Bereich des gesellschaftlichen Lebens. Die Grundfrage des Buches über die «Arbeitsteilung» ist entsprechend: Wie ist es möglich, die gesellschaftliche Solidarität trotz des gewaltigen Wachstums des Individualismus in der Moderne zu erhalten?

Um diese Frage beantworten zu können, entwickelt er als erstes seine Konzeption von der «primitiven Gesellschaft», welche ihmzufolge noch keine Arbeitsteilung kannte. Diese Gesellschaften bestehen seiner Meinung nach aus einer Vielzahl von Segmenten, welche einander vollständig gleichen (sie haben alle die gleiche Struktur und üben die gleichen Funktionen aus); deshalb nennt er sie *segmentär*. Die gesellschaftliche Solidarität ist hier eine Folge der Gleichheit. «Jeder weiß, daß wir den lieben, der uns ähnlich ist, der so denkt und fühlt wie wir» (ibidem S. 94). Die einzelnen Bestandteile dieser Gesellschaften entwickeln gegenseitige Zuneigung, weil sie einander gleichen. Deshalb verkehren sie häufig untereinander, und aus diesen Interaktionen entwickelt sich das, was DURKHEIM «Conscience Collective» nennt, ein Kollektivbewußtsein sowohl als ein Kollektivgewissen: Man entwickelt gemeinsame Vorstellungen davon, wie die Welt ist und wie sie sein soll; diese gemeinsamen Vorstellungen verstärken ihrerseits die Gleichheit der Gesellschaftsmitglieder.

Ob diese Art von Solidarität, die Solidarität auf der Basis der Gleichheit, in einer Gesellschaft vorherrscht, läßt sich nach DURKHEIM am ehesten durch das Studium ihres Rechts feststellen, für ihn gibt es im wesentlichen zwei Arten von Recht: repressives und restitutives. Das Wesen des repressiven Rechts ist es, demjenigen, der einen Schaden verursacht hat, Schmerz zuzufügen; es ist im großen und ganzen identisch mit dem Strafrecht. Das Wesen des restitutiven Rechts ist es, den Schaden zu reparieren, den vorherigen Zustand wiederherzustellen; es umfaßt Zivilrecht, Verwaltungsrecht, Staatsrecht usw.

In segmentären Gesellschaften ist das *repressive* Recht absolut vorherrschend. Da alle Segmente gleich sind und gleich bleiben müssen, wenn die soziale Solidarität nicht zusammenbrechen soll, muß die Conscience Collective allen in gleicher Weise vorschreiben, wie sie zu sein und was sie zu tun haben. Es gibt keinen Raum für individuelle Besonderheiten – ebensowenig für vertragliche Regelungen, welche notwendig differentielle Rechte und Pflichten der Vertragspartner etablieren würden. Nach alledem ist hier jede Abweichung von der Norm der Gleichheit, jede individuelle Besonderheit ein Verbrechen, welches die Basis der sozialen Solidarität selbst angreift. Auf solche Verbrechen muß die Gesellschaft mit aller Leidenschaft und allem Zorn, deren sie fähig ist, reagieren; denn wenn es nicht gelänge, sie zu unterbinden, würde ihre eigene Existenzgrundlage gefährdet. Daher sind segmentäre Gesellschaften durch absolute Dominanz des repressiven Rechts gekennzeichnet.[7]

Diese Art der sozialen Solidarität ist jedoch, so DURKHEIM, nicht die einzig mögliche. Nicht nur Gleichheit führt zu gegenseitiger Zuneigung. «Es kommt sehr oft vor, daß wir uns zu Personen, die uns nicht ähnlich sind, hingezogen fühlen, gerade weil sie uns nicht ähnlich sind» – dann nämlich, wenn die Unterschiede zwischen uns und ihnen, «statt sich zu widersetzen und auszuschließen, sich gegenseitig ergänzen» (ibidem S. 95). Der eine stellt dann dem anderen genau das zur Verfügung, was diesem fehlt und umgekehrt. Die Grundlage für diese Art der Solidarität ist demnach gegeben, wo immer Arbeitsteilung vorliegt. Arbeitsteilung ist folglich keineswegs jene Quelle des Egoismus, der Isolation und der gesellschaftlichen Desorganisation, welche die Mehrzahl der älteren Autoren in ihr sah; sie ist vielmehr die Quelle einer eigenständigen Form der sozialen Solidarität, einer Solidarität *sui generis*. Diese Solidarität nennt DURKHEIM *organisch*, zum Unterschied zur *mechanischen* Solidarität der segmentären Gesellschaften, da im Falle der ersteren eine Art der Funktionsteilung vorliege, welche derjenigen in organismischen Systemen ähnele, in dem der letzteren aber rein mechanische Anziehung und Abstoßung zwischen gleichartigen Elementen.[8] Wichtig ist, daß die organische Solidarität sehr viel mehr Raum läßt für die Entwicklung freier Individualität. Wo die soziale Solidarität aus der Gleichheit resultiert, bedeutet jede individuelle Besonderheit einer Person eine potentielle Bedrohung für das Kollektivbewußtsein; wo sie aus Ungleichheit folgt, ist die Entwicklung individueller Eigenarten eine Notwendigkeit. Es ist also die Arbeitsteilung, welche soziale Solidarität und Individualismus miteinander vereinbar werden läßt.

Die juristische Form, in der sich die organische Solidarität normalerweise ausdrückt, ist der Vertrag: Kaufverträge, Tauschverträge, Dienstverträge, Arbeitsverträge usw. Wenn die Bedingungen eines Vertrags nicht eingehalten werden, ist dies in erster Linie eine Angelegenheit der Vertragspartner; es ist von sehr viel geringerem Interesse für die Gesellschaft als ganze als ein Verbrechen gegen eine für alle ihre Mitglieder geltende Norm. Deshalb muß die Gesellschaft hier nicht mit der gleichen Leidenschaft reagieren wie dort; sie kann sich damit begnügen, den Normalzustand wiederherzustellen. Das Maß der Entwicklung der organischen Solidarität liegt entsprechend in der relativen Bedeutung des Vertragsrechts, des *restitutiven* Rechts. Auch das restitutive Recht ist jedoch durch die Gesellschaft garantiertes Recht. Wenn die Gesellschaft die Einhaltung der Verträge nicht durch gesetzliche Regelungen gewährleisten würde, wäre jedermann frei, sie zu brechen, wann immer es ihm vorteilhaft erschiene. Auch Verträge unterliegen also notwendigerweise gesellschaftlicher Regulierung; sie enthalten stets auch «*nicht-vertragliche Elemente*», deren Regelung nicht ins Belieben der Vertragspartner gestellt ist – angefangen von den informellen Geboten von ‹Treu und Glauben› bis hin zu kompliziertesten Konfliktregelungsmechanismen. Die Gesellschaft muß die organische Solidarität ebenso garantieren wie die mechanische. Obwohl die organische Solidarität eine Solidarität sui generis ist, kann sie sich nur innerhalb einer Gesellschaft entwickeln, also nur dort, wo schon soziale Solidarität existiert, d. h. selbstverständlich: nur auf der Basis der mechanischen Solidarität.

Durkheims These beinhaltet, daß sich die Geschichte der Menschheit beschreiben läßt als Entwicklung von der mechanischen zur organischen Solidarität – wenngleich die erstere niemals völlig verschwindet: Das repressive Recht hat auch in der modernen Gesellschaft seinen Platz; seine relative Bedeutung im Vergleich zum restitutiven Recht ist jedoch gewaltig zurückgegangen. Der Mechanismus, welcher die Evolution von der mechanischen zur organischen Solidarität zustande bringt, ist für Durkheim die Vermehrung und Konzentration der Bevölkerung, welche zur Entwicklung der Arbeitsteilung zwecks Erhöhung der Produktivität und Minimierung der Konkurrenz um die begrenzten Ressourcen zwingen.

Auf den ersten Blick gleicht all dies stark den optimistischen Fortschrittsideen der alten Evolutionisten: Evolution von einem Stadium völliger Unterwerfung des Individuums unter die Gesellschaft und niedriger Produktivität zu Stadien immer höherer Entwicklung der Produktivität und Individualisierung, und zwar ohne Verlust an sozialer Solidarität. Durkheim ist aber doch etwas skeptischer. Zum ersten versucht er (gegen Spencer) nachzuweisen, daß zunehmende Arbeitsteilung nicht notwendig zu einer Zunahme des Glücks führe; Glück bedeute, seine Bedürfnisse befriedigen zu können, und in primitiven Gesellschaften seien nicht nur die Befriedigungsmöglichkeiten, sondern auch die Bedürfnisse kleiner als in der Moderne – weshalb die Menschen hier so glücklich sein könnten wie dort. Zum anderen, und das ist wichtiger, ist DURKHEIM der Meinung, daß die organische Solidarität selbst nicht automatisch aus der Zunahme der Arbeitsteilung hervorgehe, obwohl sie es im Normalfall tue. Es könnten jedoch Hindernisse auftreten[9], welche dieser normalen Entwicklung im Wege stünden; daraus könnten *pathologische Formen der Arbeitsteilung* resultieren, welche die soziale Solidarität, den Zusammenhalt der Gesellschaft gefährdeten.

DURKHEIM unterscheidet im wesentlichen zwei pathologische Formen der Arbeitsteilung (ein dritter Typ, Arbeit mit zu niedrigem Ertrag, wird erwähnt, aber nicht wirklich erläutert). Für den ersten Typ, die «anomische Arbeitsteilung», gibt er zwei Beispiele: Wirtschaftskrisen und Klassenkämpfe. Beide führen zum Zusammenbruch der sozialen Solidarität. Die Ursachen für beide liegen darin, daß die Beziehungen zwischen den jeweils relevanten Vertragspartnern nicht in ausreichender Weise reguliert sind, mit anderen Worten: daß die außervertraglichen Elemente in ihren Verträgen nicht die Zeit hatten, sich so zu entwickeln, wie es nötig wäre. Unternehmer, die für einen nationalen Markt oder gar einen Weltmarkt produzieren, können diesen niemals überblicken – zum Unterschied zu den Unternehmern früherer Zeiten, welche nur einen überschaubaren städtischen oder regionalen Markt belieferten. Sie treiben Handel mit so vielen Partnern, daß sich unmöglich in allen Fällen informelle Vertrauensverhältnisse und außervertragliche Regelungen entwickeln können; und der Staat hat weder die Macht noch die Kompetenz, ihnen solche Regelungen aufzuzwingen. Deshalb muß es regelmäßig zu Zusammenbrüchen kommen. Ähnliches gilt für Industriearbeiter, welche zu Tausenden in einer einzigen Fabrik arbeiten, abgeschnitten und isoliert voneinander wie von ihren Familien und Arbeitgebern. Auch hier können sich die notwendigen außervertraglichen Beziehungen – insbesondere der informellen Art – nicht entwickeln. Hierin liegt die Hauptursache der Klassenkämpfe wie des oftmals inhumanen, stumpfsinnig-monotonen Charakters der modernen Industriearbeit.

Den zweiten Typus nennt DURKHEIM «erzwungene Arbeitsteilung». Wenn die Bedingungen eines Vertrags einem der Partner gegen seinen Willen aufgezwungen werden, wird er schwerlich Gefühle der Solidarität gegenüber dem anderen entwickeln. Zwang kann aber nicht nur mittels physischer Gewalt ausgeübt werden; auch wirtschaftliche Macht kann genutzt werden, um anderen bestimmte Vertragsbedingungen gegen ihren Willen aufzuoktroyieren. Hierin liegt eine weitere Ursache von Klassenkämpfen; denn gegenüber den eigentumslosen Arbeitern sind die Unternehmer sehr häufig in einer Position wirtschaftlicher Übermacht. Die «erzwungene Arbeitsteilung» wie die durch sie verursachte Gefährdung der sozialen Solidarität können nur bei absoluter Chancengleichheit vermieden werden. Dies setzt voraus, daß niemand bloß von Geburts wegen arm oder reich ist; die Vererbung von Reichtum muß deshalb abgeschafft werden. Wenn das geschieht, wird jeder den Beruf ergreifen, der seinen natürlichen Begabungen am besten entspricht und somit in Freiheit den größtmöglichen Beitrag zum allgemeinen Wohl wie zur eigenen Zufriedenheit leisten – der klassisch liberalistische Harmoniegedanke.

Klassenkämpfe, Wirtschaftskrisen und ähnliche negative Erscheinungen sind für Durkheim also nicht notwendige Konsequenzen der Arbeitsteilung, sondern vermeidbare pathologische Formen. In seinem späteren Leben mußte Durkheim jedoch zur Kenntnis nehmen, daß diese Phänomene äußerst zählebig waren und keineswegs an Bedeutung verloren. Wenn er sein Modell nicht aufgeben und die negativen Erscheinungen der (kapitalistischen) Arbeitsteilung selbst anlasten wollte, hatte er in dieser Situation zwei Optionen: Er konnte die Argumente bezüglich der erzwungenen Arbeitsteilung in den Vordergrund stellen und auf Herstellung völliger Chancengleichheit drängen – das wäre die liberale Lösung. Oder er konnte den Nachdruck auf die Argumente bezüglich der Notwendigkeit zusätzlicher Regulierungen legen und dafür plädieren, daß die Gesellschaft bzw. der Staat den Individuen solche Regelungen zwangsweise auferlegen müsse – das wäre die autoritäre Lösung. Er wählte den zweiten Weg.

Selbstmord

Am deutlichsten wird diese Wahl an dem Anomie-Konzept in Durkheims berühmtem, 1897 veröffentlichten Buch über den Selbstmord. Hier entwickelt er eine Konzeption vom Wesen des Menschen, in dessen anthropologischer Konstitution die grundlegenden Bedingungen der Anomie verankert seien.[10] Für ihn ist der Mensch charakterisiert durch die Unersättlichkeit seiner Begierden. Zum Unterschied vom Tier, dessen Bedürfnisse durch den Instinkt begrenzt sind, ist die Menge der Annehmlichkeiten, welche der Mensch anstreben kann, nicht festgelegt. «Weder in der organischen noch in der psychologischen Konstitution des Menschen findet man etwas, was Grenze für ähnliche Neigungen sein könnte» (DURKHEIM 1973, S. 280). Das menschliche Begehren ist also grenzenlos, unendlich und folglich unersättlich. Unendlichen und unerfüllbaren Zielen nachzulaufen, bedeutet jedoch permanente Enttäuschung, Unzufriedenheit, Qual, da Erfüllung, wirkliche Befriedigung der Bedürfnisse auf diesem Weg niemals möglich ist. Daher ist es absolut erforderlich, daß eine äußere Macht den menschlichen Bedürfnissen Schranken setzt – und

«... nur die Gesellschaft ist in der Lage, diese mäßigende Rolle zu spielen ... Denn sie ist die einzige, dem einzelnen übergeordnete Kraft, deren Überordnung er auch anerkennt. Sie hat als einzige die nötige Autorität, Recht zu sprechen und den Begierden Schranken zu setzen, über die hinauszugehen nicht erlaubt ist» (ibidem S. 283).

Wo immer die Gesellschaft diese Rolle nicht spielt, wo immer sie versäumt, den Leidenschaften Grenzen zu setzen, die Begierden zu zügeln und das Ausmaß an Wohlbefinden, das legitimerweise erstrebt werden darf, festzulegen, wird der Mensch leiden und die Gesellschaft krank sein – der Beweis ist, daß in solchen Situationen die Zahl der Selbstmorde in einer Gesellschaft gewaltig ansteigt.

Jene Grenzen müssen aber nicht bloß ‹dem› Menschen im allgemeinen gesetzt werden; sie müssen spezifisch und differentiell für jede soziale Klasse extra festgelegt werden. Denn: «Es gibt keine Gesellschaft, in der die einzelnen auf den verschiedenen Stufen der sozialen Hierarchie in gleicher Weise zufriedengestellt werden können» (ibidem S. 280). Das Ausmaß an Wohlbefinden, das der einzelne anstreben darf, muß also in hierarchisch abgestufter Weise definiert werden.

Von nun an setzte DURKHEIM all seine Energie darein, die Autorität der Gesellschaft und ihres Organs, des Staates, so zu erhöhen, daß diese wieder in die Lage versetzt würden, den Individuen jene schrankensetzenden Regulierungen aufzuzwingen. Das Problem, daß die gesellschaftlichen Regelungen selbst ungerecht sein können wie die der durch Ungleichheit von Geburts wegen «erzwungenen Arbeitsteilung», wird nun als bloße «Frage des Grades» beiseite geschoben.

Um DURKHEIM gerecht zu werden, muß jedoch festgehalten werden, daß diese pessimistische und spekulative Anthropologie selbstverständlich nicht alles ist, was in dem Buch über den Selbstmord zu finden ist. Bei weitem der größte Teil besteht aus gründlichen und soliden Analysen offizieller Statistiken[11], die insgesamt seine These belegen, daß der Selbstmord «im umgekehrten Verhältnis zum Grad der Integration der sozialen Gruppen, denen der einzelne angehört», variiert (ibidem S. 232). Einzelresultate, welche diese These bestätigen, sind z. B.: Die Selbstmordrate ist niedrig in der Landwirtschaft, wo «die alten regulierenden Kräfte» noch intakt sind; sie ist hoch in den freien Berufen und unter Geschäftsleuten (wo es jene Kräfte nicht mehr gibt). Die Selbstmordrate steigt weiterhin nicht nur in Zeiten ökonomischer Krisen an, sondern auch in Zeiten eines steilen und plötzlichen ökonomischen Aufschwungs, da in beiden Fällen «das Modell, an dem sich die Bedürfnisse orientierten, nicht mehr das gleiche bleiben» kann (ibidem S. 288) und die Skala der Abstufungen umgekrempelt ist – wenn plötzlich mehr Geld da ist, will halt jeder mehr haben. Die Selbstmordrate ist schließlich unter den Armen niedriger als unter den Reichen; denn die Armut «ist in der Tat die beste Schule, den Menschen Bescheidung beizubringen» (ibidem S. 290) – ein Ergebnis, welches DURKHEIM zu wahren Lobeshymnen auf die Armut veranlaßt. Von diesen einmal abgesehen, läßt sich jedoch selbst an diesem scheinbar völlig objektiven Resultat DURKHEIMS autoritärer Bias aufdecken (cf. auch ZEITLIN 1968, S. 72f): Sein Maßstab für den anomischen oder pathologischen Zustand ist nicht das Ausmaß an Armut, das in einer Gesellschaft herrscht, sondern die Selbstmordrate; wenn Tausende am Rande des Hungertodes dahinvegetieren, ist der Zustand für ihn ein normaler, da Selbstmorde dann sehr selten sind.

Erziehung

In seinen pädagogischen Schriften, v. a. in «L'éducation morale», wiederholt DURKHEIM immer wieder von neuem die Argumente aus dem Selbstmord-Buch: Die Begierden des Menschen müssen gezähmt und eingeschränkt werden, andernfalls müßten die Menschen in einem Zustand ständiger Qual leben (wie Goethes Faust! cf. DURK-

HEIM 1925, S. 93), und die Gesellschaft wäre krank. Deshalb ist es absolut notwendig, den Schülern «die Idee der Autorität» als der einzigen «moralischen Macht, die wir als uns überlegen anerkennen», ebenso einzubleuen wie die der Disziplin, «des fundamentalen Elements jeder Moral» (ibidem S. 32). Hierfür ist die Kunst unnütz, wenn nicht schädlich, da «Pflichterfüllung nicht dadurch gelernt wird, daß man ausfindig macht, wie Ideen kombiniert oder Sätze, Töne oder Farben harmonisiert werden können» (DURKHEIM 1938, S. 241). Früher war es die Religion, welche «als Vehikel für (jene) wesentlichsten moralischen Ideen diente»; da wir jedoch nicht mehr wirklich glauben können, was die Religion uns lehrt, «müssen wir rationalen Ersatz für jene religiösen Ideen ausfindig machen» (DURKHEIM 1925, S. 10) – in letzter Analyse: Wir müssen die Idee Gottes durch die Idee «der Gesellschaft» ersetzen.

Regeln der soziologischen Methode

Wie das Buch über die «Moralische Erziehung» ist auch das über «Die Regeln der soziologischen Methode» in erster Linie eine Ausarbeitung schon in früheren Werken DURKHEIMS, in diesem Fall in der «Arbeitsteilung», entwickelter Ideen. Seine «erste und grundlegendste Regel besteht darin, die soziologischen Tatbestände wie Dinge zu betrachten» (DURKHEIM 1976, S. 115). Das heißt, wir müssen die sozialen Tatsachen betrachten als das, was sie sind: dem individuellen Bewußtsein äußerliche Erscheinungen, welche Zwang auf dieses ausüben – das wesentliche Merkmal der sozialen Tatbestände ist in der Tat ihr Zwangscharakter. «Weit davon entfernt, ein Erzeugnis unseres Willens zu sein, bestimmen sie ihn von außen her; sie bestehen gewissermaßen aus Gußformen in die wir unsere Handlungen gießen müssen» (ibidem S. 126).

Teil dieser Regel ist auch, daß wir alle vorgefaßten Meinungen, alle Common-Sense-Begriffe, alle «Praenotionen» aus der soziologischen Analyse auszuschalten haben, da es sich bei ihnen um nichts als konfuse und nebulöse Phantasievorstellungen ohne jeden wissenschaftlichen Wert handle. Statt dessen muß der Soziologe an die sozialen Tatbestände als an etwas vollständig Unbekanntes herantreten. Er muß seine Arbeit mit völlig neuen, eben «wissenschaftlichen» Begriffen beginnen. Wirklich wissenschaftliche Begriffe müssen zwei Bedingungen erfüllen: Sie müssen durch das äußerlichste und am leichtesten identifizierbare Merkmal der Erscheinung definiert werden; und sie müssen alle Fälle einschließen, welche zu der betreffenden Kategorie gehören. Wie zu erwarten, sind die einzigen Begriffe, welche diesen Anforderungen an eine wahrhaft wissenschaftliche Definition genügen, DURKHEIMS eigene – COMTE und SPENCER z. B. hielten stets an Vulgärbegriffen der Alltagserfahrung fest (ibidem S. 119f).

Im Vorwort zur 2. Auflage der «Regeln» stellt DURKHEIM einen weiteren Aspekt dieser ersten Regel heraus: Da soziale Tatsachen ihre Grundlage nicht im Bewußtsein der Individuen haben, muß die Gesellschaft eine Realität sui generis darstellen, eine von ihren Bestandteilen in gewisser Weise unabhängige Ganzheit. «Die Härte der Bronze ist weder im Kupfer noch im Zinn noch auch im Blei, welche sie zusammensetzen und weich oder biegsam sind; sie liegt in der Mischung aller» (ibidem S. 93). In gleicher Weise haben auch die sozialen Erscheinungen «ihren Sitz nicht in den Elementen, sondern in dem durch ihre Vereinigung hervorgebrachten Ganzen» (ibidem).

DURKHEIMS zweite Hauptregel besagt, daß es bei jeder soziologischen Analyse erforderlich ist, zwischen dem Normalen und dem Pathologischen zu unterscheiden, zwischen den sozialen Tatsachen, «die durchaus so sind wie sie sein sollen, und (denjenigen), welche anders sein sollen, als sie sind» (ibidem S. 141). Was als normal anzusehen ist, muß in der Soziologie in der gleichen Weise festgelegt werden wie in Biologie und Medizin: durch Untersuchung des Durchschnittstyps. Das bedeutet, «daß der normale Typus mit dem Durchschnittstypus in eins zusammenfließt und daß jede Abweichung von diesem Schema der Gesundheit eine krankhafte Erscheinung ist» (ibidem S. 148). Sicherlich könnte man hier einwenden, daß es keinerlei logische Notwendigkeit gibt, die uns zwänge, die am weitesten verbreiteten Phänomene als erstrebenswert zu akzeptieren und hochzuschätzen – Armut ist durchaus weit verbreitet; ist sie deswegen gut? Auf Einwände dieser Art erwidert DURKHEIM: Es wäre «unerklärlich, wenn die verbreitetsten Organisationsformen wenigstens in ihrer Gesamtheit nicht auch die vorteilhaftesten wären» (ibidem S. 150). Er sagt uns jedoch nicht: vorteilhaft für wen? Für die Armen oder für die Reichen? Für die Beherrschten oder für die Herrschenden – welche eben die Macht haben, die ihrem eigenen Interesse dienenden Institutionen aufrechtzuerhalten?

Nur in einer Situation raschen sozialen Wandels, wenn die kausalen Bedingungen für das zahlenmäßige Überwiegen des Durchschnittstyps nicht länger gegeben sind, wenn dieser noch eine Zeitlang überlebt, obwohl er der Situation nicht mehr angemessen ist, wird er selbst pathologisch sein. In diesem (anormalen) Fall ist es die Aufgabe des Soziologen und des Politikers, den (ohnehin unvermeidlichen) Prozeß seines Verschwindens zu beschleunigen. Normalerweise ist ihre Rolle jedoch die,

«(...) mit beharrlicher Regelmäßigkeit daran zu arbeiten, den Normalzustand zu erhalten, ihn wiederherzustellen, falls er gestört ist, und seine Bedingungen neu zu schaffen, wenn sie sich geändert haben.»
[Die Rolle des Staatsmannes ist] «die des Arztes: er verhütet den Ausbruch von Krankheiten durch eine angemessene Hygiene, und sucht sie zu heilen, wo sie ausgebrochen sind» (ibidem S. 163f).

Die restlichen Regeln der soziologischen Methode sind spezifischerer Natur. Ihre Erörterung können wir uns sparen – zumal es sich bei den «Regeln» (hier ist GIDDENS 1976 recht zu geben) fraglos um DURKHEIMS schwächstes Buch handelt.

Religion

Die Aufgabe, die sich DURKHEIM in dem Buch über «Die elementaren Formen des religiösen Lebens» stellt, ist keine geringere als herauszufinden, was das Wesen der Religion ausmacht. Um diese Frage beantworten zu können, diskutiert er zunächst einige der gebräuchlichsten Definitionen der Religion. Dabei kommt er (nicht unerwartet) zu dem Schluß, sie seien allesamt unangemessen – eine Definition der Religion durch «Glaube an Gott» z. B. ist deshalb inadäquat, weil es auch eindeutig atheistische Religionen gibt, etwa den frühen Buddhismus. Die Diskussion und schließliche Ablehnung all jener Definitionen führen ihn zu folgendem Ergebnis: «Alle bekannten Religionen ... weisen ein gemeinsames Merkmal auf: sie setzen eine Klassifizierung aller Dinge in zwei Klassen oder einander entgegengesetzte Gruppen voraus: ... *Profan* und *Heilig*» (DURKHEIM 1912, S. 50). Diese Kategorien sind durch eine «logische Kluft» getrennt, sie sind *absolut* heterogen. Die heilige Welt ist für die profane «verboten» und von ihr «abgesondert». Die Religion vereinheitlicht das «System der Glaubensvorstellungen und Praktiken, welche mit den heiligen Dingen zu tun haben»; hierdurch vereinigt sie auch die Menschen, welche diesem Glauben und dieser Praxis anhängen, «in eine einzige moralische Gemeinschaft oder ‹Kirche›» (ibidem S. 65).

Nachdem Durkheim solchermaßen definiert hat, was Religion ist, schlägt er vor, ihr Wesen durch Studium der ältesten, einfachsten und elementarsten Formen des religiösen Lebens zu erforschen; denn die komplexeren Formen können nur verstanden werden, wenn wir die einfacheren Formen, aus denen sie sich zusammensetzen, kennen – so wie wir auch das Funktionieren lebender Organismen erst verstehen konnten, nachdem die lebendige Zelle entdeckt worden war. Als die einfachsten Formen des religiösen Lebens erscheinen ihm die totemistischen Religionen der australischen Eingeborenen. Diese studierte er an Hand der vorliegenden Literatur äußerst gründlich. Er sieht dort folgendes System realisiert: Jeder Clan hat sein Totem – meist ein Tier oder eine Pflanze –, welches als Ahnherr des gesamten Clans angesehen wird. Als solches definiert und konstituiert es die Einheit des Clans; es versorgt ihn mit einem Namen und mit einem Emblem zugleich. Es wird durch spezifische Riten in besonderer Weise verehrt; ihm gegenüber müssen bestimmte Tabuvorschriften eingehalten werden; es ist kurzum das Urbild des heiligen Dinges, das heilige Ding *par excellence*.

Diese Überzeugungen sind nun auch für Durkheim fraglos keine korrekten Wiedergaben der natürlichen und historischen Realitäten. Ebensowenig können sie aber auf bloßen «Irrtümern und Lügen» beruhen. Wenn sie überhaupt keiner Realität entsprächen, hätten sie nicht für so lange Zeit überleben können. So kommt Durkheim zu dem Schluß, daß die Religion auf ein ganz anderes Bedürfnis als das der ursächlichen Erklärung physischer Erscheinungen antwortet (cf. ibidem S. 121). Die Wirklichkeit, der sie entspricht, «die Realität, welche die Mythologien in so vielen verschiedenen Formen dargestellt haben ... ist die Gesellschaft» (ibidem S. 597). Der australische Clan wäre z. B. «eine zu komplexe Realität, als daß er in all seiner konkreten Ganzheit durch derart rudimentäre Intellekte begriffen werden könnte» (ibidem S. 315); deshalb muß er im Totem symbolisiert werden. Der Respekt, der dem Clan bzw. der Gesellschaft als ganzer geschuldet ist, weil sie tatsächlich die gewaltige und wohltätige Macht darstellt, von der das Individuum total abhängig ist, der es sein gesamtes Leben verdankt, wird so gewissermaßen in Stellvertretung dem Totem zuteil. Damit wird aber gleichzeitig die Autorität der Gesellschaft gestärkt, was seinerseits für ihr Überleben wesentlich ist.

Darüber hinaus ist das religiöse Leben «die ausgezeichnete Form und der konzentrierte Ausdruck des gesamten sozialen Lebens» (ibidem S. 603). Zur Erhaltung der sozialen Solidarität reicht die Routine der alltäglichen Interaktionen nicht aus. «Wenn eine Gesellschaft ihrer selbst gewiß werden und das notwendige Maß an Intensität der Gefühle, die sie auf sich zieht, erhalten soll, dann muß sie sich versammeln und konzentrieren» (ibidem S. 603) – im religiösen Akt, der die notwendige Exaltation der Gefühle hervortreibt. Demnach ist der Ursprung des sozialen Zusammenhalts selbst in der Religion zu sehen. «Alle großen Institutionen wurden in der Religion geboren» (ibidem S. 598). Ähnlichen Ursprungs sind darüber hinaus aber selbst die grundlegenden Kategorien unseres Denkens wie «Zeit», «Raum», «Klasse», «Zahl», «Ursache» usw. Der Begriff der Zeit z.B. ist ursprünglich nichts als die «kollektive Repräsentation» des gesellschaftlichen Lebensrhythmusses: «Die Einteilung in Tage, Wochen, Monate, Jahre etc. entspricht der periodischen Wiederkehr von Riten, Festen und öffentlichen Zeremonien» (ibidem S. 15).

Für Durkheim ist die Religion also nicht jene obskurantistische und schädliche Macht, welche die Aufklärung in ihr sah; sie hat im Gegenteil eine äußerst wesentliche und positive Funktion in der Entwicklung des Menschengeschlechts ausgeübt. Ihre Aufgabe ist heute noch nicht beendet, wenngleich die Wissenschaft sie vieler ihrer früheren Domänen beraubt hat – dadurch, daß sie zutreffendere Darstellungen der empirischen Realität liefert. Aber «der Glaube ist vor allem ein Antrieb zum Handeln, während die Wissenschaft ... hiervon Abstand wahrt»; «das Leben jedoch, kann nicht warten» (ibidem S. 610).

Dies ist eine stimulierende und in vieler Hinsicht auch zutreffende Interpretation der religiösen Phänomene; trotz aller Einsprüche Durkheims (ibidem S. 605) ist es auch eine materialistische Interpretation in dem Sinn, daß die Religion aus ihrer Funktion für die Produktion und Reproduktion des gesellschaftlichen Lebens erklärt wird. Es ist aber auch eine äußerst einseitige Interpretation (cf Zeitlin 1968), welche nur die positiven Aspekte der Religion sieht und alle negativen Folgeerscheinungen verdrängt. Daß die Religion eine *falsche* Repräsentation der sinnlichen Realität ist, ist für Durkheim ohne jede Bedeutung. Eben dies ist aber dafür verantwortlich, daß die Religion als Instrument so schädlicher (auch im Sinne von der sozialen Solidarität abträglicher) Operationen wie Hexenjagd, Inquisition, Religionskriege etc. benutzt wurde – ebenso als «Opium fürs Volk», durch das die ausgebeuteten Massen mit der Hoffnung auf ein besseres Leben im Jenseits gefüttert und vom Zerbrechen des Jochs ihrer Knechtschaft in dieser Welt abgehalten wurden.

Zur Einschätzung Durkheims

Zur Bewertung von Durkheims Werk sei die Aufmerksamkeit zunächst auf die Vorstellung gelenkt, welche meines Erachtens als eigentliches Fundament seines gesamten theoretischen Gebäudes dient: die Idee vom Gegensatz zwischen ‹dem› Individuum und ‹der› Gesellschaft, welche beide als ungeteilte Einheiten erscheinen. Das Wesen ‹der› Gesellschaft selbst besteht für Durkheim darin, daß sie «moralischen Zwang» auf ‹das› Individuum ausübt. Ohne moralischen Zwang gibt es keine soziale Solidarität, sondern nur Anomie. Soziale Solidarität aber ist eine Vorbedingung für das Wohlbefinden ‹des› Individuums. In letzter Instanz löst sich der Gegensatz zwischen beiden also auf, im täglichen Leben aber besteht er weiter, denn ‹das› Individuum hat keine vollständige Einsicht in diese Tatsache, weshalb seine egoistischen Impulse sich immer wieder gegen die Forderungen ‹der› Gesellschaft auflehnen. Deshalb müssen diese Impulse durch moralischen Zwang kontrolliert werden.

Die Konzeption setzt jedoch voraus, daß ‹die› Gesellschaft tatsächlich eine vollkommen integrierte Einheit darstellt, daß *innerhalb* ‹der› Gesellschaft keine grundlegenden Antagonismen bestehen (cf. Giddens 1976). Wo grundlegende Antagonismen existieren, ist es nämlich durchaus wahrscheinlich, daß die gesellschaftliche Moral zwar dem Wohlbefinden der Individuen einer Klasse förderlich, dem der Mitglieder der anderen Klassen aber abträglich ist. Der Calvinismus beispielsweise war (wie Weber sehr wohl wußte) auf der einen Seite sehr hilfreich bei der Maximierung der Profite wie bei der Besänftigung des Gewissens der frühen Kapitalisten; auf der anderen Seite verleitete sie der gleiche Calvinismus aber zu jener «Hartherzigkeit gegenüber den Armen», welche sich in den Poor Laws ausdrückte und erlaubte, die Arbeiter bis an die Grenzen ihrer physischen Kapazitäten hin auszubeuten. Dem Wohlbefinden der einen war diese bestimmte gesellschaftliche Moral also zuträglich, dem der anderen nicht.

Jene Konzeption vom Gegensatz zwischen ‹dem› Individuum und ‹der› Gesellschaft ist selbst in dem Buch über die Arbeitsteilung anzutreffen, v. a. dort, wo vom Strafrecht die Rede ist. Immerhin findet sich hier aber in dem Begriff der «erzwungenen Arbeitsteilung» und der zugehörigen These, Reichtum und Armut von Geburts wegen bildeten Hindernisse für die Entwicklung der organischen Solidarität, wenigstens die Spur einer Ahnung von grundlegenden Widersprüchen innerhalb der Gesellschaft selbst. Diese Gedanken verschwinden in DURKHEIMS späteren Werken jedoch völlig. Die Vorstellung, daß ‹das› Individuum sich der Autorität ‹der› Gesellschaft vollständig zu unterwerfen hat, durchdringt nun alles. Die zentrale Aufgabe der Soziologie ist es, aufzuzeigen, daß «die wesentliche Bedingung eines jeden Lebens in Gemeinschaft im Geist der Unterordnung» zu sehen ist (DURKHEIM 1976, S. 204). Der Inhalt der Normen und Befehle, denen der einzelne sich dermaßen zu unterwerfen hat, steht überhaupt nicht mehr zur Debatte.

Ich bin mit INGE HOFFMANN (1974) der Meinung, daß dieser generelle Umschwung in DURKHEIMS Denken nur auf dem Hintergrund des Übergangs vom Kapitalismus der freien Konkurrenz zum Monopolkapitalismus respektive Imperialismus verstanden werden kann. In der «Arbeitsteilung» war DURKHEIM noch überzeugt von der heilenden und harmonisierenden Kraft des freien Marktes, wenn nur die Chancengleichheit garantiert sei. Später mußte er jedoch zur Kenntnis nehmen, daß die dort identifizierten Bedingungen für die Entwicklung der organischen Solidarität mit der Etablierung des Monopolkapitalismus unwiderruflich beseitigt waren. Die Chancengleichheit, welche im Konkurrenzkapitalismus wenigstens den Schein der Wahrheit für sich hatte, war nun endgültig dahin: Der Monopolist *hat* die wirtschaftliche Macht, allen anderen seine Vertragsbedingungen aufzuzwingen. Deshalb kann die für das Überleben der Gesellschaft absolut notwendige soziale Solidarität jetzt den Individuen (wie einst in der primitiven Gesellschaft) nur noch von einer äußeren Macht aufgezwungen werden: durch ‹die› Gesellschaft bzw. ihr Organ, den Staat, dessen Autorität folglich mit allen Mitteln gestärkt werden muß. Dies ist genau das, woran die Monopolisten im Zeitalter des Imperialismus ohnehin interessiert sind: Sie brauchen einen möglichst starken Staat, der ihnen bei ihren expansionistischen Unternehmungen hilft und zudem die Arbeiter mit ihren «egoistischen» Forderungen nach Befriedigung ihrer Bedürfnisse niederhält (cf. auch Horkheimer 1936, S. 167ff).

Nach einer weiteren grundlegenden Überzeugung Durkheims ist nichts ernsthaft faul in der Gesellschaft. Wenn einmal abnorme Phänomene auftauchen, so liegt für ihn der einzig mögliche Grund darin, daß diese Phänomene den grundlegenden Bedingungen der sozialen Organisation in der betreffenden Gesellschaft nicht entsprechen (Durkheim 1976, S. 152). Daß diese grundlegenden Bedingungen selbst pathologisch sein, der sozialen Solidarität im Wege stehen könnten, kommt ihm niemals in den Sinn. Selbst an den (wenigen) Stellen, wo er die Arbeitsteilung in der Form betrachtet, wie sie für das Proletariat gegeben ist, und deren inhumanen Charakter beklagt, sieht er keinen Fehler im System. Er hat nur Vorschläge zum Kurieren der Symptome zu machen – äußerst naive Vorschläge überdies: Der Arbeiter solle darauf achten, daß er «seine Mitarbeiter nicht aus dem Blick verliert», so daß er «fühlt, daß er zu etwas dient»; dann wird er nicht länger eine «Maschine» sein (Durkheim 1977, S. 414f).

A. Giddens (1976) hat neuerdings die Vorstellung vom wesentlich konservativen und autoritären Charakter von Durkheims Werk in Frage gestellt. Die meisten seiner Argumente betreffen allerdings nur die Frühschriften. Eines hat jedoch Durkheim nach Giddens zeit seines Lebens nicht aufgegeben: die Idee «des Individuums», die Verteidigung des Individualismus gegen alle sozialen und philosophischen Strömungen, die ihn zu zerstören drohen. In der Tat trifft es zu, daß selbst der späte Durkheim daran festhielt, «die Person des Menschen» müsse als heilig angesehen werden (Durkheim 1972, S. 148). Ich meine jedoch, es muß gestattet sein zu fragen, wie das Individuum, das hier verteidigt wird, aussieht. Durkheims Individualismus schließt gewiß den Respekt vor dem Leben des Individuums ein (ibidem). Weiter umfaßt er die Anerkennung der spezifischen Fähigkeiten und Talente des einzelnen (Durkheim 1977, S. 418ff; 339). Aber das ist schon alles. Sein Individualismus ist völlig vereinbar mit der «absoluten Vorherrschaft» des «Geistes der Unterordnung» (Durkheim 1976, S. 204), der «Idee der Autorität» (Durkheim 1925, S. 29), welcher nichts als Unterwerfung geschuldet wird. Diese Art von Individualismus zu verteidigen heißt nichts als anzuerkennen, daß wir nicht zu vorfeudalen Zeiten, zum Zeitalter der mechanischen Solidarität, einer nicht arbeitsteiligen Gesellschaft zurückkehren können; es ist von keinerlei Nutzen bei der Verteidigung von Spontaneität und kritischem Denken gegen die allgewaltige Macht des imperialistischen Staates.[12]

Endlich ist es, so meine ich, notwendig, die positivistische Arroganz und den engstirnig pharisäischen Moralismus zu brandmarken, denen man auf beinahe jeder Seite des DURKHEIMschen Werkes begegnet. DURKHEIM wird niemals müde, alle Ideen und Begriffe des Alltagslebens als konfuse und nebulöse Phantasieprodukte zurückzuweisen und seinen eigenen «wissenschaftlichen» Konzepten entgegenzusetzen. Seine Bücher sind jedoch voll von plattesten Gemeinplätzen und Metaphern wie von primitiver Vulgärpsychologie. Um nur einige Beispiele zu nennen: Die Frau ist ihres kleineren Gehirns wegen von Natur aus eher für künstlerische als für intellektuelle Tätigkeiten geeignet (DURKHEIM 1977, S. 100f). In primitiven Gesellschaften sehen alle Individuen gleich aus (ibidem S. 174). «Nicht ohne Grund sieht die menschliche Erfahrung (!) in der *aurea mediocritas*, in der goldenen Mittelmäßigkeit, eine Bedingung des Glücks» (ibidem S. 276). Man ist «wie ein Sprichwort sagt (!), niemals so gut versteckt wie in einer Menge von Leuten» (ibidem S. 339). «Ohne Maß und Ende ist jedoch nichts gut» (DURKHEIM 1976, S. 160). «Die Gesundheit des Greises ist nicht dieselbe wie die des Jünglings, so wie diese nicht die des Kindes ist; und ebenso ist es auch bei den Gesellschaften» (ibidem S. 149). «Im ernsthaften Leben wird der Mensch vor der Versuchung geschützt durch die Verpflichtung zu arbeiten» (DURKHEIM 1925, S. 32). Ähnliche Klischees finden sich zu Hunderten. Natürlich darf auch die zugehörige Geringschätzung von Kunst und Literatur nicht fehlen: «Eine übertriebene ästhetische Kultur ... würde die Triebfedern des moralischen Handelns erschlaffen lassen» (DURKHEIM 1938, S. 241). Und all dies ist Wissenschaft, denn DURKHEIM, der Wissenschaftler, verkündet es.

«Große Methode» oder sozialwissenschaftlicher Szientismus

Nach dem Zusammenbruch des gesamtgesellschaftlichen Evolutionismus um die Jahrhundertwende suchte man natürlicherweise nach den Gründen für diesen Niedergang einer kompletten wissenschaftlichen Tradition. Die einflußreichsten Kritiker kamen zu dem Schluß, der Evolutionismus habe kollabieren müssen, weil er der Wissenschaftlichkeit überhaupt ermangelt habe. Um die Soziologie zur Wissenschaft zu machen, so argumentierte man, sei es notwendig, sie auf eine völlig neue Grundlage, vergleichbar der der Naturwissenschaften, speziell der theoretischen Physik, zu setzen. (In diesem Zusammenhang sollte man sich erinnern, daß COMTE runde 100 Jahre vorher in genau der gleichen Weise argumentiert hatte, um seine «wissenschaftliche» Soziologie von der «unwissenschaftlichen» seiner Vorgänger zu unterscheiden.) Die einen versuchten, diese Verwissenschaftlichung durch Konstruktion eines dem Newtonschen vergleichbaren axiomatischen Systems zuwege zu bringen. Die anderen kamen zu dem Schluß, der ‹unwissenschaftliche› Charakter des alten Evolutionismus beruhe darauf, daß ihm die korrekte wissenschaftliche Methode gefehlt habe, die es nun zu entwickeln gelte. Ihren entfaltetsten Ausdruck hat diese Richtung in der neopositivistischen Wissenschaftstheorie gefunden, wie sie vor allem von KARL POPPER (geb. 1902) und seinen Schülern entwickelt wurde.

Neopositivistische Wissenschaftstheorie

Was die Sozialwissenschaften angeht, so liegt POPPERS (und der Popperianer) zentrales Interesse darin, alle «besonderen» Methoden zu eliminieren, welche diese Wissenschaften dem Anschein nach von den

Naturwissenschaften unterscheiden. Ein derartiges Verfahren sieht POPPER IM «HOLISMUS» (cf. POPPER 1963, S. 79ff), welcher versuche, mittels Intuition die Gesamtheit einer Gesellschaft zu erfassen und sie auf der Grundlage dieser Erkenntnis zu revolutionieren. Die Erfassung auch nur des kleinsten Objekts in seiner Totalität, in all seinen Aspekten, sei jedoch unmöglich, da immer unendlich viele Aspekte denkbar seien, unter denen man das Objekt betrachten könne. *A fortiori* sei die Erfassung der Totalität einer Gesellschaft unmöglich, da diese aus Millionen von Mitgliedern mit milliardenfachen Beziehungen untereinander bestehe. Wenn aber schon die Beschreibung einer Gesamtgesellschaft unmöglich ist, sei es völlig ausgeschlossen, Prognosen über ihre Entwicklung zu stellen. Deshalb könne man gesamtgesellschaftliche Umwälzungen nicht in rational vorausschauender Weise durchführen; rational planbar seien nur schrittweise Verbesserungen durch *piecemeal social engineering*.

In ähnlicher Weise versucht POPPER, den «Historizismus» ad absurdum zu führen, also jeden Versuch, universelle «Geschichtsgesetze» oder «Entwicklungsgesetze» zu konstruieren (cf. ibidem S. 105ff). In Wirklichkeit sei jedoch ein universelles Geschichtsgesetz überhaupt kein Gesetz im wissenschaftlichen Sinn, es sei nichts als eine singuläre Aussage von der Art: Auf Zustand A folgte Zustand B folgte Zustand C und wird Zustand D folgen. Selbst wenn die Richtigkeit dieser Aussage empirisch bestätigt würde, könne der gesetzmäßige Charakter ihrer Aufeinanderfolge doch niemals nachgewiesen werden; denn die Entwicklung der Menschheit als ganzer sei ein singulärer Prozeß, über dessen Gesetzmäßigkeit eben deshalb überhaupt nichts auszumachen sei. Darüber hinaus seien die Prognosen der Historizisten über die Zukunft der Gesellschaft «unbedingte» Vorhersagen oder «Prophetien»; wissenschaftliche Prognosen seien jedoch immer «bedingten» Charakters: «Wenn Bedingung X gegeben ist, wird Y eintreten» – niemals «Y wird auf jeden Fall eintreten».

Weiterhin wenden sich die Popperianer gegen alle theoretischen Ansätze, welche eine Besonderheit der sozialwissenschaftlichen Methode im «Verstehen» von menschlichen Handlungen sehen zum Unterschied von bloßem «Erklären» in sich unverständlicher Fakten in den Naturwissenschaften; gegen diejenigen also, welche darauf bestehen, daß der Soziologe die Reaktionen der «Objekte» seiner Wissenschaft in einem tieferen Sinn verstehen kann und muß als der Naturwissenschaftler, da diese Objekte im Fall des ersteren menschliche Wesen von derselben Art seien wie der Wissenschaftler, im Fall des letzteren aber nicht. Hiergegen wenden die Popperianer ein, daß selbst dann, wenn wir einer anderen Person ein noch so verständliches und intuitiv einleuchtendes Motiv unterstellen, sein tatsächliches Motiv ein durchaus anderes sein könne. Um dieses zu identifizieren, müsse man daher ihr äußerlich beobachtbares Verhalten studieren, d. h. empirische Untersuchungen der gleichen Art wie in den Naturwissenschaften vornehmen (cf. v. a. ALBERT 1964, 1973).

Alles in allem gibt es also für die Popperianer keinerlei methodologische Besonderheiten wissenschaftlich legitimer Art, welche die Sozialwissenschaften von den Naturwissenschaften unterscheiden. Wenn die Soziologie sich nicht damit begnügen will, soziale Erscheinungen zu beschreiben, sondern sie auch zu erklären sucht (was sie sollte), dann muß sie in genau der gleichen Weise vorgehen wie die Naturwissenschaften bei der Erklärung natürlicher Phänomene. Was aber ist deren Vorgehensweise?

Im Gegensatz zur Meinung vieler Methodologen ist die naturwissenschaftliche Methode nach POPPER nicht induktiv. Die Naturwissenschaften kommen zu ihren universellen Gesetzmäßigkeiten nicht dadurch, daß sie zuerst Einzeldinge beobachten und dann die Ergebnisse ihrer Beobachtungen generalisieren. Das wäre eine logisch nicht zulässige Prozedur; denn selbst nach tausend übereinstimmenden Beobachtungen können wir niemals sicher sein, daß die tausendunderste unserem allgemeinen Gesetz nicht widerspricht. Auch aus noch so vielen Einzelaussagen kann man deshalb niemals in logisch stringenter Weise auf die Existenz eines generellen Gesetzes schließen.

Deduktion von singulären Aussagen aus allgemeinen Gesetzesaussagen ist dagegen logisch möglich. Wenn die generelle Aussage «Alle Schwäne sind weiß» zutrifft, dann muß auch die singuläre Aussage «Schwan Z ist weiß» richtig sein. Das korrekte wissenschaftliche Verfahren ist deshalb: zuerst allgemeine Aussagen, Gesetzesaussagen von der Form «Alle A sind B» respektive «Wenn A, dann B» zu formulieren; dann hieraus deduktiv singuläre Aussagen abzuleiten; und schließlich empirisch zu prüfen, ob diese singulären Aussagen durch die Tatsachen bestätigt werden. Gewiß kann auch auf diese Weise ein generelles Gesetz niemals vollständig verifiziert werden – es kann jedoch *falsifiziert* werden, da selbst ein einziger widersprechender Fall eine generelle Aussage widerlegt (wenn auch nur ein einziger schwarzer Schwan gefunden werden kann, ist die allgemeine Aussage «Alle Schwäne sind weiß» widerlegt). Generelle Aussagen können demnach niemals verifiziert, sondern höchstens falsifiziert werden. Wenn sie wissenschaftlich sein sollen, müssen sie so formuliert sein, daß sie einer Falsifizierung auch offen stehen, sie müssen «an den Fakten scheitern können»; denn nur falsifizierbare Aussagen informieren über die Wirklichkeit – eine Aussage wie «Wenn der Hahn kräht auf dem Mist, ändert sichs Wetter oder es bleibt wie es ist» kann durch kein denkbares Ereignis widerlegt werden; sie informiert uns aber auch in keiner Weise über das Wetter von morgen.

Die Wissenschaft schreitet nach dieser Auffassung nur voran durch kühne Formulierung möglichst umfassender genereller Gesetzesaussagen; durch Versuche, die aus diesen Gesetzen deduzierbaren singulären Aussagen unter härtesten Testbedingungen zu falsifizieren; und durch sukzessive Elimination der falsifizierten Aussagen. Dies gilt für Naturwissenschaften wie für Sozialwissenschaften. Auch die Soziologie sollte deshalb mit der Formulierung universeller Gesetzesaussagen beginnen, welche für alle Orte und Zeiten Gültigkeit beanspruchen, wenn sie eine wahre Wissenschaft werden will – eine Strategie, welche in besonders energischer Weise von H. Albert (1964, 1973) verfochten wird.

Auch diese Vorgehensweise ist allerdings nicht frei von Problemen; denn es kann ja zu Meinungsverschiedenheiten darüber kommen, ob eine bestimmte Beobachtung eine bestimmte singuläre Aussage bestätigt oder nicht. Diese Frage kann nur durch *Entscheidung* beantwortet werden, eine Entscheidung, die nach Popper der Urteilsfindung im Gerichtsverfahren völlig analog ist (Popper 1965, S. 108ff). Zur Erreichung der höchstmöglichen Objektivität müssen in beiden Fällen bestimmte Verfahrensregeln eingehalten werden, welche dazu dienen sollen, die Intersubjektivität jener Entscheidungen zu garantieren. Die Objektivität der Wissenschaft besteht für Popper in ihrer Intersubjektivität, genauer: in der intersubjektiven Überprüfbarkeit ihrer Aussagen. Nur Aussagen, welche durch intersubjektiv kontrollierte Beobachtungen kontrolliert werden, durch Beobachtungen, welche von unterschiedlichen Personen reproduziert werden können, können Wissenschaftlichkeit beanspruchen (cf. ibidem S. 44f).

Die Wissenschaft kann sich jedoch nicht damit begnügen, allgemeine Gesetze aufzustellen; sie muß darüber hinaus Einzelerscheinungen *erklären* und *Prognosen* geben. Die Vorgehensweise ist in beiden Fällen die gleiche. Wenn wir erklären wollen, warum ein bestimmtes Phänomen B aufgetreten ist, benötigen wir zwei Arten von Aussagen: eine generelle Aussage, die sagt, «Wenn A auftritt, wird auch B auftreten», und eine singuläre Aussage, die sagt, «Dann und dann ist A dort und dort aufgetreten». Beide zusammen erklären, warum B aufgetreten ist (cf. auch HEMPEL 1965).

Um es an einem Beispiel zu erläutern (welches gewiß nicht der Art von Beispielen entspricht, die POPPER zu geben pflegt, aber dennoch vollkommen in sein Schema paßt): Um zu erklären, warum der Feudalismus vom Kapitalismus überwunden wurde, benötigen wir eine Gesetzesaussage von der Art «Wenn sich Produktivkräfte und Produktionsverhältnisse im Konflikt befinden, muß die existierende Produktionsweise einer anderen weichen»; und wir benötigen eine singuläre Aussage von der Art «Im Frankreich des späten 18. und frühen 19. Jahrhundert befanden sich Produktivkräfte und Produktionsverhältnisse im Konflikt». Wenn wir eine wissenschaftliche Prognose geben, gehen wir in genau der gleichen Weise vor mit dem einzigen Unterschied, daß die singuläre Aussage hier im Präsens steht. Um für ein bestimmtes Land eine Revolution zu prognostizieren, könnten wir die gleiche Gesetzesaussage wie oben in Zusammenhang mit der singulären Aussage «In diesem Land herrscht gegenwärtig ein Konflikt zwischen Produktivkräften und Produktionsverhältnissen» benutzen; daraus könnten wir dann schließen: «Die Revolution steht hier unmittelbar bevor.»

Eine eingehende Auseinandersetzung mit der POPPERschen Philosophy of Science kann im Kontext einer Geschichte der soziologischen Theorie sicher nicht die Aufgabe sein; das Hauptaugenmerk ist hier auf die Auswirkungen zu legen, welche diese Wissenschaftstheorie in der angewandten Methodologie der Sozialwissenschaft hatte. Einige wenige kritische Anmerkungen zu POPPER sollten deshalb genügen. Ich meine, seine Kritik der sogenannten «besonderen» Methoden in der Soziologie trifft nahezu ausschließlich die sozialwissenschaftlichen Pappkameraden, die er sich selbst zurechtgezimmert hat. Sie ist in keinem Fall auf MARX, die eigentliche Zielscheibe seiner Kritik, anwendbar. Für POPPERS Holismus-Kritik wurde dies ja im 1. Kapitel schon angedeutet. Sie trifft weder MARX, WEBER und DURK-

HEIM noch die alten Evolutionisten. Keiner von ihnen versuchte, die Gesellschaft in all ihren Elementen, Beziehungen und Aspekten zu beschreiben; sie alle suchten statt dessen diejenigen Faktoren zu identifizieren, welche alle anderen determinieren respektive in stärkerem Maß determinieren, als sie ihrerseits von ihnen redeterminiert werden. Darüber hinaus muß festgestellt werden, daß auch POPPERS Vorschlägen eine Konzeption von der Gesamtgesellschaft zugrunde liegt: Sie ist für ihn eine Entität, welche durch *piecemeal social engineering* Schritt für Schritt zum Besseren verändert werden kann – und das ist keineswegs selbstevident.

Ähnliches trifft für seine Kritik am Historizismus zu. MARX hat keineswegs unbedingte Prognosen über die Zukunft der Menschheit gegeben (cf. z. B. CORNFORTH 1973). Er sagt uns im Gegenteil, daß unter der Bedingung, daß die kapitalistischen Produktionsverhältnisse aufrechterhalten bleiben, die Produktivkräfte ungefesselte Entwicklung erfahren, die Masse der Produzenten aber auf die notwendigen Lebensmittel beschränkt bleiben werden; daß dieser Widerspruch (eine weitere Bedingung) zu ständiger Wiederkehr von Krisen und Vergeudung von gesellschaftlich produziertem Reichtum führen wird; daß schließlich unter den Bedingungen von Krise und Vergeudung die Arbeiter ein Klassenbewußtsein entwickeln werden, welches sie zur Zerschlagung und Überwindung des kapitalistischen Systems führen wird usw.

Wo MARX überhaupt von einer gesetzmäßigen Aufeinanderfolge von Entwicklungsstadien spricht, gibt er sich niemals damit zufrieden, die Aufeinanderfolge bloß darzustellen; vielmehr sucht er stets nach zusätzlichen Evidenzen für ihren gesetzmäßigen Charakter. Solche Evidenzen können zum Beispiel in dem Nachweis bestehen, daß die zentralen Strukturmerkmale einer Gesellschaft zu Tendenzen führen, welche untereinander unverträglich sind bzw. zunehmend unverträglich werden (cf. STEINVORTH 1977; GODELIER 1977). Eine Lösung ist dann nur durch Beseitigung der für diese Tendenzen verantwortlichen Ursachen – eben jener zentralen Strukturmerkmale – möglich. (Die Notwendigkeit der ständigen Revolutionierung der Produktivkräfte im Kapitalismus z. B. wird erklärt aus der Notwendigkeit der Profitmaximierung und Akkumulation; dieselbe Bedingung führt aber auch zur Unmöglichkeit einer damit schritthaltenden Steigerung der Konsumtion.)

Eine weitere Evidenz für die Gesetzmäßigkeit einer Abfolge kann in dem Nachweis bestehen, daß bestimmte soziale Erfindungen nicht gemacht werden, bestimmte Institutionen nicht entstehen konnten, ohne daß bestimmte andere vorher gemacht wurden. (Der Pflug kann nicht ohne Kenntnis der Hacke und der Viehzucht entwickelt werden – cf. MÜHLMANN 1962, S. 258ff; und die kapitalistische Produktion mittels freier Lohnarbeit kann nicht entwickelt werden ohne vorherige Trennung der Arbeiter von den Produktionsmitteln.) Mittels dieser Methoden läßt sich zeigen, daß eine bestimmte Gesellschaftsformation einer bestimmten anderen notwendig vorausgeht, wie auch, daß eine spezifische Formation zu einem bestimmten Zeitpunkt notwendig verschwinden und einer anderen Platz machen muß.

Selbst POPPERS zentrales wissenschaftstheoretisches Konzept, das der Falsifizierbarkeit, ist jedoch nicht frei von Zweideutigkeiten. POPPER sagt uns, daß eine «Asymmetrie zwischen Verifizierbarkeit und Falsifizierbarkeit bestehe», da es möglich sei «mit Hilfe rein deduktiver Schlußfolgerungen ... von der Wahrheit singulärer Aussagen auf die Falschheit universeller Aussagen zu schließen» (POPPER 1965, S. 141) – wenn die singuläre Aussage «Dies ist ein schwarzer Schwan» richtig ist, ist die generelle Aussage «Alle Schwäne sind weiß» falsch. Er sagt uns aber auch, die Wahrheit singulärer Aussagen könne niemals ohne Kenntnis von wahren universellen Aussagen festgestellt werden. Um die Wahrheit der Aussage «Dies ist ein schwarzer Schwan» zu belegen, müssen wir natürlich wissen, ob es überhaupt ein Schwan ist, was wiederum voraussetzt, daß uns allgemeine Gesetzmäßigkeiten von der Art «Alle Schwäne sind Vögel», «Alle Vögel haben Federn», «Alle Vögel legen Eier» etc. bekannt sind und ihre Wahrheit erwiesen ist. In POPPERS eigenen Worten: «singuläre Aussagen transzendieren die Erfahrung, weil die universellen Begriffe, welche normalerweise in ihnen vorkommen ... universelle Gesetze enthalten» (ibidem S. 425; cf. S. 95). Auch bezüglich singulärer Aussagen gilt demnach: «wir können nur die Falschheit der getesteten Aussage feststellen, nicht ihre Wahrheit» (ibidem S. 424).

Wenn es aber nicht möglich ist, die Wahrheit singulärer Aussagen festzustellen, ist es ebenso unmöglich, mit ihrer Hilfe die Falschheit genereller Aussagen zu erweisen – es sei denn, durch Entscheidung; und dies ist in der Tat, was POPPER vorschlägt, wenn er die wissenschaftliche Beobachtung mit der Entscheidung im Gerichtsverfahren gleichsetzt. Durch Entscheidung können wir aber ebensogut übereinkommen, eine allgemeine Gesetzesaussage als wahr zu akzeptieren, sobald sie durch eine genügend große Anzahl von Einzelaussagen induktiv bestätigt worden ist. Die Asymmetrie zwischen Verifikation und Falsifikation ist dann aber mehr Schein als Realität.

Die Methodologie der «empirischen Sozialforschung»

Um die Relevanz der neopositivistischen Wissenschaftstheorie für die Entwicklung der soziologischen Theorie zu ermessen, ist es sicherlich nicht ausreichend, Poppers eigene Werke in ihrer philosophischen Unschuld zu studieren. Mindestens ebenso wichtig erscheint es, sie in ihrer Anwendung in der sozialempirischen Forschung zu analysieren. Und in der Tat bekennen sich praktisch alle anerkannten Text-, Hand- und Lehrbücher der ‹Empirischen Sozialforschung› zum Glauben an die neopositivistische Wissenschaftslehre (man vergleiche für viele König/Maus 1973; Mayntz et al. 1969).

Die grundlegenden methodologischen Postulate der empirischen Sozialforschung sind die der Zuverlässigkeit (Reliabilität), Gültigkeit (Validität) und Präzision ihrer Daten. Zuverlässigkeit übersetzt hier das wissenschaftstheoretische Prinzip der Reproduzierbarkeit (resp. intersubjektiven Überprüfbarkeit) der Beobachtungen; Gültigkeit übersetzt das Prinzip, alle Aussagen dem Test der ‹Bewährung an den Tatsachen› auszusetzen; Präzision übersetzt das Ideal, die Unschärfe der Alltagssprache nach dem Vorbild der theoretischen Physik durch mathematische Formulierungen zu überwinden.

Die Vorgehensweise, welche die empirische Sozialforschung vorschlägt, um ein Mindestmaß an Zuverlässigkeit, Gültigkeit und Präzision zu garantieren, ist in groben Umrissen die folgende: Zuerst muß die zu überprüfende theoretische Hypothese gewählt werden. Dann müssen «operationale Definitionen» der zentralen Begriffe dieser Hypothese entworfen werden, d. h., die spezifischen Methoden und Techniken, welche benutzt werden sollen, um die mit jenen Begriffen gemeinten Sachverhalte zu erfassen, müssen festgelegt werden. Eine solche «operationale Definition» etwa des Konservatismus würde diesen beispielsweise durch positive Stellungnahme zu der Aussage «Gehorsam ist die höchste Bürgerpflicht» und Ablehnung des Statements «Die Entwicklung der Kritikfähigkeit ist eine der wichtigsten Aufgaben jeder Erziehung» zu messen vorschlagen. Wenn die operationalen Definitionen wirklich messen, was sie messen sollen, ist die Gültigkeit der Ergebnisse gesichert. Für die Feststellung, ob sie das tun, werden im wesentlichen unstandardisierte Pretest-Verfahren wie informelle Gespräche, Tiefeninterviews, teilnehmende Beobachtung usw. vorgeschlagen. Diesen Verfahren fehlt es nach Meinung der Methodiker jedoch an Zuverlässigkeit; sie werden keine reproduzierbaren Ergebnisse erbringen, da jeder Forscher andere Fragen stellen und damit Antworten stimulieren wird, die mit denen anderer Forscher nicht vergleichbar sind. Für die endgültige Überprüfung der Hypothese müssen deswegen standardisierte Verfahren der Datengewinnung entwickelt werden: standardisierte Beobachtungstechniken mit Check-Listen für jedes zu notierende Ereignis oder standardisierte Interview-Fragebögen, die jedem Interviewer genau vorschreiben, welche Fragen er in welcher Formulierung und welcher Reihenfolge zu stellen hat. Hierdurch wird gesichert, daß die Ergebnisse nicht länger an die Person des Forschers gebunden sind, sondern von jedermann reproduziert werden können. Nur reproduzierbare Daten dieser Art eignen sich für statistische Analysen, welche den letzten Schritt der Forschungsprozedur bilden und den Resultaten mathematische Präzision verleihen sollten.

Es verdient festgehalten zu werden, daß E. K. Scheuch, einer der führenden deutschen Empiriker, sich sogar damit brüstet, daß sich heute «die Präzision gegenüber der Bedeutsamkeit der Ergebnisse durchgesetzt zu haben scheint» als Kriterium zur Beurteilung empirischer Untersuchungen, weil nämlich die Relevanz nicht in «rein wissenschaftlicher» Weise festgestellt werden kann (1958, S. 192). Bei diesem Programm ist es kein Wunder, daß die empirische Sozialforschung im Lauf der Jahre Milliarden von irrelevanten, aber mathematisch präzisen Daten akkumuliert hat – oder in den Worten von C. W. Mills: «Die Dürftigkeit der Ergebnisse kann sich nur noch mit dem Raffinement der Methoden messen» (Mills 1973, S. 63). Als Beleg sollte genügen, daß in der renommierten «Zeitschrift für Soziologie»

(Jahrgang 9, Heft 3, 1980) ein mit raffinierten statistischen Methoden arbeitender Aufsatz über den Zusammenhang zwischen Berufskarriere und Anfangsbuchstabe des Nachnamens erscheinen konnte. Sicherlich ist trotz alledem auch empirische Sozialforschung von hohem theoretischem Interesse durchgeführt worden – so die Studien zur «Autoritären Persönlichkeit» von ADORNO et al. (1950) in den USA oder zum «Arbeiterbewußtsein» von POPITZ und BAHRDT (1964; 1967) in Deutschland. Es ist jedoch signifikant, daß die Verfasser dieser Studien der neopositivistischen Wissenschaftstheorie allesamt fernstanden und jeweils weit größeres Gewicht auf die Relevanz als auf die Präzision und auf die Gültigkeit als auf die Zuverlässigkeit legten.

Auch das Postulat der Validität ist – in der Fassung, die es in der empirischen Sozialforschung erhält – allerdings keineswegs unproblematisch. Die Gültigkeit der Ergebnisse hängt hier, wie erinnerlich, wesentlich von der operationalen Definition der grundlegenden Begriffe einer Hypothese ab. Der Weg von einem allgemeinen theoretischen Begriff wie «Konservatismus» hin zu konkreten Fragebogen-Antworten ist jedoch gar zu weit. Durch welche konkreten Antworten die theoretischen Begriffe operational definiert werden, ist völlig ins Belieben des Forschers gestellt. Es gibt keine logisch zwingenden Verfahren zur Ableitung adäquater operationaler Definitionen aus allgemeineren Begriffen. Die Ergebnisse sind deshalb weitgehend willkürlich manipulierbar.

In den Augen der meisten Kritiker liegt das Hauptproblem der empirischen Sozialforschung jedoch in der Überbetonung der Reliabilität. Der absolute Vorrang der Reproduzierbarkeit zerstöre in der Regel gerade die Objektivität und Validität der Ergebnisse, die zu sichern er aufgestellt wurde (vgl. v. a. BERGER 1976; CICOUREL 1970). Standardisierte Interview-Techniken mißverstehen gerade den sozialen, den Interaktions-Charakter des Interviews. Eine Interview-Situation ist eine Situation kommunikativer Interaktion, nicht eine bloße Stimulus-Respons-Situation von der Art der Rattenexperimente in der Skinnerschen Lernpsychologie. Die gleichen Wörter, Sätze, Fragesequenzen haben unterschiedliche Bedeutung je nach dem Charakter der Interaktion – und nach der Klassenzugehörigkeit der Interaktionspartner. Deshalb sind die Stimuli, die in standardisierten Interviews gegeben werden, nicht wirklich für alle Interviewten die gleichen.

Darüber hinaus ist das Interview nicht einfach eine soziale Situation wie alle anderen, sondern eine äußerst künstliche: Der Interviewte ist abgeschnitten von allen sozialen Beziehungen seines alltäglichen Lebens; er hat auf eine Reihe von vorformulierten Fragen zu antworten, darf aber selbst keine Fragen stellen und kann den Ablauf der Unterhaltung nicht in bewußter Weise beeinflussen. Der Interviewer darf nur seine vorformulierten Fragen stellen, muß seine eigene Meinung verbergen, darf keine zusätzlichen Kommentare geben usw. Gewiß gibt es in unserer Gesellschaft noch einige andere soziale Situationen, die dieser strukturell ähnlich sind: eine Prüfung, ein Verhör durch die Polizei, das Ausfüllen eines Stimmzettels mit vorgegebenen Alternativen im Wahllokal, die Auswahl eines bestimmten Waschmittels aus dem standardisierten Angebot eines Supermarkts. Die Informationen, welche in solchen Situationen normalerweise gegeben werden, werden mit großer Wahrscheinlichkeit im standardisierten Interview ebenfalls gegeben werden, weshalb auf Interviews gegründete Prognosen über Kauf- und Wahlverhalten im allgemeinen recht exakt ausfallen. Die meisten Leute werden jedoch beim Einkauf oder im Verhör kontroversen politischen und ideologischen Diskussionen mit dem Kaufmann bzw. mit dem Polizisten aus dem Wege gehen. Ebenso wird der strukturell gleichartige Charakter der Interviewsituation bei den Interviewten die Tendenz erzeugen, konforme und oberflächliche Antworten zu geben, wann immer es um das Verhalten in anderen Lebensbereichen geht. In einem spontanen Streik beispielsweise sind die Arbeiter gerade nicht voneinander isoliert, der Verlauf der Handlung kann von ihnen bewußt beeinflußt werden, statt einseitigem Fragen und einseitigem Antworten gibt es offene Diskussionen etc.; deshalb werden standardisierte und isolierende Verfahren für das Verstehen solcher Aktionen ziemlich nutzlos sein. Um sie zu begreifen, müssen wir in einen wirklichen Dialog mit den Beteiligten eintreten – worunter allerdings die Reproduzierbarkeit und mathematische Präzision unserer Erkenntnisse leiden könnte. Aber daran führt kein Weg vorbei; denn auch durch die raffiniertesten mathematischen Verfahren und die modernsten Computerprogramme können aus wertlosen Daten keine wertvollen Erkenntnisse destilliert werden.

Wenn sich diese Erkenntnis allerdings durchsetzen würde, würden einige hundert Computer arbeitslos werden – Grund genug für die Beibehaltung der alten Praxis. Es gibt noch einen weiteren Grund:

Die theoretisch irrelevanten, aber präzisen und reproduzierbaren Ergebnisse der standardisierten Umfrageforschung sind genau das, was die Unternehmer für ihr Marketing und die Parteipolitiker für ihre Wahlkampagnen brauchen. So zeitigt schließlich der Verzicht des Sozialwissenschaftlers, die Relevanz seiner Forschung selbst zu etablieren, die natürliche Konsequenz, daß die Wissenschaft zur Dienstmagd von Partei- und Geschäftsleuten wird, deren Relevanzdefinitionen sie schlichtweg übernimmt.[12a]

Neopositivistische Theoriekonstruktion: George Caspar Homans (geb. 1910)

Der ernsthafteste Versuch, die neopositivistische Wissenschaftslehre nicht bloß als methodologisches Sicherheitsnetz für die Durchführung empirischer Einzeluntersuchungen, sondern als Richtschnur für die Entwicklung einer allgemeinen soziologischen Theorie zu nutzen, wurde von dem Harvard-Professor George C. Homans unternommen.

In seinem ersten größeren Werk «The Human Group» versuchte Homans noch auf induktivem Weg, zu einer allgemeinen soziologischen Theorie zu gelangen. Zwar beginnt er diese Arbeit mit einer Interpretation der allgemeinsten Begriffe, die er benutzen will: «Gefühle», «Aktivitäten» und «Interaktionen»; aber diese ziemlich lockeren Kategorien sollten ihm nur als eine Art Wegweiser dienen, in großen Zügen die Richtung seiner Forschung festlegen. Sein Ziel war es, einen Satz von generellen Aussagen über die gegenseitigen Beziehungen zwischen jenen drei Elementen induktiv aus der Darstellung und Interpretation von fünf berühmten deskriptiven Einzelfallstudien über «Kleingruppen» (von Arbeitsgruppen in einer Fabrik bis hin zu einer ganzen Kleinstadt) zu gewinnen.

Die erste Studie, die Homans referiert, ist den Hawthorne-Experiments entnommen: Roethlisbergers und Dicksons detaillierte Beobachtung des Interaktionsprozesses im Bank Wiring Room der Hawthorne-Werke. In der dort beschäftigten Arbeitsgruppe waren nach Homans eine Reihe von sozialen Regelmäßigkeiten in Kraft –

wie «Wenn die Häufigkeit der Interaktion zwischen zwei oder mehr Personen zunimmt, nimmt auch der Grad ihrer gegenseitigen Zuneigung zu und umgekehrt» (HOMANS 1950, S. 112); «Personen, die häufig untereinander interagieren, sind einander in ihren Aktivitäten ähnlicher, als sie anderen Personen ähnlich sind, mit denen sie weniger oft interagieren» (ibidem S. 135); «Je höher der Rang einer Person in einer Gruppe, desto enger werden ihre Aktivitäten mit den Normen der Gruppe übereinstimmen und umgekehrt» (ibidem S. 141); «Eine Person mit höherem sozialen Rang als eine andere initiiert häufiger Interaktionen mit dieser, als diese Interaktionen mit ihr initiiert» (ibidem S. 145).

Mit dem Wissen um diese Regelmäßigkeiten schreitet HOMANS dann weiter zur Beschreibung und Analyse der nächsten Fallstudie: W. F. WHYTES «Street Corner Society», in der das tägliche Leben einer Gruppe von Eckenstehern, der «Norton Street Gang», geschildert wird. In dieser Gruppe, welche schon eine in stärkerem Maß formalisierte Rangordnung entwickelt hatte als die im Bank Wiring Room, entdeckte HOMANS dennoch die alten Regelmäßigkeiten wieder. Zusätzlich waren weitere in Kraft, wie «Je mehr eine Gruppe von Personen im Rang gleich ist, desto häufiger werden diese untereinander interagieren».

Die meisten der neu entdeckten Regelmäßigkeiten spezifizieren jedoch nur die Anwendungsbedingungen der älteren – im Bericht über die Norton Street Gang wie in den später folgenden. Um nur noch ein weiteres Beispiel aus HOMANS' Zusammenfassung von R. FIRTH, berühmter Studie über die Tikopia-Insulaner in der Südsee zu geben: «Je häufiger Personen untereinander interagieren – ohne daß eine von ihnen die Interaktionen sehr viel häufiger initiiert als die andere [das ist die spezifizierende Bedingung], desto größer ist ihre gegenseitige Wertschätzung.»

Die Strategie, die HOMANS in «The Human Group» anwendet, verleiht diesem Buch fraglos Charme und Lesbarkeit. Insbesondere der Studienanfänger wird die lebendigen Schilderungen der Interaktionsprozesse in den doch sehr verschiedenen Gruppen mit einigem Gewinn lesen, zumal die Vielfalt der Informationen in einer allen Beschreibungen gemeinsamen Perspektive intellektuell integriert wird – auch wenn diese Perspektive selbst durchaus fragwürdig erscheint. Vom Standpunkt der neopositivistischen Wissenschaftstheorie aus ist die ganze Strategie jedoch wertlos. Denn erstens ist für die Neopositivisten, wie dargestellt, Induktion ein logisch nicht zulässiges Verfahren; zweitens wurden die in der «Theorie der sozialen Gruppe» entwickelten Thesen in keiner Weise systematischen Falsifizierungsversuchen unter variierenden Bedingungen ausgesetzt; und drittens wurden sie nicht in ein logisch kohärentes theoretisches System integriert.

Deshalb hat HOMANS seine Vorgehensweise unter dem Einfluß der neopositivistischen Wissenschaftstheorie in seinem nächsten Buch «Social Behaviour: its elementary forms» (1961) vollständig geändert. Jetzt versucht er, ein «deduktives System» zu errichten, welches aus einer geringen Anzahl von äußerst allgemeinen empirischen Aussagen bestehen sollte, aus denen dann die Aussagen niedrigeren Allgemeinheitsgrades ableitbar sein müßten. Das Ziel ist Erklärung («Eine Theorie ist nichts, ... es sei denn, sie ist Erklärung»), und eine Aussage niedriger Allgemeinheitsstufe ist dann erklärt, wenn «sie als logischer Schluß aus den allgemeinen Aussagen und den spezifischen gegebenen Bedingungen folgt» (HOMANS 1964, S. 811f). Die Hypothesen aus «The Human Group» werden jetzt als derartige Aussagen niedrigen Allgemeinheitsgrades angesehen, welche (zusammen mit vielen anderen) innerhalb eines neu zu entwickelnden deduktiven Systems ihre Erklärung finden müssen. Die Aufgabe, ein solches System zu konstruieren, könne in der Tat mit der Aufgabe verglichen werden, welcher sich Newton in der Physik gegenübersah. HOMANS sieht sich gegenüber Newton allerdings in dem Vorteil, daß er seine «Aussagen aus den Werken von anderen borgen kann. Sie kommen aus der Forschung einer Reihe von Verhaltenspsychologen, deren bedeutendstes neueres Mitglied B. F. SKINNER ist» (HOMANS 1961, S. 11).

Die allgemeinste These, die HOMANS aus SKINNERS Psychologie übernimmt, ist die, daß die Menschen ihr Verhalten in der Weise zu organisieren pflegen, daß das zu erwartende Ausmaß an Belohnungen maximiert, das an Bestrafungen minimiert wird. Dies ist im wesentlichen der Inhalt seiner «Rationalitäts-Hypothese»: «Bei der Auswahl zwischen alternativen Handlungen wird eine Person diejenige wählen, bei der nach ihrer Einschätzung im gegebenen Zeitpunkt der Wert des Ergebnisses multipliziert mit der Wahrscheinlichkeit ihres Eintretens größer ist.» Diese Rationalitäts-Hypothese impliziert eine Reihe weiterer Aussagen wie die «Erfolgs-Hypothese»: «Je häufiger eine bestimmte Handlung einer Person belohnt wird, desto wahrscheinlicher wird die Person diese Handlung ausführen»; oder die «Wert-Hypothese»: «Je wertvoller einer Person das Ergebnis ihrer Handlung ist, desto wahrscheinlicher wird sie diese Handlung ausführen». Hinzugefügt wird eine «Entbehrungs-Sättigungs-Hypothese», welche angibt, unter welchen Bedingungen die vorerwähnten Regelmäßigkeiten zeitweilig außer Kraft gesetzt sind: «Je häufiger eine Person in der jüngsten Vergangenheit eine bestimmte Belohnung empfangen hat, desto weniger wertvoll wird sie für sie» (HOMANS 1961, S. 51ff). Damit ist das deduktive System fertig, und HOMANS kann sich daranmachen, mit seiner Hilfe Hunderte von Forschungsergebnissen über die Interaktion in (kleinen und nicht so kleinen) Gruppen zu erklären und zu integrieren – in der Mehrzahl Ergebnisse von sozialpsychologischen Laboratoriumsexperimenten, hin und wieder aber auch von Feldforschungen der in «The Human Group» wiedergegebenen Art. Bei dieser Anwendung seiner Theorie legt er allerdings, versteht sich, den Hauptakzent auf die Belohnungen und Bestrafungen, welche aus den Handlungen anderer Menschen resultieren (und nicht bloß physiologischer Natur sind, wie im Fall von SKINNERS Rattenexperimenten); aber er ist sich völlig sicher, daß dies keinen wesentlichen Unterschied macht (HOMANS 1957, S. 817).

HOMANS nimmt den Vorwurf, ein psychologischer Reduktionist zu sein, gern auf sich. Er verkündet explizit:

> «Die Institutionen, Organisationen und Gesellschaften, welche die Soziologen studieren, können jederzeit ohne Rest als Verhalten von individuellen Menschen analysiert werden. Sie müssen daher durch Aussagen über das Verhalten von individuellen Menschen erklärt werden» (HOMANS 1964, S. 34).

Nun müssen wir allerdings zumindest konstatieren, daß der zweite Satz dieses Zitats nicht logisch aus dem ersten folgt: Wenn alle soziologischen Aussagen auf psychologische reduziert werden *können*, folgt noch lange nicht, daß sie es *müssen*. In der Tat können wir feststellen, daß die Aussagen der meisten Wissenschaften zumindest teilweise auf solche aus anderen, «elementareren» Wissenschaften reduziert werden können (Psychologie auf Biologie auf Physiologie auf Chemie auf Physik beispielsweise), daß die meisten dieser Wissenschaften dies aber nicht für nützlich befinden, weil die Fragen, die sie zu beantworten suchen, auf dem Komplexitätsniveau der Sprache, die sie für sich selbst entwickelt haben, leichter zu beantworten sind. Ich beabsichtige jedoch nicht, die Frage des Reduktionismus in abstracto zu behandeln, da ich entschieden bezweifle, daß eine A-priori-Lösung für dieses Problem gefunden werden kann. Statt dessen sollten wir das Werk von HOMANS selbst betrachten, um zu sehen, inwieweit er in der Lage ist, sein reduktionistisches Programm zu verwirklichen, und inwieweit seine Bemühungen fruchtbare Ergebnisse zeitigen.

Der in diesem Zusammenhang relevanteste Teil von HOMANS' Werk ist seine Erklärung der sozialen Schichtung; denn hier verläßt er einmal das Feld der Kleingruppenforschung und versucht, gesamtgesellschaftliche Phänomene von der Art zu erklären, wie sie die meisten nicht-reduktionistischen «Soziologen studieren». Für HOMANS ist es klar, daß die «Phänomene der Schichtung in kleinen Gruppen dem so ähnlich sind, was sie in der weiteren Gesellschaft sind, daß sie in beiden Fällen durch die gleichen Ursachen hervorgebracht worden sein müssen» (HOMANS 1961, S. 308). In Kleingruppen liegt die entscheidende Determinante für den Status einer Person in der Menge dessen, was er den anderen im sozialen Austausch anzubieten hat; diese Menge konstitutiert seine «Macht» (ibidem S. 223). Ebenso ist in der Gesamtgesellschaft der Status ihrer Mitglieder

«in erster Linie bestimmt durch ihre Berufe ... und die Einkommen, welche ihre Berufe ihnen verschaffen. Das heißt, in der weiteren Gesellschaft wie in kleinen Gruppen wird der Status erkannt und gewonnen durch das, was die Menschen im sozialen Austausch geben und erhalten, speziell dem sozialen Austausch ... in den öffentlicheren Tätigkeitsbereichen» (ibidem S. 307f).

Mit anderen Worten: Manche Leute haben im sozialen Austausch Wertvolleres anzubieten als andere; hierfür werden sie von diesen anderen mit Wertschätzung und Gehorsam belohnt; und dadurch ist die soziale Schichtung zu erklären. Oder noch kürzer: ‹Wer hat, dem wird gegeben werden.›

Mir scheint, in dieser Erklärungsskizze werden alle wesentlichen Probleme, «welche die Soziologen studieren», übergangen. Es findet sich nicht einmal die Spur einer Antwort auf die Frage, warum manche Leute Wertvolles für den Austausch ‹haben›, andere aber nicht. Dieses Versäumnis mag verzeihlich sein, solange es um informelle Kleingruppen geht, in denen persönliche Eigenschaften wie Phantasie, Intelligenz, Freundlichkeit mehr zählen mögen als alles andere.

In der Gesamtgesellschaft ist jedoch eine der wichtigsten Ressourcen, die determinieren, was man im sozialen Austausch anzubieten hat und welchen Status man demzufolge einnimmt, fraglos das Eigentum. Dem wird kaum ein Schichtungstheoretiker widersprechen (man lese für viele: LENSKI 1966; TUMIN 1968; BENDIX/LIPSET 1967) – und auch HOMANS erkennt es verschämt an durch Erwähnung «des Einkommens, das ihnen ihr Beruf verschafft»; aber natürlich ist sehr viel mehr involviert als nur das berufliche Einkommen: ererbtes Eigentum, Eigentum an Land und Produktionsmitteln, Renten, Zinsen, Dividenden usw. Der entscheidende Punkt ist jedoch, daß Eigentum keine psychologische Größe, keine persönliche Eigenschaft im gleichen Sinn wie Phantasie oder Intelligenz ist, sondern ein *Rechtstitel*: Wenn jemand es besitzt, dann nur durch gesellschaftliche Definition – und unterschiedliche Gesellschaften definieren Eigentumsrechte in durchaus unterschiedlicher Weise, manche erkennen es sogar überhaupt nicht an. Wenn man gesamtgesellschaftliche Schichtung erklären will, muß man deshalb aufzeigen, warum die jeweilige Gesellschaft die Eigentumsrechte in einer bestimmten Weise definiert und nicht in einer anderen; warum sie manche Leute mit solchen Rechten versorgt und sie anderen vorenthält – und sei es auch nur durch das Erbrecht. Andernfalls wird die Erklärung notwendig auf HOMANS' Quasi-Tautologie hinauslaufen: Im sozialen Austausch wird demjenigen der höchste Wert zugemessen, der die wertvollsten Gegenleistungen anzubieten hat.

Sicherlich könnte der Reduktionist erwidern, es könne doch möglich sein, die Entwicklung der Eigentumsrechte selbst ebenfalls durch das Verhalten individueller Personen in der Vorgeschichte der betreffenden Gesellschaft zu erklären. Aber abgesehen davon, daß HOMANS dies nicht tut, ist festzuhalten, daß durch das Verhalten jener Leute, was immer ihre Motivation gewesen sein mag, in jedem Fall objektivierte Strukturen geschaffen wurden: ein objektivierter Rechtskanon, eine objektivierte Eigentumsverteilung, welche sich in Gebäuden, Aktien, Banknoten usw. materiell manifestiert. Und der objektivierte Kanon des Eigentumsrechts ebenso wie diese vorgegebene Eigentumsverteilung determinieren den Status einer Person in sehr viel direkterer und entscheidenderer Weise als das individuelle Verhalten der Schöpfer jener objektivierten Strukturen als solches – und auch als ihr eigenes individuelles Verhalten. Sich bei der Erklärung der sozialen Schichtung auf individuelles Verhalten zu beschränken und objektivierte Strukturen wie Eigentumsrecht und Eigentumsverteilung zu vernachlässigen, heißt deshalb, die Aufmerksamkeit von den kausal entscheidenden Faktoren auf sekundäre abzulenken.

Nach diesem Test ist HOMANS jedenfalls nicht in der Lage, auch nur die wichtigsten der Erscheinungen, «welche die Soziologen studieren», ausschließlich «durch Aussagen über das Verhalten individueller Menschen» zu erklären. Selbst wenn gleichartige Versuche eines Tages zum Erfolg führen werden, so ist es doch offenkundig, daß wir auch ohne sie auskommen können; denn wir können die kausalen Zusammenhänge, auf die es ankommt, mit Hilfe der objektivierten Strukturen sozialen Verhaltens ebensogut oder besser erklären als durch Zurückgehen auf das individuelle Verhalten der Millionen von Menschen, welche diese Strukturen in der Vergangenheit geschaffen haben und ständig neu schaffen. Das letztere Verfahren widerspricht zudem dem Prinzip der größtmöglichen Einfachheit; es ist demnach auch nicht nützlich.

«Große Theorie»

Funktionalistische Vorläufer in der Anthropologie: Bronislaw Malinowski (1884 bis 1942) und Alfred R. Radcliffe-Brown (1881 bis 1955)

In den zwaniger/dreißiger Jahren des 20. Jahrhunderts entwickelte sich in Großbritannien eine «funktionalistische» Gegenströmung gegen die vorherrschende historische Orientierung der Ethnologie/Anthropologie – sei es der evolutionistischen oder der diffusionistischen Richtung (letztere versuchte, die verschiedensten Kulturzüge durch «Diffusion», durch Ausbreitung von einem oder mehreren Ursprungzentren der Kultur zu erklären). Dieser «diachronischen» Orientierung setzte der Funktionalismus seine «synchrone» Betrachtungsweise entgegen, das Prinzip, zeitgenössische Kulturerscheinungen nicht aus ihrer Vergangenheit zu erklären, sondern aus der Funktion, die sie in den jeweils untersuchten Gesellschaften heute erfüllen.

An einem häufig gebrauchten Beispiel illustriert: Für das Verständnis der Kulturbedeutung der Gabel ist es sehr viel wichtiger, ihren gegenwärtigen Gebrauch zu studieren als die Bedingungen ihrer Erfindung und Ausbreitung in den letzten tausend Jahren. Der Begriff der «Funktion» hat bei den wichtigsten Vertretern des ethnologischen Funktionalismus, A. R. Radcliffe-Brown und B. Malinowski, eine leicht unterschiedliche Bedeutung. Beiden gemeinsam ist jedoch der reichliche Gebrauch der Organismus-Analogie, die Konzeption der Gesellschaft als einer integrierten Ganzheit, deren einzelne Teile füreinander wie für das Ganze bestimmte Aufgaben zu erfüllen haben – und hierin sind ihnen auch die Vertreter des soziologischen Funktionalismus, T. Parsons, E. Shils, N. Smelser und (wenngleich in sehr viel kritischerer Weise) R. K. Merton u. a. gefolgt.

Malinowskis Funktionsbegriff hebt vor allem auf die individuellen Auswirkungen gesellschaftlicher Institutionen ab: Institutionen müssen in erster Linie daraufhin untersucht werden, welchen Beitrag sie zur Erfüllung der grundlegenden Bedürfnisse der Individuen leisten, aus denen sich die Gesellschaft zusammensetzt. Wenn sie keinen

Grundbedürfnisse	Direkte Antworten	Instrumentelle Antworten	Antworten auf die instrumentellen Bedürfnisse	Symbolische und integrative Bedürfnisse	Antworten auf die symbolischen und integrativen Bedürfnisse
Ernährung	Kommissariat	Erneuerung des kulturellen Apparats	Ökonomie	Übermittlung von Erfahrung durch präzise und konsistente Prinzipien	Wissen
Fortpflanzung	Ehe und Familie				
körperliches Wohlbefinden	Wohnung und Kleidung	Verhaltenskodex und seine Sanktionen	Soziale Kontrolle		
Sicherheit	Schutz und Verteidigung			Mittel intellektueller, emotionaler und pragmatischer Kontrolle von Schicksal und Zufall	Magie, Religion
Erholung	Spielen und Ausruhen	Erneuerung des Personals	Erziehung		
Bewegung	Aktivitäten und Kommunikation				
Wachstum	Training und Lehre	Organisation von Macht und Zwang	Politische Organisation	gemeinschaftlicher Rhythmus von Erholung, Sport und Ruhe	Kunst, Sport, Spiele

Funktionen-Schema (Malinowski 1939)

derartigen Beitrag leisten, keine derartige «Funktion» erfüllen, werden sie mit höchster Wahrscheinlichkeit binnen kurzem anderen Institutionen Platz machen müssen; denn die Gesellschaft kann nur überleben, wenn die Grundbedürfnisse ihrer Mitglieder erfüllt werden – und dies zu garantieren ist die Aufgabe ihrer Institutionen. In Konkretisierung dieses Programms entwickelte MALINOWSKI 1939 ein allgemeines Funktionen-Schema, in dem sieben grundlegende individuelle Bedürfnisse identifiziert und mit zentralen gesellschaftlichen Institutionen in Beziehung gesetzt werden.

Die Willkürlichkeit des Schemas springt ins Auge. Warum soll man genau diese Grundbedürfnisse unterscheiden? Gibt es keine anderen? Wie sind sie überhaupt zu unterscheiden («körperliches Wohlbefinden» scheint z. B. bei allen anderen Kategorien mit im Spiel zu sein)? Warum gehört «Erziehung» zu «Erholung», «Training und Lehre» aber zu «Wachstum» usw.? Weiterhin ist nicht zu übersehen, daß das Schema bei aller Betonung des individuellen Faktors auch für jede denkbare kollektivistische Interpretation des Funktionsbegriffs Platz läßt: Wer nach «gesellschaftlichen» Bedürfnissen sucht, kann solche ohne Schwierigkeiten in den «instrumentellen» und «symbolischen und integrativen» Bedürfnissen lokalisieren; und «gesellschaftliche Notwendigkeiten» sind in allen drei «Antwort»-Spalten zu entdecken.

Bei RADCLIFFE-BROWNS Funktionsbegriff geht es – in direkter Anknüpfung an DURKHEIM – von Anfang an in erster Linie um die Erhaltung der Gesellschaft bzw. der «Sozialstruktur». Da RADCLIFFE-BROWNS Version des Funktionalismus auf TALCOTT PARSONS, den bei weitem einflußreichsten soziologischen Theoretiker und bedeutendsten Funktionalisten der fünfziger und sechziger Jahre, einen sehr viel stärkeren Einfluß ausgeübt hat als die von MALINOWSKI, müssen wir uns mit ihr etwas ausführlicher auseinandersetzen. Für RADCLIFFE-BROWN ist

> «... die Funktion einer sich regelmäßig wiederholenden Aktivität (wie der Bestrafung von Verbrechen oder einer Beerdigungszeremonie) die Rolle, die sie für das soziale Leben als Ganzes spielt und folglich der Beitrag zur Erhaltung der strukturellen Kontinuität, den sie leistet» (RADCLIFFE-BROWN 1952, S. 180).

Wie im biologischen Bereich die Physiologie den Beitrag der einzelnen Zellen und Organe für die Erhaltung des Lebens eines Organismus analysiert, so muß eine «soziale Physiologie» die Funktion der einzelnen sozialen Erscheinungen für die Erhaltung des gesellschaftlichen Ganzen untersuchen. Allerdings «sterben» Gesellschaften nicht im selben Sinn wie Organismen, weshalb der Beitrag einer Institution zur Erhaltung ihres Lebens nur schwer zu messen ist. Es ist jedoch möglich (wenngleich schwieriger, als DURKHEIM glaubte), einen Zustand der gesellschaftlichen Gesundheit zu identifizieren, den alle Gesellschaften anstreben und auf dessen Störung sie mit Abwehrreaktionen antworten (ebenso wie organismische Systeme). Dieser Zustand der Gesundheit wird definiert als eine Situation, «in der alle Teile des sozialen Systems in einem ausreichenden Grad an Harmonie und interner Konsistenz zusammenarbeiten, d. h. ohne dauerhafte Konflikte zu schaffen, welche weder gelöst noch reguliert werden können» (ibidem S. 183).

Der Beitrag einzelner Institutionen zur Erhaltung dieses Gesundheitszustandes ist im Prinzip meßbar. RADCLIFFE-BROWNS allgemeinstes wissenschaftliches Anliegen ist es, generelle Gesetzmäßigkeiten seiner Aufrechterhaltung zu identifizieren. In Anwendung dieser methodologischen Prämissen hat RADCLIFFE-BROWN vor allem die funktionale Bedeutung von Religion und Verwandtschaft in «primitiven Gesellschaften» untersucht. Seine allgemeinste These zur Funktion religiöser Riten und Zeremonien lautet:

«Geordnetes gesellschaftliches Zusammenleben von Menschen ist abhängig vom Vorhandensein gewisser Gefühle in den Köpfen der Gesellschaftsmitglieder, die das Verhalten des Individuums in seiner Beziehung zu anderen kontrollieren. Riten können als regulierte symbolische Ausdrucksweisen bestimmter Gefühle angesehen werden. Es kann daher gezeigt werden, daß Riten dann und insoweit eine spezifische soziale Funktion besitzen, als sie die Wirkung haben, Gefühle, von denen die Konstitution einer Gesellschaft abhängig ist, zu regulieren, zu erhalten und von einer Generation an die andere weiterzugeben.»

Das wichtigste von diesen Gefühlen ist, «der Sinn für die Abhängigkeit von einer außerhalb von uns existierenden Macht» (ibidem S. 157).

RADCLIFFE-BROWN wendet sich gegen MALINOWSKIS Interpretation von Magie und Ritus, nach der diese die Funktion haben, den Individuen in ungewissen Situationen Sicherheit zu geben und die Angst zu nehmen; er versucht zu zeigen, daß Unsicherheit und Angst oftmals gerade als Folge der Existenz religiöser Vorschriften angesehen werden müssen (ibidem S. 144ff). Dies sei mit der individualistischen Interpretation MALINOWSKIS nicht zu vereinbaren; es könne nur erklärt werden aus der Notwendigkeit des «Gefühls der Abhängigkeit». Da jedoch auch für Radcliffe-Brown dieses Gefühl ein individuelles ist und auch für ihn das «Wohlbefinden» der Individuen die Gesundheit der Gesellschaft und damit jenes Gefühl der Abhängigkeit voraussetzt (ibidem S. 176), ist der Unterschied bestenfalls einer der Emphase. Zudem wird weder der Nachweis geliefert, daß die Gesundheit der Gesellschaft von jenem Gefühl abhängt, noch der, daß dieses nur mittels religiöser Zeremonien erhalten werden kann. Der Funktionalismus liefert hier eher einen *Interpretationsgesichtspunkt* denn eine kausale Erklärung.

In seinen Untersuchungen über Verwandtschaftssysteme versucht Radcliffe-Brown demgegenüber explizit *kausale Gesetzmäßigkeiten* zu formulieren. «Ein solches Gesetz, eine notwendige Bedingung fortdauernder Existenz ist ein gewisses Maß an funktionaler Konsistenz zwischen den konstitutiven Elementen des sozialen Systems.» Ein zweites Gesetz verlangt, daß für alle sozialen Beziehungen Rechte und Pflichten «so definiert sind, daß Konflikte ohne Zerstörung der Struktur gelöst werden können» (ibidem S. 43f). Aber dies sind keineswegs empirische Aussagen über die Bedingungen für die Gesunderhaltung von Gesellschaften; es sind nichts als tautologische Umformulierungen von Radcliffe-Browns Definition des Gesundheitszustandes selbst. Gegenüber diesem nichtssagenden Wortgeklingel hat der Funktionalismus als Interpretationsgesichtspunkt wenigstens den Vorzug einer gewissen heuristischen Fruchtbarkeit. Immerhin sind den Funktionalisten (Malinowski noch mehr als Radcliffe-Brown) unter diesem Blickwinkel brillante und aufklärerisch bedeutsame Beschreibungen verschiedener Eingeborenenkulturen gelungen (cf. z. B. Malinowski 1962; Radcliffe-Brown 1933).

Für die Weiterentwicklung der soziologischen Theorie bedeutsamer wurde jedoch die dogmatische Identifizierung des Zustands der «Gesundheit» einer Gesellschaft (den alle Gesellschaften anstreben!) mit funktionaler Harmonie und Konfliktfreiheit – Parsons übernahm dieses Dogma unhinterfragt. Daß alle Klassengesellschaften durch einen grundlegenden und dauerhaften Interessenantagonismus gekennzeichnet sind, ist aus dieser Perspektive kaum wahrnehmbar. Wenn die unterdrückten Klassen ihre Klasseninteressen durchzusetzen versuchen, kann dies nur als Störung der gesellschaftlichen Harmonie, als pathologisches Phänomen wahrgenommen werden. Bei allen mehr oder weniger dauerhaften gesellschaftlichen Aktivitäten, die nicht konfliktueller Natur sind, ist es dagegen infolge der theoretischen Beliebigkeit der funktionalistischen Erklärungen stets möglich, eine positive gesellschaftliche Funktion zu ‹entdecken› und ihre Existenz damit zu rechtfertigen. Diese Konzeption hatte praktisch-politische Folgen: Die britische Kolonialpolitik der «indirect rule» versuchte, in Anknüpfung an funktionalistische Überlegungen «Ruhe und Ordnung» in den Kolonien durch Erhaltung möglichst vieler traditioneller Institutionen zu wahren – da diese schon auf Grund ihrer Dauerhaftigkeit aller Wahrscheinlichkeit nach alle einen Beitrag zu funktionaler Konsistenz und gesellschaftlicher Harmonie zu leisten hätten. Statt durch die offene Errichtung der eigenen Herrschaft einen Konflikt zu provozieren, versuchte man nun, vor allem durch Ausnutzung der (mutmaßlich) harmoniefördernden traditionellen Herrschaftsinstitutionen die eigenen Interessen durchzusetzen. Daß diese Politik gescheitert ist, hat viel zur Diskreditierung des ethnologischen Funktionalismus beigetragen.

Talcott Parsons (1902 bis 1979)

Handlung

PARSONS war zeit seines Lebens besessen von der Idee, ein theoretisches System von logisch zusammenhängenden Begriffen zu schaffen, durch welches alle relevanten Aspekte der gesellschaftlichen Realität erfaßt werden könnten. Dieser Aufgabe widmete er seine ganze wissenschaftliche Energie.

Die gesellschaftliche Realität besteht für ihn in erster Linie in «Handlungen». Deshalb beginnt er das Unternehmen der Systemkonstruktion in seinem ersten größeren Werk «The Structure of Social Action» mit der Frage, was «Handlung» sei. Sein Handlungskonzept, seinen «Action Frame of Reference», entwickelt er in langen, sorgfältigen und gelehrten Diskussionen mit einer ganzen Reihe von soziologischen, philosophischen und wirtschaftswissenschaftlichen Schulen – anknüpfend vor allem an DURKHEIM, MARSHALL, PARETO und WEBER. Am wichtigsten war ihm wohl die Auseinandersetzung mit dem «Utilitarismus» der klassischen ökonomischen Theorie. Sein Haupteinwand gegen den Utilitarismus ist, daß dieser im Profitmotiv fälschlich eine psychologische (gar anthropologische) Kategorie sehe, während es in Wirklichkeit eine spezifische Form institutionalisierten Verhaltens sei, welches von den Akteuren qua gesellschaftlicher Definition in bestimmten Situationen erwartet würde (im Geschäftsleben z. B.), in anderen aber nicht (etwa in der Familie). Selbst diesem scheinbar rein egoistischen Verhalten liegt demnach eine «normative Orientierung» zugrunde – ebenso wie allen anderen menschlichen Handlungen.

Trotz dieser Kritik behält er den utilitaristischen Gedanken bei, menschliche Handlungen seien als zielgerichtetes Verhalten zu kennzeichnen, d. h. als ein Verhalten, welches ein vom Standpunkt des Handelnden aus erwünschtes Ziel durch Anwendung geeigneter Mittel zu erreichen sucht. Diese beiden Prinzipien, Zweckorientierung und normative Orientierung des Handelns, stehen im Widerspruch zu jeglichem «Positivismus» oder «Reduktionismus», welche die wissenschaftliche Legitimität aller «subjektiven» Kategorien bestreiten und nur offen beobachtbares Verhalten gelten lassen wollen. Weiterhin sei auch die – vom «Idealismus» hervorgehobene – Tatsache, daß menschliche Handlungen normalerweise durch symbolisches Denken angeleitet und vorbereitet werden, mit dem Positivismus unvereinbar. Das Verdienst des letzteren liege jedoch darin, daß er die Aufmerksamkeit der Sozialwissenschaftler auf den Einfluß physischer Phänomene auf das gesellschaftliche Leben gelenkt habe. Als Konsequenz von alledem definiert Parsons «Handlung» als «zielgerichtetes», «adaptives», «normativ orientiertes und motiviertes», durch «symbolische Prozesse angeleitetes» Verhalten.

Soziales System

«The Structure of Social Action» beantwortet jedoch nur die Frage, was «Handlung» sei; die wichtigere Frage, was «soziales Handeln» ausmache, wird nicht wirklich behandelt. Deshalb wendet Parsons in den Jahren nach der Publikation von «The Structure of Social Action» seine Aufmerksamkeit zunehmend den «Komplikationen (zu), welche durch eine Pluralität von Akteuren eingeführt wird»; und er erkennt, daß «die Struktur sozialer Systeme nicht direkt aus dem Akteur-Situations-Bezugsrahmen abgeleitet werden kann» (Parsons 1949, S. 229). Soziale Systeme werden nun zum Hauptobjekt seines

Interesses. Ein soziales System besteht für ihn aus einem Satz stabilisierter Interaktionsmuster («stabilized patterns of interaction»). Der Vorteil der Untersuchung solcher Interaktionsmuster in Terms von sozialen Systemen liegt darin, daß wir so jedes einzelne Problem explizit und systematisch auf deren Gesamtheit beziehen können. Wir können alle Erscheinungen als entweder zur Erhaltung des Systems beitragend oder seine Integration beeinträchtigend analysieren (cf. ibidem S. 218f).

Den Versuch zu erklären, wie soziale Systeme (= stabilisierte Interaktionsmuster) zustande kommen, beginnt PARSONS mit der Betrachtung einer Zwei-Personen-Interaktion. In einer solchen Situation stellt jedes Individuum (ego und alter) für das jeweils andere sowohl ein Potential von Möglichkeiten der Bedürfnisbefriedigung als auch von Frustrationsquellen dar. Auf frustrierende Handlungen von alter wird ego mit Ärger reagieren, auf Befriedigung bringende mit Freude und umgekehrt. Dadurch werden beide Partner zu antizipieren lernen, welche Handlungen für den je anderen befriedigend, welche frustrierend sind. Und sie werden dieses Wissen benutzen, um unerwünschte Aktionen des anderen durch negative Reaktionen zu bestrafen und erwünschte durch positive zu belohnen. Da beide versuchen werden, negative Sanktionen zu vermeiden und positive zu maximieren, werden sie auch lernen, zu antizipieren, was sie tun müssen, um Befriedigung zu erlangen. So wird sich langsam ein System von gegenseitigen Erwartungen entwickeln, welches festlegt, wie sich einer dem anderen gegenüber verhalten solle.

Dieser Satz von Normen wird das Verhalten der Individuen steuern und ihnen einen Bezugsrahmen gemeinsamer Bedeutungen liefern – und so wird sich das Muster ihrer Interaktion endgültig stabilisieren. Ein unabhängiges soziales System mit gemeinsamen *Werten*, gemeinsamen *Rollen*erwartungen und einer feststehenden *Mitgliedschaft* wird entstehen. Der einzige Zug, welcher dieses soziale System von einem größeren unterscheidet, ist, daß letzteres ein sehr viel größeres Maß an Rollen*differenzierung* aufweisen wird. Es ist jedoch wichtig festzuhalten, daß in der Realität die einen Interaktionsprozeß regulierenden Normen niemals aus der Interaktion allein hervorwachsen; sie werden mindestens ebensosehr durch die allgemeinen kulturellen Muster bestimmt und umschrieben, welche den Interaktionspartnern von vorneherein gemeinsam sind – ohne gemeinsamen kulturellen

Hintergrund könnten die Partner schwerlich in Kommunikation treten.

Die nächste Frage, die Parsons zu beantworten sucht, ist: Welche Bedingungen müssen erfüllt sein, daß sich ein soziales System am Leben erhalten kann? Er identifiziert zwei «funktionale» Vorbedingungen der Systemerhaltung: Die *Persönlichkeitssysteme* der Mitglieder des sozialen Systems müssen von der Art sein, daß diese «in angemessener Weise motiviert werden, in Übereinstimmung mit den Anforderungen seines Rollensystems zu handeln». Und die allgemeinen *kulturellen Muster* müssen «ein Minimum an Ordnung definieren» und dürfen niemals «unerfüllbare Anforderungen an die Menschen stellen und dadurch Abweichung und Konflikt hervorrufen» (Parsons 1951, S. 27f).

Zu der zweiten dieser «funktionalen Vorbedingungen» lassen sich nach Parsons «nur gewisse, ziemlich allgemeine Dinge sagen» (ibidem S. 28). Die erstere dagegen, die Bedingung der adäquaten Motivation, wird im «Social System» recht ausführlich behandelt. Sie zerfällt nach Parsons in einen negativen und einen positiven Aspekt. Der negative umfaßt die Mechanismen der «sozialen Kontrolle», der positive die der «Sozialisation».

Die Mechanismen der Sozialisation sorgen dafür, daß die Individuen die Normen und Werte der Gesellschaft internalisieren, sie sich zu eigen machen, so daß sie schließlich mit ihren eigenen Motivationen eins werden, in ihre Persönlichkeit eingehen. Die «Kultur ... wird so direkt konstitutiv für die Persönlichkeiten als solche» (ibidem S. 34). Auch dieser Vorgang läßt sich an einem Zwei-Personen-Interaktionssystem illustrieren: Da ego weiß, daß es vorteilhafte Reaktionen von alter erwarten kann, wenn es sich an die gemeinsamen Standards hält, fallen die «Konformitäts-Abweichungs-Dimension» und die «vorteilhaft-unvorteilhaft-Dimension» tendenziell zusammen, so daß das Individuum schließlich lernt, sich jenen Standards entsprechend zu verhalten, weil dies am vorteilhaftesten ist. Da aber Konformität gegenüber den allgemeinsten gesellschaftlichen Werten auf diese Weise schon in der frühesten Kindheit, der bestimmendsten Phase in der Persönlichkeitsentwicklung, durch die Mutter-Kind-Interaktion gelernt wird, werden diese Werte so tief in den «nicht-rationalen Schichten der motivationalen Organisation verankert» (Parsons 1961, S. 74), daß sie zu «genuinen Bedürfnisdispositionen der

Persönlichkeit» selbst werden (PARSONS 1951, S. 42). Das gesamte Es (im Sinne von FREUD) werde durch Internalisierung sozialer Objekte strukturiert (PARSONS 1981, S. 30ff). Gewiß ist sich PARSONS der Tatsache bewußt, daß nicht alle Individuen in völlig gleicher Weise auf die gemeinsamen Standards reagieren. Aber das ist nicht das Problem des Soziologen, sondern allenfalls das des Psychologen. Die Soziologen haben die motivationellen Faktoren zu identifizieren, welche zur Erhaltung eines sozialen Systems beitragen und deshalb «von der ideosynkratischen Variabilität der individuellen Verhaltensweisen und Motivationen zu abstrahieren» (PARSONS 1949, S. 341). Abweichung, so muß man schließen, hat psychisch-ideosynkratische Ursachen, keine sozialen.

Durch die Mechanismen der sozialen Kontrolle verhindert die Gesellschaft, daß sich abweichendes Verhalten in einem Teufelskreis hochschraubt, daß die Erhaltung des gesellschaftlichen Wertsystems bedroht wird. PARSONS unterscheidet im wesentlichen vier Mechanismen der sozialen Kontrolle: «kanalisierte Duldung» (welche Abweichung in kulturell vorgeschriebener Form unter bestimmten, festgelegten Umständen erlaubt – Saturnalien z. B.), «Insulierung» (stillschweigende Duldung bestimmter Arten von Abweichung in Abtrennung vom Alltagsleben als eine Art Sicherheitsventil – verbotene Glücksspiele z. B.), «Isolation zwecks Heilung» (durch Psychiater, Ärzte, Psychotherapeuten etc.) und «strafende Isolation» (Absonderung des Abweichlers von der normalen Gesellschaft zwecks Verhinderung eines Ausbreitungseffektes).

In etwas allgemeinerer Perspektive können wir zusammenfassen, daß PARSONS zwischen einem sozialen System, einem Persönlichkeitssystem und einem System allgemeiner kultureller Werte unterscheidet und daß er die grundlegende Bedingung für die Erhaltung der gesellschaftlichen Ordnung in ihrer gegenseitigen Kompatibilität sieht, mit einem anderen Wort: in ihrer *Integration*. Dies ist eines der stabilen Themen in all seinen späteren Arbeiten – obgleich er schon bald anfing, einige seiner früheren Konzepte auszuweiten und umzuformulieren. Später unterschied er vier Systeme: das soziale, das kulturelle, das organismische und das Persönlichkeitssystem. Dem Problem ihrer Integration aber gilt weiterhin sein ganzes Interesse.

Wir können jedoch «The Social System» nicht verlassen, ohne vorher einen anderen Satz von Begriffen erörtert zu haben, welche PARSONS in diesem Buch zum erstenmal entwickelt hat: die «Pattern Variables». Durch sie versucht er, die grundlegenden möglichen Orientierungen von kulturellen Wertmustern wie sozialen Normen wie persönlichen Motivationen mittels der folgenden polaren Dichotomien begrifflich zu erfassen:

1. «Affektivität – affektive Neutralität»: Ist es angemessen, ein hohes Maß an Emotion in eine bestimmte Art von Interaktion zu investieren oder nicht? (Beispiel: Von einer Mutter wird erwartet, daß sie in die Interaktionen mit ihrem Kind ein hohes Maß an Gefühlen investiert; von zwei Tauschpartnern auf dem Markt wird das nicht erwartet.)

2. «Diffusität – Spezifizität»: Sind die Erwartungen, welche eine bestimmte Art von Interaktion leiten, so weit definiert, daß sie im gesamten sozialen Leben des Akteurs Anwendung finden, oder sind sie auf spezifische Tätigkeitsbereiche beschränkt? (Beispiel: Die Mutter hat für ihr Kind in allen Lebensbereichen zu sorgen; der Verkäufer auf dem Markt hat dem Kunden seine Ware gegen dessen Geld auszuhändigen und sonst gar nichts.)

3. «Universalismus – Partikularismus»: Sind die Erwartungen, welche eine bestimmte Art der Interaktion leiten, für alle Personen die gleichen, oder sind sie für unterschiedliche Kategorien von Personen von unterschiedlicher Art? Unterscheiden sie sich insbesondere je nach der Art der vorgegebenen Beziehungen zwischen den potentiellen Interaktionspartnern? (Beispiel: Das Gebot der verwandtschaftlichen Hilfe in Notfällen findet nur auf die Mitglieder der jeweiligen Verwandtschaftsgruppe Anwendung, während jedermann auf den Markt gehen und von jedermann Waren kaufen kann – oder auch seine Arbeitskraft verkaufen.)

4. «Leistung – Zuschreibung» («Achievement – Ascription»): Werden die Interaktionspartner nach Leistungskriterien oder nach von Geburts wegen vorgegebenen Kriterien wie Geschlecht, Alter, Rasse etc. beurteilt? (Beispiel: Auf dem [Güter- wie Arbeits-]Markt sollte idealiter nur die Leistung gelten, nur was den Anforderungen entspricht, wird gekauft; in der Familie müssen auch diejenigen mitgetragen werden, welche nicht viel leisten.)

5. «Selbstorientierung – Gemeinschaftsorientierung»: Wird von den Interaktionspartnern erwartet, daß sie ihren persönlichen, egoi-

stischen Eigeninteressen nachgeben oder daß sie diese den kollektiven Zielen der Gemeinschaft unterordnen? (Beispiel: Auf dem Markt erwartet man von jedermann, daß er nur seine persönlichen Interessen verfolgt, in der Familie nicht.)

Obwohl PARSONS die Bedeutung der Pattern Variables später eher herunterspielte («Selbstorientierung versus Kollektivitätsorientierung» strich er ganz, von den restlichen Paaren sagte er, er habe sie in ein anderes Schema «konsolidiert»), übten sie doch einen beträchtlichen, selbständigen Einfluß aus, vor allem in der Entwicklungsländer-Soziologie – und dies nicht ohne eine gewisse Berechtigung: Sie alle beschreiben wesentliche Unterschiede zwischen den durch Verallgemeinerung der Warenbeziehungen charakterisierten kapitalistischen Gesellschaften und vorkapitalistischen Gesellschaften, in denen der Markt noch nicht diese dominante Rolle spielte. Ein kapitalistisches System funktioniert nur bei freier Mobilität von Kapital und Arbeit in (system-)optimaler Weise. Arbeiter und Kapital müssen so beweglich sein, daß sie immer dort eingesetzt werden können, wo ihr Einsatz den größten Profit verspricht. Askriptive und partikularistische Rekrutierungsnormen widersprechen dieser allseitigen Beweglichkeit – zum Unterschied von Universalismus und Leistungsorientierung, welche entsprechend die dem Kapitalismus gemäßen Prinzipien darstellen. Die übrigen Gegensatzpaare verweisen auf die Dominanz des unpersönlichen Cash-Nexus in der kapitalistischen Gesellschaft; auf dem Markt sind weder Gefühle noch Altruismus angebracht, noch interessieren die außermarktlichen Rollen und Orientierungen der Akteure. Diese ökonomischen Bedingtheiten werden von PARSONS und den Parsonianern aber übersehen.

AGIL

Wenden wir uns jenem neuen Schema zu, in das die Pattern Variables angeblich integriert wurden, dem berühmten, zwischen 1953 und 1957 ausgearbeiteten AGIL-Schema (cf. PARSONS/BALES/SHILS 1953; PARSONS/SMELSER 1956). Dieses Schema definiert «vier fundamentale funktionale Probleme aller Handlungssysteme»: Anpassung («**A**daptation»), Zielerreichung («**G**oal-attainment»), **I**ntegration und **L**atenz oder Werterhaltung («Pattern Maintenance»). Jedes Handlungssystem ist zu seiner Erhaltung angewiesen auf die Erfüllung all dieser vier Funktionen.

Die Funktion der Latenz oder Pattern Maintenance bildet für Parsons den fundamentalen Bezugspunkt jeglicher Theorie sozialer Systeme. Das Prinzip der Erhaltung der kulturellen Muster spiele in der Soziologie die gleiche Rolle wie das der Trägheit in der Physik. Es bezeichnet «den Imperativ, die Stabilität der Muster der institutionellen Kultur, welche die Struktur des Systems definieren, aufrechtzuerhalten» (Parsons 1961, S. 38). Diese Stabilität wird durch zwei verschiedene Mechanismen garantiert, die beide Teile der Latenz-Funktion ausmachen: einerseits die Mechanismen, welche die Werte artikulieren, sie in Glaubenssysteme integrieren und durch ihre Praxis verstärken: die Religionen, Ideologien, in gewissem Maß auch die Künste; andererseits die Mechanismen, welche die Werte von Generation zu Generation weitergeben und für ihre Internalisierung in die Persönlichkeiten der Gesellschaftsmitglieder sorgen: die verschiedenen Sozialisationsagenturen.

Die Notwendigkeit der Goal-attainment-Funktion folgt für Parsons aus der Tatsache, daß die notwendigerweise stabilen allgemeinen Kulturwertmuster mit täglich wechselnden Situationen in der Umwelt des kulturellen Systems zusammentreffen. Deshalb sei es stets notwendig, aus jenen allgemeinen und notwendigerweise abstrakten Werten konkrete, auf die jeweilige Situation anwendbare Ziele abzuleiten. Weiter müsse zwischen verschiedenen Zielen dieser Art eine Rangordnung, eine Prioritätshierarchie aufgestellt werden, der entsprechend die vorhandenen Ressourcen zu verteilen sind. Diese Aufgaben zusammen machen die Goal-attainment-Funktion aus. Sie entspricht grob dem, was wir im Alltagssprachgebrauch ‹Politik› nennen.

Die Funktion der Anpassung bezeichnet die Notwendigkeit der Güterversorgung, die Notwendigkeit, dem System die zur Erreichung seiner Ziele notwendigen Ressourcen aus seiner Umwelt zu beschaffen. Diese Güter sind definitionsgemäß nicht an spezifische Ziele gebunden; sie können für verschiedenartige, möglicherweise sogar einander widersprechende Ziele genutzt werden (Geld ist natürlich das Modellbeispiel). In der Alltagssprache nennen wir diese Funktion die ‹ökonomische›.

Die Notwendigkeit der Integrationsfunktion schließlich resultiert aus der Tatsache, daß sich die meisten Gesellschaften aus einer Vielzahl von relativ unabhängigen Untereinheiten zusammensetzen. Die

Aktivitäten dieser Untereinheiten müssen unter dem Gesichtspunkt ihres Beitrags zur Erfüllung der gemeinsamen Ziele koordiniert werden; andernfalls würden sie sich gegenseitig durchkreuzen, und das Funktionieren des Systems wäre gefährdet. In der Hauptsache wird die Integrationsfunktion durch das Rechtssystem und die Justiz wahrgenommen; in geringerem Maß spielen auch Rollenerwartungen sowie Sitten und Gebräuche eine Rolle.

Parsons' Überzeugung ist es, daß nicht nur jede Gesamtgesellschaft diese vier funktionalen Erfordernisse erfüllen muß, sondern auch jedes der unzähligen, vielfach ineinander verschachtelten gesellschaftlichen Subsysteme. Dies gilt auch dann, wenn sich (wie in allen modernen Gesellschaften) auf die Erfüllung je einer dieser Funktionen spezialisierte Subsysteme (etwa Kirche, Schule, Justiz, Wirtschaft, Politik) herausdifferenziert haben. Die Kirche z. B. mag auf die Erfüllung der Werterhaltungsfunktion für die Gesamtgesellschaft spezialisiert sein; intern muß sie jedoch auch die Funktionen der Güterversorgung, der Definition konkreter Ziele und der rechtlichen Koordination wahrnehmen.

Weiterhin versucht Parsons, die vier durch AGIL bezeichneten «funktionalen Probleme» mit den vier schon vorher entwickelten kategorialen Subsystemen einer jeden Gesellschaft – kulturelles System, soziales System, Persönlichkeitssystem, organismisches System – in Verbindung zu bringen. Das organismische System ist demnach in der Hauptsache für die Adaptation zuständig, das Persönlichkeitssystem für die Zielerreichung, das soziale System für die Integration und das kulturelle System für die Werterhaltung.

Schließlich sind die vier Funktionen nicht gleichwertig; sie belegen je verschiedene Stufen in einer feststehenden «Kontrollhierarchie». Am niedrigsten steht die Anpassungsfunktion; denn welche Ressourcen das organismische System aus der Umwelt beschaffen soll, sagt ihm nur das (für die Zielerreichung zuständige) Persönlichkeitssystem. Welche Ziele dieses legitimerweise anstreben darf, wird ihm aber durch die Normen des sozialen Systems vorgeschrieben; welche Normen innerhalb des sozialen Systems überhaupt zulässig sind, ist schließlich durch die allgemeinen Wertmuster des kulturellen Systems festgelegt, das somit alle anderen Systeme kontrolliert.

Es existiert jedoch auch eine umgekehrte Beziehung zwischen den vier Systemen: Das kulturelle System als abstrakte Wertordnung entwickelt kaum irgendwelche Eigenenergie; es ist deshalb darauf angewiesen, daß die in der Kontrollhierarchie niedrigeren Systeme es mit Energie versorgen. Das Ausmaß an Energie eines Systems ist um so größer, je niedriger seine Position in der Kontrollhierarchie ist. Mit dieser Konzeption gelingt es Parsons, die Beziehungen zwischen den vier Systemen als Austauschrelationen zu fassen: Die höheren Systeme versorgen die niedrigeren mit Kontrolleistungen und werden dafür von diesen mit Energie beliefert.

Graphisch läßt sich dies wie folgt darstellen (die Darstellung wandelt Parsons' Schema in vereinfachender Weise ab – cf. Parsons 1975, S. 50):

			Kontrollfluß	Energiefluß
L	Werterhaltung	kulturelles System	↓	↑
I	Integration	soziales System	↓	↑
G	Zielerreichung	Persönlichkeitssystem	↓	↑
A	Anpassung	organismisches System	↓	↑

In späteren Jahren wendete sich Parsons vor allem der Untersuchung der Bedingungen zu, unter welchen der Austausch zwischen den vier Systemen in geordneter Weise funktionieren kann. Als wichtigste Bedingung erscheint ihm (wenigstens, was komplexe Gesellschaften angeht) die Existenz von «generalisierten symbolischen Austausch-Medien». Das nächstliegende und eindeutigste Beispiel ist natürlich das des Geldes in einer Marktwirtschaft. Der Markt könnte nicht funktionieren, wenn jeder Warenanbieter unter den unzähligen möglichen Tauschpartnern den aussuchen müßte, der genau die Ware benötigt, welche der erstere anbietet, und die anbietet, welche dieser benötigt. Wenn er sie jedoch für das generalisierte Austauschmedium Geld weggibt, kann er sicher sein, dieses Geld für den Kauf jeder beliebigen Ware nutzen zu können. Der Wert des Geldes liegt dabei nach Parsons nicht in seinem materiellen Wert, sondern in seiner symbolischen, ihm durch Konsensus verliehenen Funktion, Repräsentant und Maßstab des Werts jeder anderen Ware zu sein.

Wie das Adaptationssystem das Geld, so haben auch die anderen Systeme ihre eigenen generalisierten symbolischen Austauschmedien entwickelt. Das für das Goal-attainment-System charakteristische Medium dieser Art ist Macht. Macht ist für PARSONS ein «generalisiertes Medium zur Mobilisierung von Ressourcen für die effektive kollektive Aktion» (PARSONS 1967, S. 256). Wenn jemand mit Macht ausgestattet ist, ist es nicht länger erforderlich, daß jede Entscheidung durch Verhandlung herbeigeführt wird; statt dessen kann sie der Machthabende durch schlichte Anwendung seiner Macht selbst fällen – insofern ist die Macht ein Medium. Wie das Geld ist auch die Macht «auf Konsensus gegründet» (ibidem) – insofern ist sie ein symbolisches Medium. Wie das Geld ist sie nicht an spezifische Ziele gebunden, sie kann für unterschiedliche Zwecke genutzt werden – insofern ist sie ein generalisiertes Medium. Macht ist weiterhin nicht – wie gewöhnlich angenommen wird – ein «Nullsummen-Konzept» (cf. ibidem). Vermehrung der Macht des Machthabenden bedeutet nicht notwendigerweise Verminderung der Macht von Untergebenen. Macht ist nämlich als wesentliches Element der politischen Organisation notwendig «auf die Erreichung gemeinsamer Ziele» gerichtet, welche «vom Standpunkt des Systems aus erwünscht» sind. Vermehrung der Macht der Herrschenden bedeutet demnach Vermehrung ihrer Möglichkeiten zur Mobilisierung von Ressourcen für die Erreichung jener gemeinsamen Ziele; sie ist im Interesse aller. Wenn sie dies nicht wäre, wenn sie nicht zur Verwirklichung der durch die Werte des kulturellen und Normen des sozialen Systems umschriebenen gemeinsamen Ziele genutzt würde, wäre das funktionale Erfordernis der Kontrolle des Goal-attainment-Systems durch die höheren Systeme nicht mehr erfüllt – die Systemerhaltung wäre gefährdet. (Macht ist deshalb in stabilen Systemen notwendigerweise legitim; Legitimität ist für PARSONS ein Definitionsmerkmal der Macht.)

Das generalisierte symbolische Austauschmedium des kulturellen Systems ist die Wertbindung («commitment»). PARSONS illustriert dies v. a. am Beispiel von Arbeitsverträgen. Der Beschäftigte ist verpflichtet, sich für seine Arbeit zu engagieren; aber der «Inhalt der Spezifikationen» seiner Arbeit muß keiner der beiden Parteien im voraus bekannt sein. Dies «befähigt das Management zu realistischen

Neu-Entscheidungen über die Spezifikation bezüglich der Verwendung dieser Ressource» (PARSONS 1961, S. 67).

«Einfluß» bezeichnet das generalisierte symbolische Austauschmedium des sozialen Systems. Einfluß wird ausgeübt durch Überzeugen, z. B. mittels der Mechanismen «integrativer Kommunikation», durch welche Abweichler auf eher permissive Weise dazu gebracht werden, «die institutionalisierte Situationsdefinition zu akzeptieren».

Die Ausdehnung des Medienkonzepts auf Macht, Einfluß und Wertbindung bereitet auch wohlmeinenden PARSONS-Interpreten einige Schwierigkeiten (cf. z. B. JENSEN 1980, S. 189ff). Im Medium Geld haben wir eine quantitativ abgestufte symbolische Repräsentation des Wertes von Waren vor uns; es läßt sich messen bzw. zählen, veräußern, aufteilen, speichern – und eben darauf beruht seine Brauchbarkeit als Medium, als Vermittler des Warentausches. Schon bei der Macht wird das sehr viel schwieriger. Zwar gibt es «Insignien der Macht» (ibidem); aber die können durchaus auch fehlen, und sie sind nicht in gleicher Weise quantitativ abgestuft wie das Geld. Bei Wertbindung und Einfluß von Messung, Zählung, Entäußerung, Aufteilung oder Speicherung zu reden, wird schließlich vollends diffus (cf. HABERMAS 1980, S. 395ff).

Mit seinen Überlegungen zum Medium ‹Einfluß› scheint PARSONS im übrigen selbst nicht ganz zufrieden gewesen zu sein (cf. JENSEN 1980), ohne daß er hier noch Abhilfe hätte schaffen können oder wollen. Seine späteren Arbeiten zur Medientheorie (cf. v. a. PARSONS 1980) beziehen sich nicht mehr auf den Austausch zwischen den vier Subsystemen, sondern erneut auf eine allgemeine Handlungstheorie; sie sind jedoch über skizzenhafte Anfänge nicht hinausgekommen.

Evolution

Sein erstes großes Werk «The Structure of Social Action» hatte PARSONS mit einem programmatischen «Who now reads Spencer?» eröffnet – wobei SPENCER für jegliche Evolutionstheorie steht. Seit den frühen sechziger Jahren ist bezüglich dieser Frage jedoch ein völliger Umschwung in seinem Denken zu konstatieren: Die Neukonstruktion einer Theorie der gesamtgesellschaftlichen Entwicklung wird nun zu seinem zentralen Interesse.

Die allgemeinsten theoretischen Aussagen, auf die er seine eigene Evolutionstheorie gründet, sind die folgenden: Von Evolution zu reden macht nur dann Sinn, wenn wir in dem gesellschaftlichen Wandel, den wir beobachten, eine konstante und eindeutige Richtung erkennen können. Eine derartige Richtung läßt sich seiner Meinung nach in der Geschichte der menschlichen Gesellschaft tatsächlich feststellen: *Zunahme des Anpassungsvermögens*. Je effektiver sich Gesellschaften ihrer Umwelt oder gar verschiedenen Umwelten anpassen können, desto entwickelter sind sie – ebenso wie in der Tierwelt die Arten mit dem größten Anpassungsvermögen die höchstentwickelten sind. Hier wie dort meint Anpassung allerdings nicht nur passives Hinnehmen, sondern auch aktive Umgestaltung der Umwelt. Hier wie dort sind schließlich die Überlebenschancen einer bestimmten Form um so höher, je höher das Anpassungsvermögen ist.

Die nächste Frage ist die nach den Mechanismen, durch welche jene Zunahme des Anpassungsvermögens zustande kommt. Der allgemeinste derartige Mechanismus besteht für PARSONS im Prozeß der *Differenzierung*. Differenzierung liegt vor, wenn sich ein System in zwei oder mehr Subsysteme mit unterschiedlicher Struktur und unterschiedlichen Funktionen aufspaltet (Standardbeispiel ist der Fall der vorindustriellen Familie, welche sowohl Produktions- als auch Reproduktions- und Sozialisationsfunktionen wahrnahm, die Produktionsfunktionen aber schließlich an Manufakturen oder Fabriken abgeben mußte). Allerdings erhöht nicht jede denkbare Form der Differenzierung die adaptive Kapazität. Wenn sie es tun soll, muß jede der neuen Substrukturen in der Lage sein, ihre Hauptfunktion besser zu erfüllen, als es die alte Einheit konnte (in der Fabrik wird effektiver produziert als in der Familie; letztere kann sich nach Abgabe der Produktionsfunktion in effektiverer Weise der Kindererziehung widmen). Weiterhin entsteht durch die Aufspaltung das Problem der *Integration*: Die Aktivitäten der nunmehr vergrößerten Anzahl von Untereinheiten müssen koordiniert werden, wenn die Anpassungskapazität steigen soll.

Aus diesem Differenzierungsmechanismus läßt sich allerdings, wie PARSONS anzumerken sich beeilt, keine unilineare Abfolge von Entwicklungsstadien ableiten, da verschiedenartige Differenzierungsprozesse das Anpassungsvermögen in gleicher Weise erhöhen können. Ein «fächerartiges Spektrum von Typen» ist das wahrscheinlichste Ergebnis. Dennoch hält er es für möglich, diese Typen in drei breitgefaßte Stadien der Entwicklung einzustufen: das primitive (gekennzeichnet durch das Fehlen von Differenzierung), das intermediäre (wo die Schrift eine wichtige Rolle zu spielen beginnt) und das moderne (charakterisiert durch ein formalisiertes Rechtssystem). Inwiefern dies weniger «unilinear» ist als selbst Comtes Modell, vermag ich allerdings nicht zu sehen.

Um die Durchbrüche zwischen diesen Stufen zu erklären, führt Parsons eine neue Kategorie von spezifischeren Mechanismen der Differenzierung ein: die «evolutionären Universalien». Evolutionäre Universalien bezeichnen Errungenschaften, welche die Anpassungskapazität so sehr vergrößern, daß, wenn sie einmal erreicht worden sind, keine Gesellschaft bzw. Gattung sich auf noch höhere Stufen weiterentwickeln kann, ohne von ihnen Gebrauch zu machen – ein Beispiel aus der Biologie wäre die Entwicklung des Gehirns in allen höheren Tierarten.

Die beiden für den Ausbruch aus dem primitiven Stadium entscheidenden evolutionären Universalien sind: die Entwicklung der *sozialen Schichtung* und die Entwicklung eines Systems der *kulturellen Legitimierung* der unterschiedlichen gesellschaftlichen Funktionen.[13] Parsons nimmt an, daß in den undifferenzierten und verwandtschaftlich organisierten primitiven Gesellschaften einige Verwandtschaftsgruppen, die «senior lineages», im Laufe der Zeit unvermeidlich Vorteile gegenüber den anderen («cadet lineages») erzielen werden, vor allem was die Verteilung von Grund und Boden angeht. Dies muß zu «Problemen der inneren Ordnung» führen, da die benachteiligten Gruppen sich nicht ohne weiteres mit ihrer Position zufrieden geben werden. Dadurch wird ein «Druck zur Zentralisierung der Verantwortung für das symbolische System, speziell das religiöse ebenso wie der Autorität in kollektiven Prozessen» entstehen (Parsons 1964, S. 343). Damit sind die Keime für die Entstehung eines Zweiklassensystems gelegt, welches die politische wie die religiöse Macht in der herrschenden Klasse zentralisiert, sei es mit, sei es ohne interne Differenzierung zwischen religiösen und politischen Funktionen. Diese Zentralisierung der politischen und religiösen Autorität muß aus zwei Gründen als evolutionäres Universale angesehen werden: Zum einen erhöht sie die politische Effektivität beträchtlich; zum anderen durchbricht sie erstmals «die askriptiven Verwandtschaftsbande».

Das nächste Paar evolutionärer Universalien, welches Parsons erwähnt, sind *bürokratische Organisation* und *Geld und Märkte*. Beide entstehen sehr viel später als das erste Paar. Die Verbreitung der Schrift scheint Voraussetzung zu sein. Bürokratische Organisation scheint normalerweise vor Geld und Märkten aufzutreten – sie wird von den Herrschern zwecks Effektivierung der Herrschaft installiert. «Bürokratie» definiert PARSONS in derselben Weise wie WEBER, v. a. also durch die «Institutionalisierung der Amts-Autorität». Wie WEBER ist er ferner überzeugt, daß sie die effektivste Form der Verwaltung ist, die die Menschheit bisher erfunden hat – was sie eben zu einem evolutionären Universale macht. Geld und Märkte schließlich erhöhen die Mobilität der «Ressourcen, welche zur Nutzung im Interesse der kollektiven Ziele zur Verfügung stehen» in vorher unbekanntem Ausmaß.

Ein letztes Paar evolutionärer Universalien ist in *generalisierten universalistischen Normen* und der *demokratischen Assoziation* zu sehen. In der Bürokratie und dem Markt waren zwar universalistische Normen bereits begründer worden. Der eigentliche Durchbruch zur Modernität setzt jedoch voraus, daß universalistische Normen in einem verallgemeinerten Rechtssystem institutionalisiert werden, auf die gesamte Gesellschaft Anwendung finden, nicht nur in einzelnen Teilbereichen. Dies geschieht im *Rechtsstaat*, einem Staat, der nach universalistischen Rechtsgrundsätzen regiert wird. Seine höchste Entwicklungsstufe hat er in England und den USA erreicht, wo das Common Law dafür sorgt, daß Regierung und Rechtssystem in stärkerem Maße getrennt sind als anderswo. Dies ist nach PARSONS eine der Voraussetzungen der industriellen Revolution.

Die demokratische Assoziation schließlich ist deshalb ein evolutionäres Universale, weil Macht stets auf einer konsensuellen Grundlage ruht und Konsensus am effektivsten durch demokratische Prozeduren zu organisieren ist. Wie das Marktsystem ist auch die demokratische Assoziation stets prekär, da bürokratische Verfahren der Machtausübung oft genug als effektiver erscheinen als jene. Der Vorteil des Markts wie der Demokratie ist jedoch ihre größere Flexibilität, welche sie langfristig immer überlegen sein läßt.

Zusätzlich zu diesen Differenzierungsprozessen muß die Tendenz der «vier fundamentalen funktionalen Probleme aller Handlungssysteme» (AGIL), sich in spezialisierte Subsysteme auszudifferenzieren, als ein wesentlicher Mechanismus zur Erhöhung der Anpassungskapazität von Gesellschaften angesehen werden (cf. PARSONS

1961, S. 45ff; PARSONS 1975, S. 45f). Jedes dieser Subsysteme ist in der Lage, seine Funktion besser zu erfüllen als die vorher bestehende undifferenzierte Einheit. Der Zusammenhang dieser Art von Differenzierungsprozeß mit der Herausbildung der evolutionären Universalien wird allerdings nirgends klar herausgearbeitet. Noch weniger klar ist, wie die zahlreichen neuen Variablen, die er in der Anwendung seiner Theorie auf die historische Realität (cf. PARSONS 1975 und PARSONS 1971) ständig ad hoc einführt – z. B. Verbreitung der Schrift (PARSONS 1975, S. 46), Grundeigentum (ibidem S. 80), Organisation der Arbeit (ibidem S. 92), Grad der Vereinheitlichung der konstitutiven symbolischen Systeme (ibidem S. 112) usw. –, in sein theoretisches Schema hineinpassen.

Die allgemeinste Schlußfolgerung aus PARSONS Evolutionstheorie lautet:

> «Fundamentale Innovationen innerhalb der Evolution (treten) nicht automatisch mit der Zunahme der Faktoren oder Ressourcen auf den niedrigeren (bedingenden) Stufen der kybernetischen Hierarchien ein, sondern sind von analytisch eigenständigen Entwicklungen auf höheren Stufen abhängig» (PARSONS 1975, S. 174).

Entscheidend sind also nicht die Anpassungs- und Zielerreichungsfunktionen, sondern Integration und Werterhaltung – eine These, die PARSONS als «kulturellen Determinismus» bezeichnet. Obwohl moderne Gesellschaften durch hohe Bevölkerungsdichte charakterisiert sind, wird Bevölkerungsvermehrung z. B. nicht von sich aus zu Modernisierung führen, sondern zu Unruhen und Konflikten (ibidem); erst wenn auf den höheren Stufen der Kontrollhierarchie neue Formen der sozialen und kulturellen Integration institutionalisiert werden, kann stabile Modernisierung stattfinden.

Zur Einschätzung von Parsons

Auch eine immanente Auseinandersetzung mit PARSONS kann nicht übersehen, daß sein emphatisches Bestehen auf der Notwendigkeit eines logisch kohärenten und in sich geschlossenen theoretischen Systems mit den Konzepten und Aussagen, die er selbst entwickelt, oft nur schwer in Einklang zu bringen ist – was uns bei seiner Medientheorie wie bei seiner Evolutionstheorie bereits aufgefallen ist. Das gleiche trifft jedoch selbst für die zentralen theoretischen Grundbegriffe seines Werkes zu, welche, wie TURNER und BEEGLEY korrekt formulieren, «vielleicht besser als Bündel denn als Systeme von Konzepten zu typisieren sind, deren Überlappungen, Lücken und vage Assoziationen in einem wahrhaft Parsonianischen System nicht erlaubt sein dürften» (TURNER/BEEGLEY 1974, S. 400). Schon die Beziehung zwischen den vier funktionalen Grundproblemen AGIL und den vier zentralen Subsystemen (Organismus, Persönlichkeit, Gesellschaft, Kultur) ist nicht präzis definiert: An manchen Stellen heißt es, die einzelnen Funktionen würden in erster Linie durch je eines der Subsysteme erfüllt; andererwärts werden jedoch organismisches System und Anpassung, Persönlichkeitssystem und Zielerreichung, soziales System und Integration, kulturelles System und Werterhaltung als direkt austauschbare Begriffe behandelt. Die Sache wird noch unverständlicher, wenn wir uns daran erinnern, daß auch Wirtschaft und Anpassung sowie Politik und Zielerreichung mehr oder weniger identische Begriffe sein sollen. Der Gipfel der Konfusion wird aber erreicht, wenn PARSONS dann auch noch sagt, die Anpassungsfunktion werde durch Rollen, die Zielerreichungsfunktion durch Kollektivitäten erfüllt (cf. e. g. PARSONS 1975, S. 35). Wenn man dies alles zusammennimmt, ergeben sich z. B. die Gleichungen: Organismus = Rolle = Wirtschaft = Anpassung; oder Persönlichkeit = Kollektivität = Politik = Zielerreichung – klare Beispiele für «Überlappungen, Lükken und vage Assoziationen».

Ein weniger immanenter Kritikpunkt betrifft PARSONS' Sozialisationstheorie – insbesondere in der Form, wie sie in «The Social System» (1951) und «An Outline of the Social System» (1961) entworfen wurde.[14] Die Persönlichkeitsbildung wird als ziemlich einseitiger Prozeß der Verinnerlichung der gesellschaftlichen Werte durch das Individuum aufgefaßt dergestalt, daß das Individuum schließlich genau das will, was die Gesellschaft von ihm erwartet (nicht zu Unrecht spricht WRONG von einem ‹übersozialisierten› Menschenbild bei PARSONS). Seine Bedürfnisse selbst werden durch gesellschaftliche Werte definiert, und zwar in solchem Maße, daß diese schließlich so tief «in den nicht-rationalen Schichten der Persönlichkeit verankert werden», daß sie der Veränderung durch rationale Argumentation nicht mehr zugänglich sind (PARSONS 1961, S. 74). Deshalb kann «struktureller Wandel» nur noch in psychopathologischen Kategorien verstanden werden: Wenn die kulturellen Wertvorstellungen so tief in der Persönlichkeit verankert sind, dann muß ein Wandel im Wertsystem notwendig «Symptome der Verwirrung mit allen psychologischen Merkmalen der Irrationalität», «irrationale Angst und Aggression», «Wunschdenken», «Phantasien von utopischen Zukunftsstaaten und idealisierten Staaten der Vergangenheit», «zwanghafte Entfremdung und zwanghafte Konformität» hervorrufen (ibidem). Das organismische System wird in dieser Konzeption als gänzlich passives Objekt des Sozialisationsprozesses aufgefaßt; seine einzige wesentliche Eigenschaft ist seine «Plastizität», welche es der Gesellschaft erlaubt, das organismische System nach Belieben entsprechend ihren eigenen Bedürfnissen zu formen (cf. auch GEHLEN). Daß es sich bestimmten Arten der Formung widersetzen, daß es nicht in der Lage sein könnte, sich bestimmten Regulierungen anzupassen und anderen nur auf Kosten von Neurosen, Psychosen oder psychosomatischen Erkrankungen (cf. FROMM 1960), daß z. B. die allzu verbreitete Praxis strikt autoritärer Erziehung (cf. ADORNO et al. 1950) zu irrationalen Schuldgefühlen, wenn nicht zu Neurosen zu führen pflegt, dies alles wird in PARSONS' Sozialisationstheorie außer acht gelassen.[15] Mit anderen Worten: PARSONS sieht Sozialisation fast ausschließlich als einseitige Prägung, nicht als Prozeß der *Interaktion* zwischen dem Organismus und seiner Umwelt – wie dies sein psychologischer Kronzeuge FREUD wie auch der derzeit wohl einflußreichste Sozialisationstheoretiker PIAGET tun. Ebenso fremd bleibt ihm der Gedanke, daß, sobald die ersten Schichten der Persönlichkeit einmal geformt sind, das hierdurch entstandene frühe Persönlichkeitssystem seinerseits einigen der nun neu aufkommenden Forderungen der Gesellschaft Widerstand entgegensetzen oder sich nur unter schweren psychischen Kosten anpassen können mag – und so fort während des gesamten, lebenslang andauernden Sozialisationsprozesses. Nur so, nur durch Begreifen der Sozialisation nicht als einen einseitigen Prozeß passiver Internalisierung, sondern als das Ergebnis der Interaktion zwischen organismischem und Persönlichkeitssystem einerseits, sozialem und kulturellem System andererseits würde es möglich zu sehen, daß nicht nur struktureller Wandel, sondern ein stabiles und wohlintegriertes Kulturwertsystem selbst u. U. «irrationale Angst und Aggressivität» ebenso wie psychopathologische Phänomene anderer Art hervorrufen kann. Und in diesem Fall wäre struktureller Wandel das einzige Heilmittel.

Weiterhin muß PARSONS' Machtkonzept kritisiert werden. Macht wird von ihm ausschließlich in Terms gemeinsamer Ziele einer einheitlichen Kollektivität aufgefaßt. Das politische System ist «funktional auf das Erreichen gemeinsamer Ziele hin organisiert ..., welche vom Standpunkt eines Systems aus erwünscht sind» (PARSONS 1961, S. 74); und Macht ist die Fähigkeit, die Ressourcen für die Verwirklichung dieser Ziele zu mobilisieren und zuzuteilen durch Geltendmachen von «Ansprüchen auf loyale Kooperation». Der «Maßstab für zufriedenstellende Machtausübung» liegt im «Erfolg der kollektiven Zielerreichung» (PARSONS 1967, S. 257). Folglich muß Macht keineswegs gegen irgendein Mitglied der Gemeinschaft gerichtet sein; normalerweise liegt ihr Gebrauch im Interesse aller.

Diese Konzeption folgt natürlich teilweise aus PARSONS' Sozialisationstheorie: Wenn jedermann genau das will, was die Gesellschaft verlangt, dann ist die einzige relevante Frage die, wie diese gemeinsamen Ziele am effektivsten verwirklicht werden können. Wenn die Internalisierung aber nicht in perfekter Weise funktioniert, wenn verschiedene Gruppen von Individuen unterschiedliche Ziele haben, dann werden die Wünsche der einen u. U. nur gegen die der anderen durchgesetzt werden können. Vor allem aber folgt diese Konzeption daraus, daß es für die Vorstellung von einem fundamentalen Konflikt zwischen antagonistischen ökonomischen Interessen in PARSONS' System keinen Platz gibt. Wo PARSONS überhaupt von Interessenkonflikten spricht, kann er sich diese stets nur in der Form eines Gegensatzes zwischen ‹dem› Individuum und ‹der› Gesellschaft vorstellen – ganz wie DURKHEIM (cf. auch GIDDENS, 1977, S. 96f). Daß die kapitalistische Gesellschaft in sich selbst in Klassen mit gegensätzlichen Interessen gespalten ist, weshalb die Interessen der einen regelmäßig nur auf Kosten der anderen, durch Anwendung von Macht gegen sie, verwirklicht werden können, vermag er nicht zu sehen.

Natürlich akzeptiert PARSONS die MARXsche Analyse der kapitalistischen Gesellschaft nicht; in seinem System ist aber nicht einmal die Denk-Möglichkeit einer inneren Spaltung der Gesellschaft durch antagonistische Interessen vorgesehen. Man muß kein Marxist sein, um die Gesellschaft in derartigen Kategorien zu analysieren: Selbst für WEBERS Vorstellung vom tödlichen Kampf zwischen letzten Wertideen wäre in PARSONS' System kein Platz – und noch weniger für Thesen wie die, daß «die Tatsache der ‹Klassenlage› unter der Herrschaft des Marktprinzips nicht nur trotz, sondern gerade infolge der ... ‹optimalen› Verteilung von Kapital und Arbeit auf die verschiedenen Erwerbszweige die Güterversorgung gewisser Konsumentenschichten absolut verschlechtern» könne und daß «die Möglichkeit dauernder unausgleichbarer Interessengegensätze zwischen Mitgliedern verschiedener politischer Einheiten» bestehe (WEBER 1951, S. 295f).

Die Konsequenz aus alledem ist, daß wir die Vorstellung von ‹der› Gesellschaft als einem einheitlichen, integrierten System als Herrschaftsideologie erkennen und aufgeben müssen. Wenn die Ziele, welche das politische System verfolgt, ex definitione kollektive sind und Macht notwendigerweise ausschließlich zur Erreichung dieser Ziele benutzt wird, dann ist das System gerechtfertigt. Es wäre für jedermann irrational, sich ihm zu widersetzen; denn dadurch würde er die Verwirklichung seiner eigenen Ziele gefährden. Da jedoch die Interessen der herrschenden und der beherrschten Klassen in jeder Klassengesellschaft im antagonistischen Gegensatz zueinander stehen, muß sich die Macht der ersteren notwendig immer wieder gegen die letzteren richten; sie zu brechen wird zum rationalen Interesse der Ausgebeuteten.

Ein letztes Wort zu PARSONS' metaphysischem Glauben an den «kulturellen Determinismus» (im Gegensatz zum Materialismus). Seine Argumente zur Stützung dieser Überzeugung können in keiner Weise überzeugen. Nur der allerkrudeste Vulgärmaterialismus würde behaupten, daß ökonomische Entwicklungen ‹automatisch› bestimmte Resultate im Überbau produzieren würden, oder bestreiten, daß im Bereich der Normen und Werte ‹analytisch eigenständige Entwicklungen› stattfinden. MARX behauptet natürlich nicht, die Bevölkerungsvermehrung sei der entscheidende Faktor im Übergang zur ‹Moderne› sprich: dem Kapitalismus – derartige Vorstellungen hat er als «Malthusianismus» verspottet. Was er behauptet, ist, daß der Entwicklungsstand von Produktivkräften und Produktionsverhältnissen diesen Übergang notwendig machte – und dagegen hat PARSONS kein Argument vorzubringen.

Die Welt des Geistes und des Geldes

ENGLAND

«Die einzige Geschichte,
die von praktischem Wert ist …

… besteht darin, was man beschreibende Soziologie nennen könnte. Und der höchste Beruf, den der Geschichtsschreiber wählen kann, besteht darin, das Leben der Völker so darzustellen, daß er Material für eine vergleichende Soziologie und für die daraus hervorgehende Bestimmung der letzten Gesetze, nach denen die sozialen Erscheinungen verlaufen, liefert.»

Herbert Spencer, «Die Erziehung»

Wir können uns denken, daß darin alle Fragen des Kapitals, direkt wie indirekt, einen nicht unbedeutenden Raum einnehmen werden.

Interpretative Soziologie: die Rückkehr des Subjekts

TALCOTT PARSONS begann sein theoretisches Werk mit dem Versuch, eine allgemeine Handlungstheorie zu entwerfen, in der «Handeln» nicht als bloß äußeres Verhalten begriffen werden sollte, sondern als wesentlich konstituiert durch den subjektiven Sinn, den die Akteure ihm verleihen. Dennoch hat die Art von Akteuren, welche in PARSONS' Theorie schließlich herauskommt, mit der Kategorie des «Subjekts» oder «Individuums» der klassischen Philosophie nichts mehr gemein. In der Konsequenz von PARSONS' Internalisierungstheorie erscheinen seine Akteure schließlich nur noch als Duplikat der Normen und Werte der Gesellschaft. Die Konzeption des Subjekts, welche – teilweise in direkter Auseinandersetzung mit PARSONS – in der Interpretativen Soziologie entworfen wird, ist von völlig anderer Art.

Unter der Überschrift «Interpretative Soziologie» möchte ich, GIDDENS (1977) folgend, eine Reihe von Strömungen der modernen Soziologie zusammenfassen, welche durch die folgenden gemeinsamen Züge gekennzeichnet sind: Sie alle sehen im «Sinn», in den «Bedeutungen», welche die menschlichen Akteure in ihren täglichen Interaktionen produzieren, die konstitutiven Merkmale der sozialen Welt als solcher; dementsprechend konzentrieren sie ihre theoretische Arbeit auf die Frage, wie die Produktion von Sinn im Alltagsleben der Menschen vor sich geht; sie alle sehen im «Verstehen» dieses Sinns die zentrale, wenn nicht die einzige Aufgabe der Soziologie; und sie alle sind in der einen oder anderen Weise von ihren gemeinsamen intellektuellen Vorfahren EDMUND HUSSERL und GEORG HERBERT MEAD beeinflußt. Die wichtigsten hier zu nennenden Autoren sind: ALFRED SCHÜTZ, ERVING GOFFMAN, HERBERT BLUMER, ARNOLD ROSE, RALPH H. TURNER, PETER BERGER und in gewisser Weise auch HAROLD GARFINKEL und seine Ethnomethodologie (welcher sich, obwohl er von den gleichen geistigen Strömungen beeinflußt ist und die anderen genannten Autoren seinerseits beeinflußt, dennoch bewußt vom Mainstream der interpretativen Soziologie – wie in der Tat von jeder Soziologie – absetzt).

Anti-Naturalismus

Ein erstes zentrales Thema der interpretativen Soziologie ist ihr Anti-Naturalismus. In den Worten von SCHÜTZ: «Alle Formen des Naturalismus oder logischen Empirismus akzeptieren die soziale Realität als selbstverständliche Gegebenheit (‹taken for granted›) ... Intersubjektivität, Interaktion, Interkommunikation und Sprache werden einfach als ungeklärte Grundlage dieser Theorien vorausgesetzt» (SCHÜTZ 1962, Bd I, S. 54).

Wie Interkommunikation etc. zustande kommt, wird von den ‹Naturalisten› nicht analysiert. Dies ist jedoch selbst im Fall der Naturwissenschaften problematisch – obwohl es hier möglich zu sein scheint, daß der Wissenschaftler seine eigenen Beobachtungen streng auf äußerliche Sinnesdaten beschränkt. Aber schon die Kontrolle und Verifikation seiner Ergebnisse durch andere Wissenschaftler und die wissenschaftliche Diskussion, welche die Grundlage der wissenschaftlichen Objektivität selbst bilden, setzen ein Verstehen des Sinnes seiner wissenschaftlichen Aktivitäten durch jene anderen Wissenschaftler voraus. Dieses Verstehen kann niemals durch bloße Beobachtung seines äußeren Verhaltens erzielt werden, es setzt Interkommunikation voraus. Daß es überhaupt erreicht werden kann, könnte nur dann als selbstverständlich vorausgesetzt werden, wenn die subjektiven Welten der verschiedenen Wissenschaftler in genau der gleichen Weise konstituiert wären. Es besteht jedoch – wie wir bereits aus unserer Diskussion von WEBERS Wissenschaftslehre wissen – keinerlei logische Notwendigkeit, nach der jedermann den endlosen Strom der Ereignisse in der gleichen Weise in Abschnitte zerschneiden, in diskrete Objekte fassen müßte. Daher ist es kein Wunder, daß selbst in den Naturwissenschaften Diskussionen um die Interpretation von Begriffen, Axiomen und Theorien einen wesentlichen Bestandteil der wissenschaftlichen Tätigkeit ausmachen.

In den Sozialwissenschaften ist das Problem noch viel ernster. Die Bewegung der Atome und Moleküle wird in keiner Weise durch Bedeutungen beeinflußt, die ihnen irgend jemand beilegt. Im gesellschaftlichen Leben hängt dagegen das Wesen einer Handlung selbst davon ab, welche Bedeutung ihr die Akteure geben; die kausalen Ursachen für ihr Auftreten wie ihr eigener Ablauf und ihre Folgen ändern sich mit jenen Bedeutungen. Um ein von SCHÜTZ selbst gegebenes Beispiel etwas zu variieren: Wenn jemand mit einer Filmkamera eine Gruppe von Leuten aufgenommen hätte, welche über längere Zeit hinweg in gleichmäßigem Rhythmus ihre Oberkörper ständig beugen und wieder aufrichten, könnten Zuschauer, die den Film ohne Kommentar betrachteten, niemals wissen, ob es sich um eine Gruppe von Muslims beim Gebet, eine Gruppe von Sportlern bei ihren Freiübungen oder eine Gruppe von Tänzern in einer Ballettshow handle. Nur wenn man weiß, wie diese Leute selbst ihre Handlung definieren, kann man verstehen, was sie tun. Und selbstverständlich werden die Ursachen wie die Konsequenzen ihres Verhaltens in den drei Fällen sehr verschieden sein; Versuche der ursächlichen Erklärung oder der Prognose könnten ohne Differenzierung nach dem Sinn des Verhaltens daher niemals zum Erfolg führen.

Der Positivist wird auf diese Art von Beispielen mit der Frage reagieren: «Warum sollte man die Leute denn nicht einfach fragen, was sie tun? Wenn sie es sagen, wird das ganze Problem des Verstehens des Sinns ihrer Aktionen doch gar nicht erst aufkommen.» Sich damit zufrieden zu geben, würde aber wieder bedeuten, als selbstverständlich vorauszusetzen, daß der Sozialwissenschaftler und die Menschen, die er beobachtet, in einer allen gemeinsamen sozialen Welt leben, welche für jeden von ihnen in wesentlich der gleichen Weise konstituiert ist. Denn es würde ja nicht genügen, von den Beobachteten ein bestimmtes Wort zu hören; auch die Bedeutung dieses Wortes müßte verstanden werden. Natürlich könnte der Forscher sich auch diese Bedeutung erklären lassen; aber dies setzt voraus, daß er den Sinn der in dieser Erklärung gebrauchten Wörter versteht usw. Selbst wenn er eine komplette lexikalische Kenntnis all dieser Wörter besäße, wäre dies jedoch noch nicht genug, da sich die Bedeutung der Wörter in der Alltagssprache (und nicht nur dort) mit dem kulturellen und sozialen Kontext, in dem sie gebraucht werden, ändert – sie sind durch «Indexikalität» (GARFINKEL) gekennzeichnet.

Zusammengefaßt: Wenn wir soziales Handeln verstehen wollen, müssen wir zuerst die Bedeutungen kennen, die die Akteure selbst ihrem Verhalten beimessen. Da sie diese Bedeutungen in symbolischen Begriffen definieren, müssen wir auch diese symbolischen Begriffe kennen, was wiederum voraussetzt, daß wir sie in Beziehung setzen können zu dem gesamten sozialen und kulturellen Kontext, in dem sie stehen – und das ist es, was mit dem Begriff «Verstehen» gemeint ist.

Alltagswissen

All dies sieht allerdings nach einer absolut unlösbaren Aufgabe aus. Das ist aber nicht nur ein Problem des Soziologen – dieselbe Aufgabe muß im Alltagsleben von jedermann stets aufs neue gelöst werden: Jedermann muß ständig Vorhersagen über das Handeln anderer Menschen treffen, dieses Handeln interpretieren und seinen Sinn zu verstehen suchen, wenn er auch nur irgendwie durchkommen will. Dafür steht ihm nur sein Common-Sense-Wissen zur Verfügung. Wenn seine Interpretationen und Vorhersagen aber nicht wenigstens im großen und ganzen korrekt wären, wäre er unfähig, in angemessener Weise zu agieren und zu reagieren. Obwohl sein Common-Sense-Alltagswissen in aller Regel «fragmentarisch» und «inkonsistent» ist, und «alle Abschattungen von Klarheit und Bestimmheit aufweist», «reicht es normalerweise aus, um mit unseren Mitmenschen, den kulturellen Objekten, den sozialen Institutionen, kurz: mit der sozialen Realität zurechtzukommen»(SCHÜTZ 1962, Bd I, S. 56).

«Verstehen» ist demnach nicht eine spezifische Fähigkeit des Sozialwissenschaftlers; es ist in erster Linie eine Technik, die jedermann im Alltagsleben meistern muß und auch weitgehend meistert. Daß er dazu in der Lage ist, ist «Resultat von Lern- und Akkulturationsprozessen in genau der gleichen Weise wie die Common-Sense-Erfahrung der sogenannten natürlichen Welt» (ibidem S. 57). Wenn der Sozialwissenschaftler also «Verstehen» zu praktizieren lernen will, muß er analysieren, wie es im Common-Sense-Wissen des Alltags zustande kommt.

Das bedeutsamste Merkmal des Common-Sense-Wissens ist, wie SCHÜTZ im Anschluß an HUSSERL herausarbeitet, seine «Typikalität» (cf. v. a. SCHÜTZ 1962, Bd. I, S.61 ff, Bd. II, S. 70 ff). Ich werde niemals in der Lage sein, die Handlungen meines Partners in ihrer Einzigartigkeit zu verstehen, d. h. in all den Bedeutungsaspekten, die sie für ihn aufgrund seiner spezifisch biographischen Situation haben.

«Ich kann sie jedoch in ihrer Typikalität verstehen. Um dies zu tun, konstruiere ich typische Muster der Ziele und Motive der Akteure, ja sogar ihrer Einstellungen und Persönlichkeiten, von denen ihr aktuelles Verhalten bloß ein Beispiel oder Einzelfall ist. Diese typisierten Muster des Verhaltens der anderen werden ihrerseits zu Motiven meiner eigenen Handlungen, und dies führt zu dem Phänomen der Selbsttypisierung» (SCHÜTZ 1962, Bd I, S. 61).

Eben diese idealtypischen Konstrukte von Akteuren, Handlungen und Bedeutungen sind es, welche uns befähigen, im Alltagsleben zurechtzukommen, das Verhalten der anderen in ausreichend korrekter Weise zu interpretieren und zu prognostizieren. Gewiß können diese Konstrukte sich als unbrauchbar erweisen. Aber dies muß immer die Ausnahme sein; normalerweise können wir uns auf ihre Gültigkeit verlassen und uns mit ihrer Hilfe zurechtfinden.

Das wichtigste Instrument der Typisierung ist natürlich die Sprache – und daraus erklärt sich die Prominenz von Sprachanalysen in der interpretativen Soziologie. Als zentraler Wesenszug der Sprache wird angesehen, daß sie ein System von (akustischen) Zeichen oder Symbolen darstellt, welche Bedeutungen und Absichten tragen und verkünden, die nicht an das unmittelbare ‹Hier und Jetzt› gebunden sind, sondern darüber hinausgreifen. Sie können von dem unmittelbaren ‹Hier und Jetzt› meines augenblicklichen, isolierten und subjektiven Bewußtseinszustands losgelöst werden (cf. BERGER/LUCKMANN 1980, S. 39). Das ist die Ursache dafür, daß sie zur Speicherung akkumulierter Erfahrungen und Bedeutungen benutzt werden können – was in den Geschichten und Sprichwörtern des ‹Volksmunds› ebenso geschieht wie in der Wissenschaft. Die Sprache versorgt uns so mit einem zuhandenen Wissensvorrat («stock of knowledge at hand»), der in jeder beliebigen Situation genutzt werden kann. Nur auf dem Hintergrund dieses fraglos gegebenen Wissensvorrats können wir überhaupt einzelne Sachverhalte thematisieren oder in Frage stellen; er selbst ist in seiner Gesamtheit als sedimentierter Erfahrungshintergrund nicht hinterfragbar. Ferner ist er natürlich weder angeboren, noch wird er in systematischem Studium angeeignet. Er wird

«teilweise unkritisch von Eltern und Lehrern übernommen, teilweise aufs Geratewohl aus spezifischen Situationen in unserem eigenen Leben oder in dem von anderen herausdestilliert, ohne daß irgendwelche Nachforschungen bezüglich ihrer Konsistenz angestellt würden» (SCHÜTZ 1962, Bd. II, S. 73).

Unser «stock of knowledge at hand» kann durch folgende Merkmale charakterisiert werden: Zum ersten ist er pragmatischen Charakters; er ist «Kochbuch-Wissen» (ibidem), das aus ungezählten Rezepten besteht, welche uns helfen, uns zurechtzufinden, keineswegs aber systematische Theorie. Dies hindert jedoch in keiner Weise, daß wir «in unserem täglichen Leben vernünftig handeln, wenn wir uns an die Rezepte halten, die wir im Speicher unserer in ähnlichen Situationen bereits getesteten Erfahrung vorfinden» (ibidem S. 74). Ich weiß beispielsweise, wie ich ein Telefon zu bedienen habe, und das ist alles, was ich brauche; theoretisch erklären, wie es funktioniert, kann ich nicht und muß ich auch nicht können, um es zu benutzen. Zweitens ist unser Wissensvorrat in verschiedene, voneinander abgegrenzte Sinnprovinzen gegliedert, welche sich in ihrer Relevanz je nach der Situation voneinander unterscheiden – mein Wissen über Fußball ist im Hörsaal irrelevant. Ich muß demnach fähig sein, meine Perspektive zu ändern, von einer Sinnprovinz in die andere überzuwechseln, und ich muß wissen, wann ich dies zu tun habe.

Drittens kann unser Wissensvorrat immer nur ‹bis auf weiteres› als gültig angesehen werden; jeder einzelne von seinen Bestandteilen kann auch in Frage gestellt werden. Die häufigste Gelegenheit für ein derartiges Infragestellen der in der Sprache gespeicherten Bedeutungen und Erfahrungen ist in der «Vis-à-vis-Situation» oder «Wir-Beziehung» gegeben (was die Prominenz der Analyse von Wir-Beziehungen in der interpretativen Soziologie erklären mag – cf. Berger/Luckmann, 1980, S. 33 ff). Hier können wir auf unmittelbare Rückmeldung von unseren Partnern rechnen, welche uns zumindest teilweise über die Angemessenheit unserer Aktionen, Reaktionen und Interpretationen informiert. Weiterhin können wir die Frage der Angemessenheit direkt zum Thema machen, was wir oft genug tun: Ein Teil der Konversation wird in nahezu jeder Vis-à-vis-Situation darauf verwendet, reflexiv die Konversation selbst und einzelne in ihr gemachte Äußerungen zu kommentieren (cf. Garfinkel 1967, S. 1).

Schließlich sollte beachtet werden, daß wir durch diesen reflexiven Gebrauch der Sprache ständig neue Bedeutungen und damit neue soziale Realität schaffen; denn «Worte sind auch Taten» (Wittgenstein 1977). Die soziale Realität ist also nicht etwas den Individuen unabänderlich Vorgegebenes; sie ist zumindest teilweise das Produkt ihrer eigenen reflexiven Tätigkeit.

Wenn der Sozialwissenschaftler menschliche Handlungen zu verstehen sucht, muß er genauso vorgehen wie jedermann im Alltagsleben: Er muß Idealtypen dieser Handlungen bilden und diese Idealtypen zur Interpretation und Prognose des von ihm beobachteten Handelns benutzen. Da die Handlungen, die er typisiert, aber bereits durch die soziale Lebenswelt, in der sie stattfinden, typisiert sind und da die Art, wie sie typisiert sind, von kausaler Relevanz für die Handlungen selbst ist, muß er die Alltagstypisierungen für seine eigenen Typisierungen zugrunde legen; seine Idealtypen sind notwendig Konstrukte zweiter Stufe, «Konstrukte der im Alltagsdenken gebildeten Konstrukte». Hierin sieht SCHÜTZ die grundlegendste Rechtfertigung von WEBERS idealtypischer Methode.

Dennoch sind die Konstrukte des Sozialwissenschaftlers für SCHÜTZ von denen der Alltagshandelnden notwendig verschieden; sie müssen den fragmentarischen, inkonsistenten und teilweise obskuren Charakter der letzteren überwinden.[16] Um dies zu leisten, müssen sie den Forderungen der «Konsistenz» und der «Adäquanz» genüge tun – Konsistenz meint hier in erster Linie logische Kohärenz, Adäquanz meint, daß die Konstrukte des Wissenschaftlers den Handelnden selbst im Prinzip einsichtig sein müssen. Hinzu kommt, daß der Sozialwissenschaftler die von ihm beobachtete soziale Welt nicht in der gleichen Weise als gegeben hinnehmen kann wie deren Akteure. Obwohl er lernen muß, die Welt so zu sehen, wie sie es tun, um ihr Handeln zu verstehen, muß er sich dennoch jederzeit der Tatsache bewußt bleiben, daß andere soziale Welten existieren, die völlig anders konstituiert sind; und sobald er eine dieser Welten studiert, muß er lernen, sie ihrerseits so zu sehen wie ihre eigenen Akteure.

Rollen

Da für SCHÜTZ unsere Fähigkeit, den Sinn der Handlungen anderer zu verstehen, Resultat von «Lern- und Akkulturationsprozessen» ist, besteht der nächste logische Schritt im Studium der Vorgänge, durch die wir diese grundlegende Fähigkeit lernen. Hierbei greift die interpretative Soziologie in erster Linie auf die Sozialisationstheorie von

George Herbert Mead (1863 bis 1931) zurück. Die wesentlichen Stufen des Sozialisationsprozesses sind für Mead: Zu Beginn gibt das Kleinkind nur mehr oder weniger zufällige Gesten von sich. Infolge der bewußt oder unbewußt konstanten Reaktionen der Umwelt auf diese Gesten gewinnnen einige von ihnen eine je bestimmte konventionelle Bedeutung: Das Kind lernt vorherzusehen, wie die anderen reagieren werden. Hierdurch lernt es schließlich auch, «die Rolle des anderen zu übernehmen», sich selbst in Gedanken an die Stelle des anderen zu setzen und sich mit dessen Augen zu betrachten (ein Konzept, welches für die gesamte interpretative Soziologie zentral ist – bei Schütz wird daraus die «Reziprozität der Perspektiven»). Auf die gleiche Art und Weise lernt es auch, «in Gedanken alternative Handlungslinien durchzuspielen, welche seine Anpassung an die anderen erleichtern würden».

Anfangs lernt das Kind nur, die Rollen von einem oder zwei ‹signifikanten› anderen zu übernehmen. Sobald es jedoch an organisierten Aktivitäten von aus mehreren Partnern bestehenden Gruppen teilnimmt – einem Baseball-Spiel z. B. –, muß es lernen, sich in die Perspektive von ihnen allen versetzen zu können. Das letzte Stadium ist erreicht, wenn es die Perspektive des «generalisierten anderen» oder der gesamten Gemeinschaft übernehmen kann. Um diese drei Stufen am Beispiel zu illustrieren: Zuerst würde das Kind sagen: «Mami will nicht, daß ich meine Kleider schmutzig mache»; dann: «Mami, Papi, Hans und Peter wollen nicht, daß ich meine Kleider schmutzig mache»; und schließlich: «Man darf seine Kleider nicht schmutzig machen.»

Die Rolle der anderen zu übernehmen, befähigt uns aber nicht nur, ihre Handlungen vorauszusehen und unsere eigenen Aktionen und Reaktionen entsprechend einzurichten; es ist auch die Grundlage für die Entwicklung unseres eigenen «Selbst». Nur im Spiegel der anderen können wir ein Bild von uns selbst gewinnen. Nur wenn wir uns selbst aus der Perspektive der anderen betrachten können, können wir eine stabile und objektive Vorstellung von dem, was wir sind, eben ein «Selbst», gewinnen – bei Schütz wird daraus das Phänomen der «Selbst-Typisierung».

«Gesellschaft» schließlich ist für Mead (ähnlich wie für Parsons) ein organisiertes Muster von Interaktionen zwischen einer Vielzahl von Personen. Die Koordination von deren Handlungen ist jedoch für ihn etwas, was von allen Akteuren durch ständige Interpretationen und Re-Interpretationen der Aktionen der anderen und entsprechende Anpassung der eigenen geleistet werden muß. Hier bedeutet eine Rolle zu übernehmen («role-taking») demnach nicht bloß, ein für allemal eindeutig festgelegten Regeln zu folgen; es beinhaltet stets auch das, was spätere Autoren (TURNER) «role-making» genannt haben, fortwährende Modifikation, Re-Interpretation und Neuschaffung von Rollen. Demzufolge ist für MEAD die Gesellschaft ständig im Fluß – und auch dies ist ein aller interpretativen Soziologie gemeinsames Thema (am deutlichsten bei BLUMER und GOFFMAN; aber auch GARFINKELS These, die «Zurechenbarkeit» der Interaktion sei eine Sache der gemeinsamen «Arbeit» der jeweiligen Partner, weist in die gleiche Richtung).

Weitere Ausarbeitung fand diese Konzeption vor allem in GOFFMANS (1967, cf. S. 10 f, 56 f) Unterscheidung zwischen «persönlicher» und «sozialer Identität». Meine «soziale Identität» entspricht genau dem, was ich nach den gesellschaftlichen Normen und Erwartungen zu sein habe – und natürlich muß ich diese Erwartungen erfüllen, ich muß so sein, wie sie es von mir verlangen, um negative Sanktionen und Konflikte zu vermeiden. Da jedoch (wenigstens in komplexen Gesellschaften) jedes Individuum mehrere voneinander verschiedene Rollen zu spielen hat, erwartet die Gesellschaft, daß ich ständig etwas anderes bin – unter Umständen sogar Gegensätzliches, da die verschiedenen Rollenerwartungen durchaus in Widerspruch zueinander stehen können. Wenn ich also vollständig in Einklang mit meiner sozialen Identität leben will, muß ich mein Verhalten ständig ändern bis hin zu seiner Verkehrung ins Gegenteil, je nachdem, welche Rolle ich gerade spiele.

Konsequent durchgeführt würde dies allerdings ein nahezu schizophrenes Verhalten bedeuten, welches kaum ein Selbst ohne schwere psychische Schäden durchhalten könnte. Darüber hinaus stünde es im Widerspruch mit den Erfordernissen des Interaktionsprozesses selbst: Einer Person, die ihr Verhalten ständig ändert, kann man nicht trauen. «Die Interaktion mit einem Partner, der über seine eigenen Erwartungen und Bedürfnisse ... nichts zu erkennen gibt, ist sehr riskant» (KRAPPMANN 1971, S. 172). Daher ist es für jeden Partner im Interaktionsprozeß wesentlich, zu erkennen zu geben, daß er auch eine «persönliche Identität» besitzt, welche den Wechsel der Rollen überdauert, im Zeitlauf gleich bleibt und seine Einzigartigkeit ausmacht. Das Individuum muß sich also in jeder Interaktion so verhalten, ‹als ob› es wie alle anderen und gleichzeitig ‹als ob› es einzigartig wäre. Dies hat wiederum zur Konsequenz, daß keine Interaktion genau wie die andere abläuft. Jeder Interaktionspartner muß auf der Grundlage von ständiger Interpretation und Re-Interpretation der Handlungen des anderen immer von neuem entscheiden, wieviel an persönlicher Identität er jeweils einbringen will – und eben dadurch werden auch die Rollennormen ständig verändert.

Daß wir zu derartigem Verhalten überhaupt fähig sind, ist nach GOFFMAN in erster Linie der Tatsache geschuldet, daß wir normalerweise nicht vollständig durch unsere jeweilige Rolle konsumiert werden, sondern die Fähigkeit zur Entwicklung von «Rollendistanz» besitzen – ein Konzept, das GOFFMAN in einem berühmten Aufsatz über das Verhalten von Kindern beim Karussellfahren entwickelt: Die kleineren Kinder, für die das Karussell eine neue Erfahrung darstellt, klammern sich krampfhaft an die Regeln, denen zu folgen ihnen beigebracht wurde; die größeren dagegen, die das alles schon kennen, zeigen durch alle Arten von Gesten, daß sie in gewisser Weise über diesen Regeln stehen, daß sie sich auch ganz anders verhalten könnten, mit anderen Worten: daß sie die Rolle nur *spielen*. Damit soll gezeigt werden, daß wir, sobald wir eine Rolle wirklich meistern, in der Lage sind, uns von ihr geistig zu dissoziieren, Rollendistanz zu entwickeln. Diese Rollendistanz ist die grundlegende Voraussetzung der Fähigkeit, eine angemessene Balance zwischen der sozialen und der personalen Identität zu finden – eine Fähigkeit, deren Unterdrükkung in «totalen Institutionen» (Gefängnissen, Irrenanstalten etc.) Thema einer der bedeutendsten Arbeiten GOFFMANS (1973) ist.

Zur Einschätzung der interpretativen Soziologie

Mit diesem theoretischen Rüstzeug haben sich die Anhänger der verschiedenen Schulen der interpretativen Soziologie darangemacht, Interaktionsprozesse in den verschiedensten Gruppen und Institutionen zu beschreiben, von Irrenanstalten bis zu Kneipen und von

Studentenheimen bis zu Gefängnissen. Einige von diesen Beschreibungen sind glänzend geschrieben und eröffnen neue und überraschende Einsichten, andere sind nichts als schlechter Journalismus. Dennoch sind die Bemühungen der interpretativen Soziologie um Verstehen der Bedeutung, die die Menschen ihren sozialen Handlungen beimessen, fraglos ein erfrischendes und gesundes Korrektiv gegen die mechanische Zusammenstellung und statistische Manipulation sinn-loser Daten in der ‹normalen› empirischen Sozialforschung. Trotzdem kann man sich kaum des Eindrucks erwehren, daß die interpretative Soziologie wenig mehr als ein Konglomerat von zerstreuten, theoretisch beliebigen und unintegrierten Ideen und Erkenntnissen geliefert hat, es aber gänzlich versäumte, ihre Ergebnisse in einen einheitlichen theoretischen Zusammenhang zu bringen.

Der Hauptgrund für diese theoretische Beliebigkeit liegt wohl in der Tatsache, daß die interpretative Soziologie es versäumt hat, auch nur ansatzweise eine Theorie des sozialen Wandels zu formulieren (vgl. zum folgenden auch GIDDENS 1977). Gewiß betonen die meisten Autoren, daß alle sozialen Institutionen infolge der permanenten kreativen, interpretativen und adaptiven Tätigkeit der Individuen ständig im Fluß seien – wodurch die Unzulänglichkeiten von PARSONS' «übersozialisiertem» Menschenbild vermieden werden sollen. Das Endergebnis ist aber bloß eine diffuse Idee von unvorhersehbaren Verschiebungen, keine Theorie eines gerichteten Wandels; wohin sich der Fluß bewegt, wird nicht gesagt. Gegenüber dieser Frage ist die Haltung der Interpretativen Soziologie die der wissenschaftlichen Resignation.

Diese Schwäche steht meines Erachtens in kausalem Zusammenhang mit der generellen Vernachlässigung ökonomischer Faktoren in der interpretativen Soziologie.[17] Die interpretative Soziologie befaßt sich nur mit der Produktion und Reproduktion von *Sinn* im sozialen Leben. Daß die gesellschaftliche Realität mehr ist als dies, daß sie auch Produktion und Reproduktion des materiellen Lebens selbst ist, entgeht ihrer Aufmerksamkeit völlig. Gänzlich außer acht bleibt die Tatsache, daß die Notwendigkeiten der materiellen Produktion und Reproduktion dem freien Fluß der Bedeutungen klare Grenzen setzen: Wenn letztere mit ersteren nicht vereinbar sind, müssen sie zurücktreten; die Menschen müssen «imstande sein zu leben, um Geschichte zu machen», und auch, um Bedeutungen zu schaffen.

Aus der generellen Vernachlässigung ökonomischer Faktoren in der interpretativen Soziologie folgt schließlich eine ebenso vollständige Vernachlässigung der Interessengegensätze im Bereich der Wirtschaft. Die Tatsache, daß Ideologien – Systeme von Bedeutungen – nicht selten Klasseninteressen widerspiegeln, wird nicht berücksichtigt. Daß die Macht, Situationen zu definieren und Bedeutungen zu verleihen, ungleich verteilt sein könnte, wird ebenfalls nicht in Betracht gezogen. Die Prozesse der Sinnproduktion werden ziemlich allgemein so aufgefaßt, als ob es sich dabei um Konsens anstrebende Diskussionen zwischen freien und gleichen Partnern handele. Daß sich in den Auseinandersetzungen um die Sinngebung in aller Regel antagonistische (materielle und ideelle) Interessen gegenüberstehen und daß in deren Kampf die stärkere Macht zu entscheiden pflegt, wird in der interpretativen Soziologie kaum irgendwo zum Thema.

Das gleiche muß bezüglich der Rollentheorie festgehalten werden: Wenn es auch einige Rollen geben mag, welche den Interaktionspartnern erlauben, ihre Handlungen ständig gegenseitig zu re-interpretieren und zu modifizieren und ihre personale Identität in die Interaktion einzubringen, so gibt es doch andere, in denen die eine Seite der anderen strikteste Vorschriften aufzwingt, welche nicht mehr als das absolute Minimum an Wahlmöglichkeiten offenlassen. Letzteres ist nicht der extreme Ausnahmefall, sondern die alltägliche Realität der Arbeitswelt von Millionen Fließband- und Akkordarbeitern (und vielen anderen).

Zusammengefaßt: Obwohl das Bild der gesellschaftlichen Realität, welches die interpretative Soziologie entwirft, sehr viel menschlicher aussieht als PARSONS' ‹Schöne neue Welt›, teilen die beiden doch ein gemeinsames Merkmal: die Unfähigkeit, den grundlegenden Antagonismen innerhalb der Gesellschaft Rechnung zu tragen.

Abseits vom Mainstream: Kritische Theorie

Die Werke der «Kritischen Theorie», welche sich in den frühen dreißiger Jahren im Umkreis der Frankfurter «Zeitschrift für Sozialforschung» um THEODOR ADORNO, MAX HORKHEIMER und HERBERT MARCUSE formierte und 1933 zur Emigration gezwungen wurde, zerfallen in zwei Gruppen: erstens in diejenigen, welche die philosophische Fundierung einer «kritischen Gesellschaftstheorie» anstreben, die sich nicht mit theoretischer Verdopplung dessen, was ist, begnügt, sondern das Gegebene zu transzendieren und schließlich zu überwinden sucht; zweitens in diejenigen, welche diese Forderung durch eine materielle Gesellschaftstheorie faktisch einzulösen suchen. Stellvertretend für die erste Gruppe sollen hier MAX HORKHEIMERS Aufsätze über «Traditionelle und Kritische Theorie» und «Materialismus und Freiheitsbewegung» vorgestellt werden, stellvertretend für die zweite HERBERT MARCUSES «Gesellschaft und Triebstruktur».

Philosophische Grundlagen

In seinem Aufsatz «Traditionelle und Kritische Theorie » von 1936 beschreibt HORKHEIMER (1895 bis 1973) zunächst, was Theorie im traditionellen Verstand meint: ein System von logisch miteinander verbundenen allgemeinen Aussagen über einen bestimmten Gegenstand, aus denen empirische Vorhersagen von der Art «Wenn A, dann B» abgeleitet werden können, die dann ihrerseits zur Überprüfung der empirischen Gültigkeit jener allgemeinen Aussagen benutzt werden können. Der traditionelle Wissenschaftler braucht die Tatsache, daß seine theoretische Tätigkeit mit der materiellen Produktion und Reproduktion des gesellschaftlichen Lebens aufs engste verflochten ist, nicht zu problematisieren – und er tut dies in aller Regel auch nicht. Er nimmt es als selbstverständlich hin, daß er im Rahmen der bestehenden Arbeitsteilung von außen mit Faktenmaterial versorgt wird, welches er in eine klare und handhabbare intellektuelle Ordnung zu bringen hat, so daß es wiederum außerhalb seines wissenschaftlichen Reiches von jedermann beliebig genutzt werden kann. Er neigt zum Übersehen der Tatsache, daß das Faktenmaterial, welches er zu ordnen hat, niemals Realität pur und simpel ist, sondern stets eine Realität, die schon vorgeformt ist «von dem gesellschaftlichen Lebensprozeß, wie er in den Jahrtausenden sich entwickelt hat» (Horkheimer 1937 b, S. 255),

«Die Art, wie im aufnehmenden Betrachten Stücke geschieden und zusammengefaßt werden, wie einzelnes nicht bemerkt, anderes hervorgehoben wird, ist ebenso sehr Resultat der modernen Produktionsweise, wie die Wahrnehmung eines Mannes aus irgendeinem Stamm primitiver Jäger und Fischer Resultat seiner Existenzbedingungen und freilich auch des Gegenstandes ist» (ibidem S. 256f).

Jene «moderne Produktionsweise», die moderne Form der Arbeitsteilung, ist jedoch auf Klassenherrschaft und Unterdrückung gegründet. Deshalb sind die Aufgaben, mit denen er innerhalb dieser Arbeitsteilung betraut, und das Faktenmaterial, mit dem er von außen versorgt wird, notwendig in einer Weise vorgeformt, die mit der Aufrechterhaltung von Klassenherrschaft und Unterdrückung kompatibel ist. Seine Tätigkeit ist «ein Moment bei der Selbsterhaltung, bei der fortwährenden Reproduktion des Bestehenden» (ibidem S. 252).

Die Kritische Theorie hat im Gegensatz dazu kein Vertrauen «in die Richtschnur, die das gesellschaftliche Leben, wie es sich nun einmal vollzieht, jedem an die Hand gibt» (ibidem S. 262). Sie erkennt die «gegebene Arbeitsteilung und die Klassenunterschiede» ebensowenig als notwendig an wie die Weltsicht der modernen Produktionsweise. Ihr kommt es auf eine «Neuorganisation der Arbeit» an. Sie nimmt es nicht als unabänderlich hin, daß blinder Zufall die sozialen Beziehungen zwischen den Menschen, ihre soziale Praxis und ihre produktive Tätigkeit regiert. Sie ist vielmehr der festen Überzeugung, daß die gesellschaftliche Organisation der Unterwerfung unter vernünftige Zielsetzung und bewußte Kontrolle durch einen «einheitlichen, selbstbewußten Willen» zugänglich ist (ibidem S. 62f). Sie hält die «Idee einer zukünftigen Gesellschaft als der Gemeinschaft freier Menschen, wie sie auf Grund der vorhandenen technischen Mittel möglich ist» (ibidem S. 270) aufrecht. Die Verwandlung der «blinden in eine sinnvolle Notwendigkeit» (ibidem S. 281) ist ihr Ziel. Sie folgt «in der Bildung ihrer Kategorien und allen Phasen ihres Fortgangs ganz bewußt dem Interesse an der vernünftigen Organisation der menschlichen Aktivität, das aufzuhellen und zu legitimieren ihr selbst auch aufgegeben ist» (HORKHEIMER 1937c, S. 626).

Das Problem hierbei ist natürlich, auf welche Art und Weise mittels welcher Prozeduren die Kritische Theorie dieses Interesse «aufhellen und legitimieren» kann. Soweit ich sehe, gibt HORKHEIMER hierauf drei voneinander relativ unabhängige Antworten. Die erste mißt die Irrationalität der gesamtgesellschaftlichen Organisation des Arbeitsprozesses an der Rationalität der individuellen Arbeit. Diese ist bewußte, kreative, plan- und zweckmäßige Tätigkeit zur Befriedigung menschlicher Bedürfnisse, jene beruht auf anonymen, bewußtlosen Prozessen, die sich hinter dem Rücken der Beteiligten durchsetzen und immer wieder zu maßloser Vergeudung und Vernachlässigung der menschlichen Bedürfnisse führen. HORKHEIMER versucht also zu zeigen, daß «die Idee einer vernünftigen, der Allgemeinheit entsprechenden gesellschaftlichen Organisation ... der menschlichen Arbeit immanent» ist (HORKHEIMER 1937b, S. 267). Nach der zweiten Antwort weist die Geschichte der menschlichen Arbeit die Tendenz auf, die Möglichkeiten des menschlichen Lebens zu entwickeln und zu steigern – wenngleich es sich hierbei nicht um einen geradlinigen Trend handelt: Er ist am mächtigsten in den ersten Stadien einer Gesellschaftsformation, unmittelbar nach der erfolgreichen Revolution früher unterdrückter Klassen; er verwandelt sich in sein Gegenteil, wenn schließlich neue Formen der Klassenherrschaft durchgesetzt und ins Extrem gesteigert werden – am Ende haben sich aber alle Formen der Klassenherrschaft «als unangemessen herausgestellt» (ibidem S. 267). Die Wissenschaft ist ein Moment dieses Prozesses der Entfaltung der menschlichen Möglichkeiten; als solches hat sie ihn transparent zu machen und bewußt zu verfolgen. Dies ist für HORKHEIMER keine willkürliche Entscheidung, sondern schlichte Anerkennung der Funktion, welche der Wissenschaft tatsächlich zukommt.

HORKHEIMERS dritte Antwort auf das Problem, wie das Interesse an vernünftiger Organisation der gesellschaftlichen Praxis aufgehellt und legitimiert werden könne, ist sehr viel spezifischer als die beiden ersten. Sie lautet:

«Die Ideen, mittels deren das Bürgertum seine eigene Ordnung erklärt, der gerechte Tausch, die freie Konkurrenz, die Harmonie der Interessen und so fort erweisen, wenn man Ernst mit ihnen macht und sie wirklich als Prinzipien der Gesellschaft zu Ende denkt, ihren inneren Widerspruch und damit auch den Gegensatz zu dieser Ordnung» (ibidem S. 268).

Der Gedanke des Äquivalenten-Tausches beispielweise, um nur eine von jenen Ideen des Bürgertums herauszugreifen, zieht, sobald er auf die Sphäre des Kaufs und Verkaufs der Arbeitskraft angewendet wird, entschädigungslose Aneignung von Mehrarbeit, Ausbeutung, nach sich – das genaue Gegenteil der Idee. Die Entwicklung dieses Prinzips führt so zur Intensivierung der gesellschaftlichen Widersprüche und Konflikte. Die «Forderung einer allgemeinen Durchführung der bürgerlichen Gerechtigkeitsidee (muß) dazu führen, die Gesellschaft des freien Tausches, an der diese Idee ursprünglich ihren Inhalt gewann, zu kritisieren und aufzuheben» (HORKHEIMER 1933, S. 12). Diese dritte Art der Legitimierung entsagt endgültig der Idee absoluter und ewig gültiger Gerechtigkeitsprinzipien; sie erkennt derartige Prinzipien als historisch bedingte Forderungen historischer Personen. Dennoch liefert sie der Wissenschaft wie den unterdrückten Klassen eine sichere Grundlage für die Kritik der bürgerlichen Gesellschaft, ein schlüssiges Prinzip für die Entwicklung rationaler Praxis in ihr.

Diese dritte Antwort, welche die bürgerliche Ideologie beim Wort nimmt, ist sicher überzeugender als die zweite, die einem langfristigen Trend zu folgen zur Pflicht macht, und auch als die erste, welche auf einem unbemerkt anthropologischen Arbeitsbegriff beruht, der mit der Realität der entfremdeten individuellen Arbeit im Kapitalismus kaum etwas gemein hat und jedenfalls erst einmal analysiert werden müßte. Zudem stimmt sie auch sehr viel besser mit der fundamentalen Konzeption von «Materialismus» überein, welche HORKHEIMER schon einige Jahre vorher in «Materialismus und Freiheitsbewegung» entwickelt hatte (und die er auch später noch vertrat – cf. HORKHEIMER 1937 c, S. 626). «Materialismus» ist für HORKHEIMER «mit dem Gedanken einer absoluten Forderung unverträglich» (HORKHEIMER 1933, S. 11).

«Das Prinzip, welches (er) als Wirklichkeit bezeichnet, taugt nicht zur Normgebung. Die Materie ist an sich selbst sinnlos, aus ihren Qualitäten folgt keine Maxime für die Lebensgestaltung» (ibidem S. 9).

Zudem machen absolute Forderungen überhaupt nur dann einen Sinn, «wenn das Handeln der Menschen nach ihren innerweltlichen Interessen entweder einer Korrektur oder wenigstens einer Rechtfertigung bedarf» (ibidem S. 12). Deshalb wurden sie zu allen Zeiten in erster Linie dazu gebraucht, die den Unterdrückten von den Herrschenden aufgezwungenen Restriktionen der Bedürfnisbefriedigung zu rechtfertigen. (Man erinnere sich an DURKHEIMS «es wäre keine Gesellschaft, wo für die verschiedenen Abstufungen der sozialen Hierarchie gleiche Bedingungen gewährt würden», s. o.) Wenn auch die Ausgebeuteten hin und wieder absolute Forderungen aufstellten, so doch in erster Linie zu dem Zweck, jenen Restriktionsforderungen entgegenzuwirken, um ihr eigenes Recht auf nur durch den Stand der Produktivkräfte begrenzte Triebbefriedigung zu gewährleisten.

Für den Materialismus ist das Streben des Menschen nach Glück jedoch eine «natürliche, keiner Rechtfertigung bedürftige Tatsache» (ibidem S. 31). Sein Hauptziel ist es, alle vermeidbaren Hindernisse, die diesem Streben im Wege stehen, zu beseitigen. Diese Hindernisse ändern ihren Charakter im Laufe der Menschheitsgeschichte: In der Zeit des Übergangs vom Feudalismus zum Kapitalismus folgten sie größtenteils aus dem unnötig niedrigen Entwicklungsstand der Naturerkenntnis; daher war der Materialismus in jener Zeit vor allem «physikalischer Materialismus». «Das Elend der Gegenwart aber ist an die gesellschaftliche Struktur geknüpft. Darum bildet die Theorie der Gesellschaft den Inhalt des heutigen Materialismus» (ibidem S. 14). Es ist demnach nicht so sehr ein Kanon allumfassender philosophischer Sentenzen wie «alles Wirkliche ist Materie», was den Materialismus definiert; derartige Urteile sind «wegen ihrer weiten Entfernung von der Praxis, aus der sie gewonnen wurden, stets fragwürdig und nicht sehr belangvoll» (ibidem S. 10). Wenn sie auch nicht völlig nutzlos sind, so wird der konkrete Inhalt des Materialismus doch in weit stärkerem Maße durch die je aktuelle strategische Situation im Kampf gegen unnötige Restriktionen des Strebens nach Glück und Befriedigung festgelegt. Da die zentralen Restriktionen dieser Art in der Gegenwart aus dem Klassencharakter der kapitalistischen Gesellschaft resultieren, ist diese das Hauptthema des Materialismus von heute; er ist «ökonomische Theorie der Gesellschaft» (ibidem S. 33). Was den Idealismus inakzeptabel macht, ist nicht so sehr, «daß er fälschlich den Geist unendlich setzt, sondern daß er damit auch die Veränderungen der materiellen Existenzbedingungen der Menschen zu etwas Sekundärem stempelt» (ibidem S. 23).

Eros und Zivilisation

Es bleibt die Frage, ob und in welcher Weise die Kritische Theorie ihr Versprechen einer Gesellschaftstheorie in der Perspektive der vernünftigen Organisation humaner Praxis in einer Gemeinschaft freier Menschen einlöst. Der umfassendste und überzeugendste Versuch zu einer materiellen Gesellschaftstheorie dieser Art ist meines Erachtens in MARCUSES (1898 bis 1977) Buch «Triebstruktur und Gesellschaft» (1969) zu sehen – welches gleichzeitig exemplarisch für eine weitere zentrale Intention der Frankfurter Schule anzusehen ist: für das Bemühen, die Ideen von KARL MARX und SIGMUND FREUD, jener beiden Denker, welche das spießbürgerliche Bewußtsein ihres Zeitalters mehr als alle anderen schockiert und erschüttert haben, theoretisch zu integrieren. Obwohl MARX in «Gesellschaft und Triebstruktur» kaum einmal explizit zitiert wird, muß das Buch doch in erster Linie als Versuch verstanden werden, FREUDS Theorie der Zivilisation im Lichte von MARX' Geschichtsauffassung zu interpretieren.

Für FREUD kann in MARCUSES Interpretation die Geschichte der Zivilisation ebenso wie die Lebensgeschichte individueller Persönlichkeiten am besten verstanden werden als Prozeß der Ablösung des «Lustprinzips» durch das «Realitätsprinzip». Das Neugeborene sucht nichts als unmittelbare Befriedigung, als Lust, die es aus allen Körperzonen zu gewinnen sucht, aus denen sie irgend bezogen werden kann. Dies ist der Ursprung von «Eros», dem Lebenstrieb. Gleichzeitig realisiert der Säugling jedoch, daß der Zustand vor seiner Geburt frei war von den unlustvollen Situationen, die er jetzt, beginnend mit dem «Geburtstrauma» selbst, immer wieder zu ertragen hat. Dies ist der

Ursprung von «Thanatos», dem Todestrieb, dem Begehren, zu dem schmerzfreien Zustand der anorganischen Materie zurückzukehren. Beide Triebe sind aufs engste verbunden mit der Figur der Mutter, in deren Schoß das Kind etwas wie jenen schmerzfreien Zustand erfahren hat und die die Quelle der meisten Lustgefühle ist, welche es nach der Geburt erzielen kann.

«Aber das ungehemmte Lustprinzip gerät mit der natürlichen und menschlichen Umwelt in Konflikt.» Durch die «traumatische Einsicht, daß volle und schmerzlose Befriedigung seiner Bedürfnisse unmöglich ist», lernt das Kind, «augenblicklich und zerstörerische Lust zugunsten einer späteren, beschränkten, aber ‹gesicherten› Lusterfüllung aufzugeben». «Ananke», Knappheit und Lebensnot zwingen es, den Drang nach ungehemmtem Lustgewinn durch Streben nach dem Erreichbaren und Ablenken von Triebenergien auf nicht unmittelbar befriedigende Aktivitäten zu ersetzen. «Das Realitätsprinzip verdrängt das Lustprinzip» (Marcuse 1969, S. 19 ff).

Das Realitätsprinzip findet seine erste Verkörperung in der Figur des Vaters, welcher dem Kind nicht erlauben kann, die Lust, die aus dem körperlichen Kontakt mit der Mutter bezogen werden kann, zu monopolisieren, und ihm deshalb mittels Gewalt wie moralischer Gebote Lustverzicht auferlegt. Dies trifft nicht nur auf die Entwicklung der Individuen (Ontogenese) zu, sondern auch auf die der Gattung (Phylogenese); in der Urhorde war es der Urvater, welcher den Söhnen durch Monopolisierung der Frauen gewaltsam Triebverzicht auferlegte. In der Gattungsgeschichte mußte die Herrschaft des despotischen Vaters durch Rebellion der Söhne gebrochen werden. Auch diese konnten jedoch das Lustprinzip nicht wiedereinsetzen, sie mußten das Realitätsprinzip durch ihr eigenes System institutionalisierter sozialer und politischer Herrschaft aufs neue etablieren. Ebenso muß sich das Kind in der Ontogenese dem Realitätsprinzip, das ihm Verzicht auf umfassende Befriedigung auferlegt, auch dann noch unterwerfen, wenn der Vater nicht mehr die Macht hat, ihm seine Gebote aufzuzwingen; jetzt wird diese Aufgabe von den moralischen Normen wahrgenommen, die das Kind verinnerlicht hat.

Der Sieg des Realitätsprinzips ist jedoch niemals vollständig. Das Unbewußte hält auch weiterhin an den Versprechungen des unterworfenen Lustprinzips fest; und es durchbricht die Dämme des Realitätsprinzips immer und immer wieder. Das Realitätsprinzip muß daher seine Herrschaft in der Geschichte der Menschheit ständig neu errichten. Die Tatsache, daß die repressive Modifikation der Triebe verstärkt und gestützt wird «durch die ewige urzeitliche bis auf die Gegenwart fortgesetzte Lebensnot» (ibidem S. 22), macht jedoch die Repression, die Unterwerfung unter das Realitätsprinzip zum unentrinnbaren Schicksal. Die Menschen müssen ihre Energien von sexuellen Aktivitäten weg auf ihre Arbeit hin richten, und sie müssen den Todesinstinkt in «gesellschaftsnützliche Aggression und Moral» transformieren (ibidem S. 137).

MARCUSE unternimmt es zu zeigen, daß diese pessimistische Anthropologie nicht den ganzen FREUD ausmacht, daß dessen Denken vielmehr Unterströmungen enthält, welche gegen diese seichte Rationalisierung der Unterdrückung revoltieren. Er versucht weiter nachzuweisen, daß die Gegenargumente, die in diesen Unterströmungen zum Vorschein kommen, wissenschaftlich gültig sind, daß sie in rationaler Weise begründet werden können.

Zu diesem Zweck führt MARCUSE zunächst zwei neue Begriffe ein: «zusätzliche Unterdrückung» und «Leistungsprinzip». Daß FREUD nicht zwischen «grundlegender» und «zusätzlicher Unterdrückung» unterschieden, daß er die «brutale Tatsache der Lebensnot» mit einer «spezifischen Organisation der Not» identifiziert habe, ist wohl der zentrale Einwand MARCUSES gegen FREUD. Auch wenn es zutrifft, daß die Not den Menschen zwingt, seine Energien von lustvoller Betätigung weg auf die Arbeit hin zu lenken, auf mehr oder weniger «leidvolle» Unternehmungen zur Gewinnung der Mittel für die Bedürfnisbefriedigung, so trifft es doch ebenso zu, daß in der Mehrzahl der historischen Gesellschaften die «Verteilung der Not» äußerst ungleich war. In allen Klassengesellschaften benutzten die herrschenden Klassen ihre moralische und materielle Macht, um die Arbeit so zu organisieren, daß das ihnen selbst auferlegte Maß an leidvoller Arbeit minimiert, das den unterdrückten Klassen aufgezwungene Maß maximiert wurde. Zur Aufrechterhaltung eines solchen Systems mußte die Unterdrückung noch weiter gesteigert werden. Zum Unterschied von der «grundlegenden Unterdrückung», die für die Erhaltung des Menschengeschlechts in der Zivilisation notwendig ist, ist die «zusätzliche Unterdrückung» nur durch die soziale Herrschaft notwendig geworden (ibidem S. 40). Während die erstere Genuß nicht ausschließen muß – die «Mediatisierung» der Natur macht die Befriedigung ja sicherer und stabiler, sie ist für MARCUSE in der Tat «die humane Form des Lustprinzips» (ibidem S. 42) –, wendet sich die letztere unvermeidlich gegen den Genuß.

Das *Leistungsprinzip* ist für MARCUSE die spezifische Form, welche das Realitätsprinzip in der kapitalistischen Gesellschaft annimmt. Hier ist «die Gesellschaft entsprechend der konkurrierenden ökonomischen Leistung ihrer Mitglieder geschichtet. Die überwältigende Mehrheit der Bevölkerung ist von Anfang an gezwungen, für einen Apparat zu arbeiten, den sie nicht selbst lenken, der als eine unabhängige Macht wirkt, der die Individuen sich zu unterwerfen haben, wenn sie leben wollen». Das Individuum arbeitet für sich selbst nur insofern, «als es für den Apparat arbeitet» (ibidem S. 49f).[18] Ein letztes wesentliches Merkmal des Leistungsprinzips ist «der Kult der Produktivität», welcher die Erhöhung der Effektivität der Arbeit als Selbstzweck anstrebt, nicht als dem Ziel der Bedürfnisbefriedigung untergeordnetes Mittel.

Da jedoch im entwickelten Kapitalismus die große Mehrzahl der Arbeiter tatsächlich einen ausreichenden Lebensunterhalt verdient, führt sie die Repression, der sie unterworfen sind, normalerweise nicht zur Aggression gegen das System. Statt dessen finden sie sich in der Regel mit ihrer Unterdrückung ab und «wünschen, was sie wünschen sollen» (ibidem S. 50). An dieser Stelle stimmt also MARCUSE in seiner Diagnose der tatsächlichen Verhältnisse im Kapitalismus mit den Ergebnissen von PARSONS' Sozialisationstheorie völlig überein – ebenso wie er mit der Diagnose FREUDS übereinstimmt, nach der Triebunterdrückung in allen historischen Gesellschaften die Grundlage der Zivilisation bildete. Der Unterschied zwischen seiner und ihrer Interpretation liegt jedoch darin, daß MARCUSE sich weigert, aus der bloßen *Tatsache* der Repression auf ihre *Notwendigkeit* zu schließen. Er verallgemeinert nicht «eine spezifische historische Form der Realität in Realität schlechthin» (ibidem S. 39). Statt dessen bemüht er sich, in seinem gesamten Werk die historischen Bedingungen zu identifizieren, welche für die Entwicklung des Leistungsprinzips und der überschüssigen Repression verantwortlich sind, zu untersuchen, inwieweit sie in unserer eigenen Gesellschaft fortbestehen, und nach Möglichkeiten zu ihrer Überwindung Ausschau zu halten.

Die grundlegende Tatsache, die in diesem Zusammenhang in Rechnung zu stellen ist, ist der schiere Erfolg des Leistungsprinzips. Die gewaltige Entwicklung der Produktivkräfte im Kapitalismus hat den Mangel bzw. die Not zu einer im Vergleich zu früher sehr viel weniger bedrückenden Realität werden lassen. Wenn der Mangel – wie FREUD lehrt – für die Repression verantwortlich ist, müßte ein Rückgang des Mangels aber auch eine Verminderung der Repression erlauben.

«Gerade der Fortschritt der Kultur und Zivilisation unter dem Leistungsprinzip hat einen Stand der Produktivität mit sich gebracht, angesichts dessen die Ansprüche der Gesellschaft auf Verausgabung von Triebenergie in entfremdeter Arbeit um ein Beträchtliches vermindert werden könnte. Infolgedessen erscheint die fortgesetzte unterdrückende Organisation der Triebe weniger durch den ‹Kampf ums Dasein› erzwungen als durch ein Interesse an der Verlängerung dieses Kampfes – ein Interesse der Herrschaft» (ibidem S. 129).

Demnach sind für MARCUSE heute die Bedingungen für eine wesentliche Reduktion des Ausmaßes an Triebunterdrückung gegeben. Das einzige Hindernis, das ihr im Wege steht, ist im Interesse der Herrschaft zu sehen. Da die Herrschaft aber nicht länger in den Notwendigkeiten der Produktion und Reproduktion des materiellen Lebens begründet ist, ist sie schwächer als ehedem; sie kann überwunden werden durch die «Große Verweigerung», den radikalen Protest gegen jede überschüssige Repression.

Müßte eine derartige Reduktion der Unterdrückung, eine derartige Abschaffung aller überschüssigen Repression aber nicht zum Rückfall in prähistorische Wildheit oder Barbarei, zur Sprengung der Gesellschaft führen? Müßte sie der Gesellschaft nicht alle Energie entziehen, die zur Förderung der materiellen und intellektuellen Produktion auf höherem Niveau und erweiterter Stufenleiter genutzt werden könnte? Müßte sie nicht «zu einer Gesellschaft von Trieb-Besessenen führen ... – das heißt zu keiner Gesellschaft?» (ibidem S. 199) – MARCUSES Antwort ist, daß die Befreiung des Geschlechtstriebs notwendigerweise eine *Transformation* der Libido nach sich ziehen würde: Der Geschlechtstrieb wäre nicht länger auf Befriedigung im Zeugungsakt eingeschränkt wie unter der Herrschaft des Leistungsprinzips; er würde die Bedeutung, die er im Anfang hatte, wiedergewinnen: Lust aus allen Körperzonen zu gewinnen, aus denen sie bezogen werden kann. Das Supremat der Genitalität würde durch «Erotisierung der gesamten Persönlichkeit» ersetzt, Sexualität würde in Erotik transformiert. Und diese Erotisierung könnte auf alle Arten von (nicht entfremdeten) produktiven und sozialen Aktivitäten ausgedehnt werden, da es gewiß möglich ist, körperliche Lust aus produktiver und sozialer Betätigung zu ziehen. Mit dieser Transformation würde schließlich auch der Todesinstinkt viel von seiner Destruktivität verlieren, da sein «Ziel nicht die Beendigung des Lebens, sondern das Ende des Leidens» ist (ibidem, S. 187); in einer repressionsfreien Gesellschaft wäre aber auch das Leid wesentlich geringer.

In dem «Politischen Vorwort 1966» zur zweiten Auflage von «Eros and Civilization» nimmt MARCUSE (1970) einige Korrekturen an dem gar zu optimistischen Bild vor, das er in der ersten Auflage gezeichnet hatte. Er kommt nun zu der Überzeugung, er habe dort die Stärke des gegebenen Herrschaftssystem gewaltig unterschätzt, weil er sich zu sehr auf dessen künstlichen Charakter konzentriert habe. In Wirklichkeit hat jedoch, so meint er jetzt, die schiere Effektivität des Produktionsapparats auch die Effektivität der Mechanismen der sozialen Kontrolle gewaltig gesteigert. Sie hat den Lebensstandard der vielen erhöht und diese dadurch noch anfälliger für die Selbstunterwerfung unter das Joch von Herrschaft und Repression werden lassen. Sie hat zudem auch die Effektivität der Techniken psychologischer Manipulation individueller Bedürfnisse ins Ungeahnte wachsen lassen – ein Gedanke, der in der Tat eines der Standardthemen der Kritischen Theorie bildet, von HORKHEIMERS und ADORNOS «Dialektik der Aufklärung» bis hin zu MARCUSES «Eindimensionalem Menschen».

«Wissenschaftliches Management des instinktiven Bedürfnisses ist seit langem zu einem lebenswichtigen Faktor der Reproduktion des Systems geworden: Waren, die gekauft und verbraucht werden müssen, werden zu Libido-Objekten gemacht» (ibidem, S. 12)

– auch wenn sie keinerlei wirkliche Bedürfnisse befriedigen. Haß und Aggressivität gegen den Feind der Nation werden durch Propaganda zu Bestandteilen des Unbewußten selbst. Die Massenmedien halten das Volk in Unwissenheit und Ohnmacht, weshalb man es sich sogar leisten kann, der Bevölkerung formale politische Freiheit zu gewähren, die Freiheit «(in gewissem Maß) ihre Herren selbst zu wählen und (in gewissem Maß) teilzuhaben an der Regierung, welche sie regiert» (ibidem).

«Das Volk, effektiv manipuliert und organisiert, ist frei; Ignoranz und Ohnmacht, verinnerlichte Fremdbestimmung ist der Preis seiner Freiheit ...

Es macht aber keinen Sinn, mit freien Menschen über Befreiung zu reden – und wir sind frei, sofern wir nicht zur unterdrückten Minderheit gehören ... Die Wahrheit ist jedoch, daß diese Freiheit und diese Befriedigung die Erde zur Hölle machen. Das Inferno ist noch auf einige weit entfernte Orte konzentriert: Vietnam, Kongo, Südafrika sowie die Ghettos der ‹Überflußgesellschaften›: Mississippi, Alabama, Harlem. Diese infernalischen Orte erleuchten die Welt» (ibidem).

Es sind diese Orte, an denen die Konflikte zwischen Herr und Knecht, zwischen herrschenden und beherrschten Klassen immer noch virulent sind und stets aufs neue ausbrechen – Konflikte, die in den Überflußgesellschaften effektiv und demokratisch gebunden werden können. In der «Revolte der rückständigen Länder gegen das unerträgliche Erbe des Kolonialismus und seine Verlängerung im Neokolonialismus» gewinnt die MARXsche Idee, daß diejenigen, «deren Existenz die direkte Negation des kapitalistischen Eigentums darstellt, die historischen Agenten der Befreiung werden könnten» (ibidem S. 14), neues Gewicht.

Aus all diesen Gründen kann das Subjekt der Revolution nicht länger im Proletariat der fortgeschrittenen Industrienationen gesehen werden, sondern nur in den kämpfenden Rebellen und Guerilleros der Dritten Welt. Diese haben zusätzlich den erkenntnismäßigen Vorteil, daß sie die moderne Technologie nur in ihrer verheerenden Destruktivität erfahren, welche deren repressiven und ausbeuterischen Charakter überdeutlich werden läßt. Daher wird der Kult der Produktivität für sie eine sehr viel geringere Versuchung darstellen als für die Proletarier des Westens. Ihre Revolution wird «die Überentwicklung und ihre repressive Rationalität beseitigen».

Jedoch entwickelt sich auch in den Metropolen des Kapitalismus selbst ein neues revolutionäres Subjekt. Die «Revolte der rückständigen Länder hat in den fortgeschrittenen Ländern, wo die Jugend im Protest gegen die Repression im Überfluß und den Krieg im Ausland steht, einen Widerhall gefunden» (ibidem S. 14). Dieser Protest hat aus zwei Gründen eine Chance: Zum ersten trifft der Protest gegen den Krieg das System an seiner empfindlichsten Stelle, da die Umstellung vom Kriegskapitalismus auf den ‹normalen› Kapitalismus «kaum ohne ernsthafte Krise und tiefgreifende ökonomische und politische Wandlungen» vorstellbar ist. Zum anderen ist es ein intellektueller Protest, welcher die Produktion und Reproduktion der *«intellektuellen* Instrumente, die derzeit gegen den Menschen benutzt werden» (ibidem), gefährdet; ohne diese Instrumente ist jedoch die Aufrechterhaltung der Herrschaft kaum möglich.

Meines Erachtens ist MARCUSE dort am stärksten, wo er die – destruktiven wie emanzipatorischen – Potenzen des modernen Kapitalismus analysiert. Sehr viel schwächer wird seine Argumentation dort, wo er versucht, Wege zur Emanzipation aufzuzeigen, insbesondere in seinen Versuchen zur Identifikation der «historischen Agenten der Befreiung». Die Studentenrevolte in den Metropolen, auf die er so große Hoffnung gesetzt hatte, verpuffte nach einigen spektakulären Anfangserfolgen; ein Teil der Rebellen kehrte zurück zu den Pfaden der Berufskarriere, der Rest engagierte sich größtenteils in sektiererischen Aktivitäten in Hunderten von winzigen ‹Massenparteien›. Die erwartete Revolte ‹der› Intellektuellen fand nirgendwo in der Welt auch nur in ersten Ansätzen statt. Die Vereinigten Staaten schafften es sogar in gewisser Weise, ihre Wirtschaft vom ‹Kriegskapitalismus› auf ‹normalen› Kapitalismus umzustellen, wenn nicht «ohne ernsthafte Krisen», so doch auch ohne «tiefgreifende ökonomische und politische Wandlungen».

Die antikolonialen Freiheitskämpfer in der Dritten Welt haben die Herrschaft des Systems fraglos an einigen Stellen erschüttert – in Cuba, Vietnam, Angola, Mozambique und Zimbabwe z. B. Aber selbst dort hat die Not die befreiten Nationen gezwungen, der Entwicklung der Produktivkräfte die höchste Priorität einzuräumen, um der Bevölkerung auch nur das nackte Überleben zu sichern. Ob sie in der Zukunft in der Lage sein werden, diese Aufgabe durch eine humanere Technologie zu lösen, ist eine offene Frage. Bei weitem der größte Teil der Dritten Welt ist aber nach wie vor der Herrschaft des metropolitanen Kapitalismus unterworfen und fest im Griff des Neokolonialismus, welcher so stark ist wie eh und je.

MARCUSE überschätzte bei weitem die innere Einheit der «rückständigen Länder». Er übersah, daß in den meisten von ihnen einheimische Kapitalistenklassen an die Herrschaft gelangt sind, bisweilen in Koalition mit ‹vorkapitalistischen› Herrscherklassen, beinahe immer in Koalition mit dem metropolitanen Kapitalismus.

All diese Herrscherklassen tun ihr Bestes, die Herrschaft dort ebenso stark und stabil zu machen wie in den Metropolen. Schließlich übersieht MARCUSE, daß die ausgebeuteten Klassen in der Dritten Welt trotz aller Unterschiede im Lebensstandard ein wesentliches

Merkmal mit dem Proletariat der Metropolen teilen: Sie alle müssen unbezahlte Mehrarbeit für ihre Ausbeuter leisten – ein Faktum, welches mit dem Neuaufkommen von dauerhafter Massenarbeitslosigkeit im Westen seit Ende der sechziger Jahre wieder spürbar geworden ist. Mit den ökonomischen Widersprüchen im Spätkapitalismus kam MARCUSE theoretisch jedoch niemals zurecht; er betrachtete sie von Anfang an als gelöst und unternahm deshalb keinerlei Anstrengungen, sie zu analysieren. Bei der Suche nach den Schwachpunkten des Systems die Widersprüche innerhalb der Wirtschaft außer Acht zu lassen, ist aber gewiß keine gute Strategie.

Die Objektivismus-Subjektivismus-Debatte in der an Marx orientierten Diskussion

Nachdem die Subjektivismus-Objektivismus-Debatte in der an MARX orientierten Diskussion lange Zeit eher unterirdisch geführt wurde, ist sie im Anschluß an LOUIS ALTHUSSERS «Fanfarenstoß des theoretischen Antihumanismus» in den letzten Jahren auch hier offen entbrannt. ALTHUSSER selbst vertritt die objektivistische Seite in dieser Diskussion am konsequentesten. JÜRGEN HABERMAS hat ihr, obwohl als Sproß der Frankfurter Schule eher am Rande der marxistischen Tradition stehend, mit seiner Unterscheidung zwischen «Arbeit» und «Interaktion» die meines Erachtens (trotz LUKÁCS) konsequenteste Verteidigung der Subjektivität geliefert und soll deshalb hier die subjektivistische Seite vertreten.

Strukturaler Marxismus

Claude Lévi-Strauss (geb. 1908) als Vorläufer

Der französische Ethnologe CLAUDE LÉVI-STRAUSS hat mit seinen Werken «Les Structures Elementaires de la Parenté» (1949) und «Anthropologie Structurale» (1958) die Grundlagen eines sozialwissenschaftlichen «Strukturalismus» geschaffen, auf dem – bei aller Distanzierung von LÉVI-STRAUSS – doch auch das Programm der ALTHUSSER-Schule aufbaut. Eine kurze Einführung in das Denken von LÉVI-STRAUSS wird uns daher das Verständnis von ALTHUSSER erleichtern.

LÉVI-STRAUSS' strukturalistisches Programm läßt sich wie folgt umschreiben (cf. LÉVI-STRAUSS 1967, S. 45ff, 61ff, 73ff): Sein allgemeinstes Ziel ist die Aufdeckung verborgener Strukturen, welche der beobachtbaren Realität zugrunde liegen und diese erklären, aber nicht selbst beobachtet werden können. Solche Strukturen bestehen aus einer endlichen Anzahl von Bedeutungselementen, welche sich mittels einer endlichen Anzahl möglicher Beziehungen untereinander zu Systemen verbinden. Derartige Systeme werden «durch den Geist auf der Stufe des unbewußten Denkens gebildet». Sie unterliegen «dem Spiel allgemeiner, aber verborgener Gesetze», die festlegen, welche der unendlich vielen logisch möglichen Bedeutungselemente und Beziehungen realiter genutzt werden können, welche Kombinationen also real möglich sind, und welche Möglichkeiten der Transformation für jede spezifische Kombination bestehen. Das Urbild solcher Systeme liefern für LÉVI-STRAUSS die phonologischen Systeme der Sprachwissenschaft: Sie sind Produkte des unbewußten Denkens; die real genutzten Phoneme stellen eine endliche Auswahl aus der unendlichen Vielzahl möglicher Lautgestalten dar; die Art und Weise, wie sie kombiniert werden, ist durch allgemeine, aber verborgene Gesetze geregelt, ebenso das Spiel ihrer Umwandlungen – und trotz alledem bestimmen diese Systeme unser tatsächliches Sprachverhalten in seiner Vielfalt.

Den Nachweis für das Vorliegen vergleichbarer Strukturen im Bereich der Sozialwissenschaften im engeren Sinn glaubte LÉVI-STRAUSS in seinen Studien über Verwandtschaftssysteme geliefert zu haben. Seiner Meinung nach lassen sich die ungezählten Abstammungs-, Heirats-, Bezeichnungs- (usw.) Regeln der verschiedenen Gesellschaften erklären durch ein einziges, ihnen allen zugrundeliegendes Prinzip: das Prinzip des Tauschs, genauer: des Austauschs von Frauen zwischen Verwandtschaftsgruppen: Die grundlegenden Elemente dieser Strukturen sind also Verwandtschaftsgruppen (deren elementarste – das «Verwandtschaftselement» – sich wiederum aus Geschwistern, Ehemann und Ehefrau sowie Elternteil und Kind zusammensetzt); die grundlegende Beziehung ist der Frauentausch, was dadurch verständlich gemacht werden kann, daß «in der menschlichen Gesellschaft ein Mann eine Frau nur von einem anderen Mann erhalten kann, der sie ihm als Frau oder Tochter abgibt» (ibidem S. 61).

Dieser Frauentausch kann die unterschiedlichsten Formen annehmen. Es kann sich beispielsweise um direkten Austausch «Zug um Zug» zwischen zwei Gruppen handeln, um Ringtausch zwischen mehreren Gruppen (A gibt an B gibt an C gibt an A, z. B.) oder um Austausch mittels des generalisierten Mediums Brautpreis usw. Je nachdem wird sich die Bedeutung, welche den einzelnen Teilen des «Verwandtschaftselements» ebenso wie diesem selbst zukommt, ändern; und je nachdem werden sich andere Abstammungs-, Heirats-, Bezeichnungs- (usw.) Regeln ergeben. Das (ideale) Ziel einer strukturalen Analyse der Verwandtschaftssysteme wäre schließlich eine Karte der möglichen Strukturen, welche zeigen würde, welche Ausgestaltungen der grundlegenden Elemente und Beziehungen miteinander kompatibel sind und welche nicht.

Damit gibt sich LÉVI-STRAUSS jedoch nicht zufrieden. Zusätzlich fordert er zweierlei: Zum einen die Herausarbeitung der für die einzelnen Strukturen geltenden Transformationsgesetze. Er ist überzeugt, daß auch die Zahl der möglichen Transformationen einer Struktur in andere begrenzt ist und somit Gesetzmäßigkeiten unterliegt. Bestimmte Arten von Elementen oder Beziehungen können in bestimmten Strukturen überhaupt nicht auftreten, andere müssen spezifische Änderungen in den übrigen Teilen des Systems nach sich ziehen. Zum zweiten würde LÉVI-STRAUSS dazu auffordern, nicht bei der Analyse eines einzigen Bereichs des gesellschaftlichen Lebens (im gegebenen Fall: der Verwandtschaft) stehen zu bleiben, sondern zu untersuchen, inwieweit das hier zugrundeliegende Prinzip auch in anderen Sektoren Anwendung findet. Bezüglich des Austauschs versucht er zu zeigen, daß dieser das gemeinsame Prinzip von Sprache, Verwandtschaft und Ökonomie darstellt: So wie Frauen zwischen Verwandtschaftsgruppen, werden symbolische Bedeutungen zwischen Sprachpartnern und materielle Güter zwischen Wirtschaftspartnern ausgetauscht; und in allen drei Fällen lassen sich Kompatibilitäts- wie Transformationsgesetze für die resultierenden Strukturen entdecken.

Vorgeworfen wurde LÉVI-STRAUSS von marxistischer Seite vor allem, daß er die die Oberflächenerscheinungen bestimmden Strukturen ausschließlich im – unbewußten – Denken angesiedelt habe und somit trotz aller Reverenzbezeugungen gegenüber MARX zu einem mentalen Determinismus gelangt sei. Auf diese Diskussion soll hier nicht eingegangen werden; denn es scheint mir unbestritten zu sein, daß sich die formale Vorgehensweise von LÉVI-STRAUSS von jenem mentalen Determinismus abtrennen und mit einer materialistischen Konzeption vereinbaren läßt – wie dies MAURICE GODELIER (1977) in meisterhafter Weise unternommen hat. Und in ihrer formalen Vorgehensweise gleichen zumindest «Für Marx» und «Das Kapital lesen» von ALTHUSSER bzw. ALTHUSSER und BALIBAR den Werken von LÉVI-STRAUSS weitgehend.

Louis Althusser (geb. 1918)

Instanzen

Für ALTHUSSER bestehen alle Gesellschaften aus vier verschiedenen Niveaus oder «Instanzen»: der ökonomischen, der politischen, der ideologischen und der theoretischen Instanz. Jede Instanz ist durch eine spezifische Form der «Praxis» charakterisiert, welche in jedem Fall als eine Art von «Produktion» aufzufassen ist. In der Wirtschaft ist dies offensichtlich. Hier handelt es sich natürlich um materielle Produktion: Rohmaterial wird mit Hilfe von Produktionsmitteln bearbeitet und in ein neues Produkt von mutmaßlich höherem Wert transformiert. In gleicher Weise müssen die Praxisarten der anderen Instanzen als «Produktion» angesehen werden, was am klarsten bezüglich der wissenschaftlichen Praxis herausgearbeitet wird: Auch in ihr wird ein Rohmaterial (die jeweils vorgefundenen Ideen und Begriffe bezüglich eines bestimmten Gegenstandes) mit Hilfe von «Produktionsmitteln» (dem methodologischen und begrifflichen Apparat der betreffenden Wissenschaft) bearbeitet und in ein neues, mutmaßlich wertvolleres Produkt (eine neue und bessere wissenschaftliche Theorie) transformiert.

Alle vier Instanzen sind für ALTHUSSER «relativ autonom»; sie unterliegen je eigenen Bewegungsgesetzen, eigenen Widersprüchen und einer eigenen Zeitlichkeit. Darüber hinaus stehen sie in gegenseitiger Abhängigkeit: Was in einer Instanz geschieht, wird nicht allein durch deren eigene Bewegungsgesetze bestimmt, sondern gleichzeitig durch diejenigen jeder anderen und durch das Zusammenwirken aller in ihrer Totalität. Trotz ihrer relativen Autonomie und ihrer unaufhebbaren Interdependenz sind die einzelnen Instanzen nicht von gleichem Gewicht; sie bilden eine «Struktur mit Dominante». Die Ökonomische Instanz, also die Praxis der materiellen Produktion, ist «determinierend in letzter Instanz». Andere Instanzen mögen in einer bestimmten Gesellschaftsformation «dominant» sein; die Tatsache, daß sie eine Position der Dominanz einnehmen, ist aber stets durch ökonomische Notwendigkeiten zu erklären.

Ein Beispiel für das Verhältnis von Dominanz und Determinanz wäre die («dominante») Position der Politik im Feudalismus: Hier ist die Produktion (im einfachsten Fall) bekanntlich so organisiert, daß die Bauern zusätzlich zur Arbeit auf ihren Feldern unbezahlte Fronarbeit für den Feudalherrn zu leisten haben. Da sie aber im Besitz ihres eigenen Stückes Land und ihrer wichtigsten Produktionsinstrumente sind, stehen sie im Regelfall nicht in ökonomischer Abhängigkeit von ihm, weshalb sie nur durch außerökonomische Gewalt zur Leistung jener Fronarbeit gezwungen werden können. Der außerökonomischen – und das heißt letztlich: der politischen – Gewalt muß daher im Feudalismus eine dominante Position zukommen, wenn die Art und Weise der materiellen Produktion aufrechterhalten werden soll. Im Kapitalismus dagegen, wo der Arbeiter wegen seiner «Freiheit» von Produktionsmitteln vom Kapitalisten ökonomisch abhängig ist, reicht der wirtschaftliche Zwang aus, um ihn zur Mehrarbeit zu nötigen; die in letzter Instanz ohnehin determinierende Ökonomie kann hier auch die dominierende Position einnehmen.

Produktionsweisen

Die augenfälligsten Übereinstimmungen zwischen Althusser/Balibar und Lévi-Strauss sind in dem in «Das Kapital lesen» (Althusser/Balibar 1977) entwickelten Modell der Struktur von Produktionsweisen zu finden (das heißt wohlgemerkt: in ihrem abstrakten Modell der ökonomischen, der letztlich determinierenden Instanz). Nach diesem Modell läßt sich jede Produktionsweise mit Hilfe von drei Elementen und zwei Beziehungen theoretisch rekonstruieren. Die Elemente sind: 1. Arbeiter, 2. Produktionsmittel, 3. Nichtarbeiter/Aneigner von Mehrwert; die Beziehungen: a) Eigentumsbeziehung, b) Beziehung der realen oder materiellen Aneignung.

Je nach der Art der Kombination zwischen diesen Elementen und Beziehungen ergeben sich unterschiedliche Klassen von Produktionsweisen. Um es am Beispiel der Eigentumsrelation durchzuspielen[19]: Die Produktionsmittel können Eigentum der Arbeiter sein (vollständig wie in der Urgemeinschaft oder im Sozialismus oder teilweise wie in Feudalismus und «asiatischer Produktionsweise») oder Eigentum der Nichtarbeiter (vollständig wie in Kapitalismus und

Sklavenhaltergesellschaft oder teilweise wie in Feudalismus und «asiatischer Produktionsweise»); schließlich können auch die Arbeiter selbst Eigentum der Nichtarbeiter sein (Sklaverei).

Wie ersichtlich, kann dieses Modell zur Konstruktion einer Karte der möglichen Strukturen von Produktionsweisen in derselben Weise benutzt werden, wie LÉVI-STRAUSS dies für Strukturen jeglicher Art anstrebt. Zwar sind ALTHUSSER und BALIBAR vorsichtig genug anzumerken, eine pure Kombinatorik würde hierbei nicht ausreichen, da sich das spezifische Gewicht eines Elements mit seiner Stellung im System ändern könne. Aber auch dies ist durchaus im Einklang mit der Konzeption von LÉVI-STRAUSS, welcher eigens betont, daß die Bedeutung eines Elements eben aus seiner Stellung im System hervorgeht (LÉVI-STRAUSS 1967, S. 46).

Eine weitere Gemeinsamkeit zwischen ALTHUSSER und LÉVI-STRAUSS, die aus diesem Modell ersichtlich wird, liegt darin, daß in den Konzeptionen beider kein Raum bleibt für die bewußte Tätigkeit eines schöpferischen und denkenden «Subjekts». Vorgesehen sind ausschließlich *Positionen* – etwa Arbeiter und Nichtarbeiter bei ALTHUSSER, frauengebende und frauenempfangende Gruppe bei LÉVI-STRAUSS; Änderungen in den Strukturen ergeben sich ausschließlich aus den jeweils geltenden Transformationsgesetzmäßigkeiten. Daß der Status quo eines Systems durch zweckvolle Aktivitäten oder Interpretationen selbstbewußter Individuen geändert werden könnte, ist in den Modellen beider nicht denkbar, mehr noch, wird bewußt ausgeschlossen.

Theoretischer Antihumanismus

Da diese Bedeutungslosigkeit des Subjekts einer der Angelpunkte in ALTHUSSERS Denken ist, müssen wir uns intensiver damit befassen. ALTHUSSER bezeichnet seinen eigenen Standpunkt in aller Deutlichkeit als den des «theoretischen Antihumanismus». Auf eine Kurzformel gebracht heißt das: Für ALTHUSSER (der sich hier mit dem späteren MARX einig glaubt) sind es nicht die Menschen, die die Geschichte machen, sondern die Verhältnisse.

«Die wahren (einen Prozeß konstituierenden) ‹Subjekte› sind ... eben nicht die ‹konkreten Individuen› und die ‹wirklichen Menschen›: *die wahren ‹Subjekte› sind die Bestimmung und Verteilung (der) Stellen und Funktionen. Die bestimmenden und verteilenden Faktoren, kurz, die Produktionsverhältnisse (und die politischen und ideologischen Verhältnisse einer Gesellschaft) sind die wahren ‹Subjekte›.*»

Diese Verhältnisse lassen sich niemals «auf zwischenmenschliche Beziehungen zurückführen» (ALTHUSSER/BALIBAR 1972, Bd. II, S. 242).

Dieser theoretische Antihumanismus hat, wie ALTHUSSER betont, nichts mit praktischem Antihumanismus zu tun; praktischer Humanismus im Sinn der Hingabe an das Werk der Verringerung der menschlichen Leiden setzt im Gegenteil, theoretischen Antihumanismus voraus, um effektiv zu sein. Er setzt voraus, daß wir die Ideologie eines allmächtigen Subjekts, welches die Welt nach seinen eigenen Plänen und Ideen aktiv umgestaltet, aufgeben und statt dessen die *objektiven* Gesetze studieren, die sein Verhalten ebenso wie seine Ideen wirklich regieren.

In seinem intensiven Studium des MARXSCHEN Gesamtwerks glaubt ALTHUSSER herausgefunden zu haben, daß MARX in seinen jungen Jahren eben jene in die Irre führende Ideologie vom allmächtigen Individuum vertreten, seinen Standpunkt in der Zeit unmittelbar vor 1848 aber vollständig geändert habe – so vollständig, daß man von einem «epistemologischen Bruch» reden müsse. Zuvor habe sich sein Denken überwiegend in subjektivistischen Begriffen wie «Wesen des Menschen», «Selbstverwirklichung in der Arbeit» und «Entfremdung» bewegt; danach habe er diese vollständig aufgegeben zugunsten objektiver Kategorien wie «Produktionsweise», «Produktivkräfte», «Produktionsverhältnisse», «Mehrwert» usw. Nur mit Hilfe dieser Kategorien sei er in der Lage gewesen, die Gesetzmäßigkeiten der kapitalistischen Entwicklung zu erkennen. Mit subjektivistischen Begriffen wie denen des früheren MARX sei darüber hinaus aber auch die politisch gefährliche Idee verbunden, man könne die Revolution durch bloßen Willensakt herbeiführen. Dem entgegnet ALTHUSSER: Die Klassenkämpfe mögen kochen, wie sie wollen, sie werden den Sozialismus nicht herbeiführen, wenn der Widerspruch zwischen Produktivkräften und Produktionsverhältnissen nicht entsprechend entwickelt ist.

Auf der anderen Seite (und das ist zunächst etwas schwierig zu verstehen) attackiert ALTHUSSER den *Ökonomismus* der Dritten Internationale mindestens ebenso heftig wie den theoretischen Humanismus. Auf den ersten Blick scheint der Ökonomismus, d. h. die Vorstellung, der ökonomische Grundwiderspruch (eben der Widerspruch zwischen Produktivkräften und Produktionsverhältnissen) werde die Revolution gleichsam automatisch, ohne Zutun des Menschen, herbeiführen, ja das genaue Gegenteil des Humanismus sein. Für ALTHUSSER sind die beiden jedoch in ihrer Methode identisch – und hierin sieht er das verhängnisvolle Erbe HEGELS walten.[20] Nach beiden determiniert, so ALTHUSSER, eine einzige Instanz bzw. ein einziger grundlegender Widerspruch die gesamte historische Entwicklung – im Ökonomismus ist dieser allmächtige Agent «die Ökonomie» bzw. der Widerspruch zwischen Produktivkräften und Produktionsverhältnissen, im Humanismus ist es der «Mensch als Schöpfer» bzw. der Widerspruch zwischen dem idealen Wesen und der elenden Wirklichkeit des Menschen. Die Reduktion der gesamten historischen Entwicklung auf eine einzige Ursache ist das Wesen des Hegelianismus, welcher dem Ökonomismus und dem Humanismus gemein ist.

«Strukturale Kausalität» und «Determination in letzter Instanz»

Im Gegensatz dazu sucht ALTHUSSER eine Konzeption der «strukturalen Kausalität» zu entwerfen, welche es ermöglichen soll, historische Prozesse zu erklären, ohne sie auf eine einzige, alles bestimmende Ursache zurückzuführen. Wie bereits erwähnt, betrachtet ALTHUSSER die Gesellschaft als «Struktur mit Dominante», bestehend aus vier relativ autonomen, aber interdependenten Instanzen, von denen jedoch eine, die ökonomische, «in letzter Instanz determinierend» ist. Auf den ersten Blick sieht das nach purem Ökonomismus aus. Wenn «die letzte Instanz» in einem zeitlichen Sinn zu verstehen ist – im Sinne von: kurzfristig mögen andere Widersprüche eine Rolle spielen, langfristig wird der ökonomische die Oberhand behalten –, dann ist eben doch die Ökonomie jener allmächtige Agent, den ALTHUSSER ausschalten wollte. Dies kann also nicht gemeint sein – aber was sonst? Eine präzise Antwort gibt uns ALTHUSSER leider nicht. Dennoch scheint es mir möglich zu sein, der Rede von der «Determination in letzter Instanz» einen vernünftigen Sinn abzugewinnen – einen Sinn, der seinem Werk allerdings nicht in expliziter Form abgelesen werden kann, sondern aus vielen verstreuten Äußerungen zum Thema rekonstruiert werden muß. Dies soll im folgenden mit Hilfe eines Versuchs, das Beispiel der Entstehung des kapitalistischen Staates in Termen der ALTHUSSERschen Theorie zu analysieren, unternommen werden.

Kapitalistische Produktionsverhältnisse (im Sinn der Anwendung von freier Lohnarbeit zwecks Produktion von Mehrwert) sind eindeutig älter als der kapitalistische Staat; sie entwickelten sich über lange Zeit hinweg innerhalb der feudalen Gesellschaft. Sie brachten eine bedeutsame Entwicklung der Produktivkräfte zustand, blieben jedoch der feudalen Produktionsweise subordiniert. Wenn die Produktivkräfte über einen gewissen Punkt hinaus weiterentwickelt werden sollten, mußte die kapitalistische Produktionsweise aber zur dominanten werden, und dies setzte bestimmte Veränderungen im rechtlichen und politischen System voraus: Eingriffe der Feudalherren ins Geschäftsleben mußten unterbunden, das Privateigentum garantiert, die freie Mobilität von Arbeit und Kapital etabliert werden – all das stand in direktem Gegensatz zu konstitutiven Merkmalen des feudalen Staates. Wenn sich die kapitalistischen Produktionsverhältnisse und die Produktivkräfte weiterentwickeln sollten, mußten also zumindest Elemente des kapitalistischen Staates eingeführt werden – und wo letzteres nicht geschah (vgl. Osteuropas «zweite Leibeigenschaft»), stagnierten die ersteren in der Tat.

Hier liegt also eine Art von *gegenseitiger Determinierung* vor: Die Existenz kapitalistischer Produktionsverhältnisse war eine kausale Vorbedingung für die Entstehung des kapitalistischen Staates; dieser war aber seinerseits kausale Bedingung für die erweiterte Reproduktion der kapitalistischen Produktionsverhältnisse. Die zeitliche Priorität kommt jedoch den kapitalistischen Produktionsverhältnissen (welche den Widerspruch zwischen Kapital und Arbeit einschließen!) zu, nicht dem kapitalistischen Staat.

Dieser Staat entwickelt jedoch, wenn er einmal existiert, seine eigenen Widersprüche – in relativer Unabhängigkeit von den Widersprüchen der Produktionsweise. Er hat z. B. den Kapitalisten die Freiheit der Profitmacherei zu garantieren; gleichzeitig muß er aber die Fortexistenz der Arbeiterklasse gewährleisten, denn ohne Arbeiter kein Kapitalismus. Zwischen diesen einander entgegengesetzten Anforderungen muß er irgendeine Form der Balance herstellen. Er kann z. B. Gewerkschaften zulassen und dadurch in gewissem Maß in die Freiheit des Gewinnmachens eingreifen, oder er kann sie verbieten und dadurch u. U. die Reproduktion der Arbeiterklasse gefährden. Ob er das eine oder das andere tut, macht jedoch einen gewaltigen Unterschied für die Klassenkampfsituation der Arbeiterklasse; seine Aktion modifiziert den Grundwiderspruch selbst. In ähnlicher Weise erscheinen ALTHUSSER alle wesentlichen gesellschaftlichen Widersprüche als durch andere modifiziert, als «überdeterminiert», wie er in Anlehnung an einen psychoanalytischen Sprachgebrauch sagt.

Institutionen wie der kapitalistische Staat entwickeln jedoch nicht nur ihre eigenen Widersprüche, sondern auch ihre eigene *Zeitlichkeit*. Die Entwicklung des kapitalistischen Staates kann der der kapitalistischen Produktionsverhältnisse vorauseilen (wie in vielen Entwicklungsländern, wo ein moderner Staatsapparat mit großenteils ‹vorkapitalistischen› Produktionsverhältnissen zusammentrifft) oder hintennachhinken (wie in den meisten Ölscheichtümern oder im Persien des Schah); und je nachdem werden sich zusätzliche Widersprüche ergeben.

Der entscheidende Punkt bezüglich des Problems der «Determination in letzter Instanz» ist nun, daß für ALTHUSSER wirklich neue Entwicklungen, d. h. *Revolutionen*, welche zur Transformation einer Gesellschaftsformation in eine andere führen, niemals durch einen einzigen Widerspruch herbeigeführt werden, sondern immer nur durch eine Fusion vieler verschiedener Widersprüche. Die Revolution wird nur dann stattfinden, wenn eine Vielzahl von Widersprüchen in jeder einzelnen Instanz wie auch zwischen den Instanzen zu einem einzigen Bruch zusammenfließen.

ALTHUSSER erläutert dies v. a. am Beispiel der russischen Revolution, wo sich dem Grundwiderspruch zwischen Kapital und Arbeit, welcher für ALTHUSSER selbstverständlich eine notwendige Bedingung der Revolution darstellt, in der Tat ungezählte Widersprüche anderer Art hinzugesellten: Widersprüche zwischen dem weitgehend feudalen Staatsapparat und der kapitalistischen Produktion, Widersprüche im Staatsapparat selbst, Widersprüche zwischen zentralisierter kapitalistischer Produktion in den städtischen Zentren und nichtkapitalistischen Produktionsformen auf dem Land, Widersprüche zwischen dem russischen Imperialismus und anderen Imperialismen usw. Das gleiche müßte sich für den Übergang vom Feudalismus zum Kapitalismus zeigen lassen: Der Widerspruch zwischen dem entwickelten Stand der Produktivkräfte (welcher seinerseits Konsequenz der zeitlich älteren Existenz dem Feudalismus subordinierter kapitalistischer Produktionsverhältnisse ist) und den feudalen Produktionsverhältnissen hätte die bürgerliche Revolution niemals von sich aus herbeiführen können; hinzukommen mußten andere Widersprüche: der Widerspruch zwischen dem absoluten Monarchen und dem Adel; der Widerspruch zwischen der Notwendigkeit, ständig Kriege führen zu müssen, und der Unmöglichkeit, diese zu finanzieren; der Widerspruch zwischen der freigeistigen Gesellschaft der Salons (und des Hofes) und dem Obskurantismus der Religion und der feudalen Ideologie usw. Erst das Zusammentreffen all dieser Widersprüche mit dem Grundwiderspruch machte in beiden Fällen die Revolution möglich.

Wenn man all dies zusammen sieht, läßt sich der Rede von der «strukturalen Kausalität» in einer «Struktur mit Dominante» folgender Sinn abgewinnen: Die vorgängige Existenz eines grundlegenden Widerspruchs in der Ökonomie – eines Widerspruches zwischen Produktivkräften und Produktionsverhältnissen – ist notwendige Bedingung des Übergangs von einer Gesellschaftsformation zu einer anderen, einschließlich der entsprechenden Veränderungen in den anderen Instanzen. Zu dem ökonomischen Widerspruch müssen jedoch andere, nicht im voraus zu spezifizierende Widersprüche in den anderen Instanzen hinzutreten, damit die Transformation stattfinden kann. Diese zusätzlichen Widersprüche sind nicht bloße Konsequenz des ökonomischen Widerspruchs; denn sobald eine Instanz bestimmter Form einmal gebildet ist, entwickelt sie ihre eigenen Bewegungsgesetze, ihre eigene Zeitlichkeit und ihre eigenen Widersprüche, welche diejenigen der Ökonomie ihrerseits modifizieren. «Determination in letzter Instanz durch die Ökonomie» würde dann bedeuten: Der ökonomische Widerspruch ist notwendige, nicht aber hinreichende Bedingung der Transformation; andere von ihm relativ unabhängige Widersprüche in anderen Instanzen müssen hinzutreten. Diese sind von sich aus weder notwendige noch hinreichende Bedingungen; notwendig ist nur, daß eine Vielzahl von ihnen mit dem ökonomischen Widerspruch zusammenfließt. Diese Konzeption scheint mir in der Tat grundlegend verschieden zu sein von derjenigen, welche jegliche Entwicklung auf einen einzigen Widerspruch zurückführen will. Sie hat im übrigen auch praktisch-politische Konsequenzen: Wenn die Entwicklung des ökonomischen Grundwiderspruchs nicht ausreicht, um die Revolution herbeizuführen, sondern Widersprüche in anderen Instanzen hinzutreten müssen, kann sich der Sozialist nicht damit begnügen, die Entwicklung des ersteren voranzutreiben; er muß an der Entwicklung der Widersprüche in allen Instanzen arbeiten – von der Politik bis zur Religion und von der Wissenschaft bis zur Kunst.

Zur Einschätzung von Althusser

Auch wenn man ALTHUSSERS Argumentation so stark wie möglich zu machen sucht, sind nicht all ihre Schwächen auszumerzen. Auf die weitverzweigte und äußerst heftig geführte Debatte um die These vom «epistemologischen Bruch», welcher den ‹jungen› vom ‹reifen› MARX trennen soll, soll dabei im gegenwärtigen Zusammenhang nicht näher eingegangen werden – dies würde uns zu weit in die MARX-Exegese hineinführen. Mir scheint, daß in dieser These sehr viel Wahrheit steckt, daß es aber nicht möglich ist, die verbleibenden humanistischen Elemente im Spätwerk von MARX mit so leichter Hand als ideologische Relikte vom Tisch zu wischen, wie ALTHUSSER das tut (ein Beispiel für viele liefert ALTHUSSERS unten behandelter Begriff der «Produktion»). Zwei meines Erachtens zentrale konzeptuelle Schwierigkeiten ALTHUSSERS sollen jedoch diskutiert werden: Die erste betrifft seinen Begriff der «Produktion», die zweite den des «Klassenkampfs», welche er beide als «Prozesse ohne Subjekt» konstruiert – und dies notwendigerweise, da er ja die menschlichen Subjekte aus seinem Modell vollständig zu eliminieren sucht.

Produktion ist in ALTHUSSERS System einer der basalen Begriffe, auf denen sein Gedankengebäude ruht, da ja die Praxis in allen vier Instanzen als Produktion charakterisiert wird. In der Definition dessen, was «Produktion» heißen soll, zitiert ALTHUSSER zunächst eine Passage aus dem «Kapital», nach der «die einfachen Momente des Arbeitsprozesses ... die zweckmäßige Tätigkeit oder die Arbeit selbst, ihr Gegenstand und ihr Mittel» sind (MARX 1969b, S. 193). Daraus schließt er, die beiden «wesentlichen Kriterien» des Produktionsprozesses seien: «1. die *materielle* Natur der Bedingungen des Arbeitsprozesses; 2. die dominierende Rolle der *Produktionsmittel* im Arbeitsprozeß» (ALTHUSSER/BALIBAR 1972, Bd. II, S. 229); die Arbeit selbst», jene «zweckmäßige Tätigkeit», von der MARX spricht, läßt er unter den Tisch fallen. Für MARX ist dieses Element jedoch von zentraler Bedeutung: Die zitierte Aussage folgt unmittelbar auf die

Stelle, an der MARX die Arbeit des Baumeisters mit der der Biene vergleicht und zu dem Ergebnis kommt, daß die spezifische Differenz der menschlichen Arbeit gegenüber all ihren tierischen Vorformen eben in ihrem zweckgerichteten Charakter besteht, darin, daß das Resultat des Arbeitsprozesses «beim Beginn desselben schon in der Vorstellung des Arbeiters, also schon ideell vorhanden war» (MARX 1969b, S. 192). Zweckvolle menschliche Tätigkeit, Antizipation der Zukunft (Phantasie) sind also für MARX konstitutive Merkmale des Arbeitsprozesses – und sie sind ebenso konstitutive Merkmale des Subjektbegriffs, den ALTHUSSER eliminieren will. An diesem Kernpunkt der ALTHUSSERschen Theorie, dem Produktionsbegriff, muß also, wenn man auch nur die Belegstellen ernst nimmt, die ALTHUSSER selbst zitiert, das Subjekt wieder hereingenommen werden. Dies bedeutet natürlich nicht, daß strukturelle Notwendigkeiten nicht existierten, daß das Subjekt «allmächtig» wäre – Wirtschaftskrisen z. B. werden in aller Regel von keinem Subjekt gewollt; trotzdem kehren sie in regelmäßiger Folge wieder. Es bedeutet wohl, daß sich selbst strukturelle Notwendigkeiten wie die der Produktivkraftentwicklung nur durch das planvolle, die Zukunft geistig vorwegnehmende Handeln der Subjekte hindurch durchsetzen, daß sie ohne dieses zweckorientierte Handeln überhaupt nicht real werden könnten.

Zusammen mit der Subjektivität schließt ALTHUSSER selbstverständlich auch die Intersubjektivität aus dem Produktionsbegriff aus (cf. z. B. ALTHUSSER/BALIBAR 1972, S. 148, 234, 242) – auch dies hat keine Basis in MARX. Nicht nur der junge MARX besteht darauf, daß die Menschen «nur produzieren, indem sie auf eine bestimmte Weise zusammenwirken»; im «Kapital» selbst wird ein ganzes Kapitel darauf verwandt zu zeigen, daß die Kooperation eine Produktivkraft ist – «dies rührt daher, daß der Mensch von Natur, wenn nicht, wie Aristoteles meint, ein politisches, jedenfalls ein gesellschaftliches Tier ist» (MARX 1969b, S. 346).

Meines Erachtens läßt sich die hier zum Vorschein kommende Schwäche in ALTHUSSERS Argumentation erklären aus einer durch und durch ahistorischen Generalisierungstendenz, die ihn dazu verführt, Merkmale des kapitalistischen Produktionsprozesses auf die Produktion überhaupt und als solche zu projizieren. In der kapitalistischen Produktion hat der Arbeiter allerdings nicht Teil an der ideellen, die Zukunft vorwegnehmenden Planung des Arbeitsprozesses; und die gesellschaftliche Produktivkraft seiner Arbeit erscheint, da sie «dem Kapital nichts kostet», als dessen eigene «immanente Produktivkraft». Aber selbst hier enthält der Arbeitsprozeß Antizipation und Intersubjektivität als konstitutive Bestandteile; nur werden diese vom Kapital monopolisiert, der Arbeiter ist ihrer beraubt – eben dies macht den Skandal der kapitalistischen Produktionsweise aus. Während demgemäß der kapitalistische Produktionsprozeß also zumindest aus der Sicht des Arbeiters durchaus Merkmale eines «Prozesses ohne Subjekt» aufweist, verliert dieses Konzept jegliche Plausibilität, wenn es auf die Arbeit eines unabhängigen mittelalterlichen Handwerksmeisters oder eines freien Bauern in einer Vorklassen-Gesellschaft angewandt werden soll. Und, noch gravierender: Dadurch, daß ALTHUSSER den subjektlosen Charakter des Produktionsprozesses als universale, transhistorische Konstante begreift, beraubt er sich der Möglichkeit, eine zukünftige Gesellschaft zu konzipieren, in der die Arbeit ihren humanen – d. h. ihren antizipatorischen und intersubjektiven – Charakter wiedergewonnen hätte.

Den Begriff *Klassenkampf* konstruiert ALTHUSSER ebenfalls als den eines Prozesses ohne Subjekt. Er zeigt, daß der Klassenkampf nicht nur in bewaffnetem Aufstand und Straßenschlachten besteht, sondern Teil des Produktionsprozesses selbst ist (cf. ARENZ et al 1973, S. 89 ff). Die Aneignung des Mehrwerts durch die Kapitalisten in der alltäglichen Produktion ist selbst eine Form von Klassenkampf. Aber wenn auch zuzugeben ist, daß dies eine Form von Klassenkampf ist, so ist es doch nicht der ganze Klassenkampf. Die Oktoberrevolution, die ALTHUSSER so sorgfältig analysiert hat, hätte niemals stattgefunden, wenn der Klassenkampf auf den alltäglichen Produktionsprozeß beschränkt geblieben wäre. Sie war mindestens ebenso sehr das Resultat planmäßiger und zweckvoller Tätigkeit untereinander interagierender revolutionärer Persönlichkeiten wie Lenin oder Trotzki auch wenn diese Tätigkeit eine Basis im alltäglichen Klassenkampf hatte. Selbst ALTHUSSERS Revolutionstheorie, die in vieler Hinsicht den stärksten Teil seines Modells ausmacht («Fusion der Widersprüche»!), ist also letztlich unzureichend, solange die Subjektivität total ausgeschaltet bleibt.

Mir scheint jedoch, diese Schwächen sind innerhalb ALTHUSSERS eigener Konzeption korrigierbar: Wenn der Politik, der Ideologie und selbst der Wissenschaft eigene Bewegungsgesetze und relative Autonomie zugesprochen werden, warum sollte dann ausgerechnet die zweckmäßig-antizipatorische Tätigkeit des Menschen als Schöpfer – die Subjektivität – totaler Fremdbestimmung unterliegen? Warum sollte es nicht möglich sein, der Subjektivität als einer auf der Ebene der Praxis alle vier Instanzen durchsetzenden Größe in gleicher Weise relative Autonomie zuzusprechen wie diesen Instanzen – und dies hieße auch: sie in Abhängigkeit von jenen wie von der Totalität der gesellschaftlichen Struktur zu sehen? Dies würde die zentralen Schwierigkeiten von ALTHUSSERS Ansatz beseitigen, ohne seine Grundaxiome in Frage zu stellen.

Der kommunikationstheoretische Entwurf von Jürgen Habermas (geb. 1929)

Arbeit und Interaktion

HABERMAS' wichtigster Beitrag zur Subjektivismus-Objektivismus-Debatte liegt in seiner Unterscheidung zwischen «Arbeit» und «Interaktion», einer Unterscheidung, die für sein gesamtes philosophisches und soziologisches Denken grundlegend ist. Er entwikkelt sie von Anfang an in Auseinandersetzung mit MARX, in dessen Werk er zwei verschiedene Arten von Erklärung der gesellschaftlichen Entwicklung zu erkennen glaubt: Zum einen die These von der «Selbsterzeugung des Menschen in der Arbeit». Die Menschen «fangen an, sich von den Tieren zu unterscheiden, sobald sie anfangen, ihre Lebensmittel zu produzieren», und sie entwickeln sich weiter mit der Entwicklung ihrer Produktivkräfte. Zum anderen gibt es bei MARX die These vom «Klassenkampf als Motor der Geschichte», worin HABERMAS den Gedanken einer Selbsterzeugung der Menschheit durch kommunikatives Gemeinschaftshandeln angelegt sieht. Jedoch kann HABERMAS keine zufriedenstellende Integration der beiden Erklärungsansätze in MARX entdecken; im Gegenteil habe dieser je länger, desto mehr den zweiten auf den ersten reduziert, so daß sich schließlich alles «in die Selbstbewegung der Produktion (auflöse)» (Habermas 1968 b, S. 46; vgl. auch 1976, S. 32).

Produktive Arbeit ist nun aber für Habermas eine ausschließlich *instrumentelle* Aktivität, nach der alles nur in Kategorien von Zweck und Mittel betrachtet wird: Ist A ein geeignetes Mittel zur Erreichung meines Zieles X oder nicht? Ist es besser geeignet als B, C, D oder nicht? Wird seine Verwendung auch keine negativen Folgen für die Erreichung meiner sonstigen Ziele Y, Z haben? usw. Jedoch ist nicht alles vernünftige menschliche Handeln rein instrumenteller Natur; zumindest eine grundlegende Tätigkeitsart völlig anderen Charakters muß unterschieden werden: die *kommunikative Interaktion*. In dieser geht es nicht darum, brauchbare Mittel zur Erreichung vorgegebener Zwecke zu finden, sondern um gegenseitige Verständigung zwischen sich wechselseitig als Subjekte anerkennenden Partnern. Der andere wird hier nicht als Mittel zur Verfolgung meiner Zwecke angesehen, sondern als gleichberechtigter Mitmensch; ich habe meine Überzeugungen und Argumente reflexiv im Lichte der seinen zu prüfen und umgekehrt. Das «Modell reinen kommunikativen Handelns» ist die «ideale Sprechsituation» – die wir nach Habermas genötigt sind, in jedem Diskurs kontrafaktisch zu unterstellen. Sprache zielt auf Verständigung. Die ideale Sprechsituation wäre demnach eine Diskussion, deren einziges Ziel in gegenseitiger Verständigung liegt, was erfordert, daß «die Sprecher weder sich noch andere über ihre Intentionen täuschen dürfen» sowie daß «ausschließlich der eigentümlich zwanglose Zwang des besseren Arguments» (Habermas/Luhmann 1971, S. 137f) Einfluß auf die zu erzielende Einigung nehmen darf. Letzteres setzt voraus, daß sich jedermann als autonomer Partner gleichen Rechts an der Diskussion beteiligen können muß und daß jedermanns Argumente die gleichen Chancen haben müssen, in gleicher, rationaler Weise geprüft zu werden.

Reale Interaktionen sind nun in aller Regel von gänzlich anderer Natur als jene idealen Sprechsituationen; in der Realität sind materielle Machtfaktoren oft genug von weitaus größerer Bedeutung für den Ausgang von Interaktionsprozessen als der «zwanglose Zwang des besseren Arguments». Für Habermas ist dies jedoch *«verzerrte* Kommunikation; der Sprache ist die Orientierung an Verständigung immanent, nur äußere Einflüsse, Gewaltverhältnisse, die in die

Kommunikationsstrukturen ... eingelassen sind» (Habermas 1976, S. 34), können für derartige Störungen verantwortlich sein.

Die Bedeutung der Kategorie des kommunikativen Handelns hat Marx nach Habermas allerdings in keiner Weise erfaßt. Sie zu fassen, wird zu einem seiner zentralen Anliegen.

Wissenschaftstheorie

Marx' Wissenschaftskonzeption entspricht nach Habermas völlig seiner generellen Neigung zur Überschätzung des instrumentellen Handelns; Wissenschaft beschränke sich in der Auffassung insbesondere des späten Marx auf die Untersuchung der Realität in Zweck-Mittel-Kategorien – was ihm den Vorwurf eines latenten Positivismus einträgt. Nun ist der Instrumentalismus auch für Habermas nicht in sich selbst von Übel. Daß die Wissenschaft Tatsachen in Zweck-Mittel-Kategorien analysiert, daß sie auf diese Weise zur Rationalisierung der Naturaneignung, zur Entdeckung immer effektiverer Mittel der Naturbeherrschung beiträgt, ist völlig legitim und in der Tat eine Notwendigkeit für das Überleben der Menschheit. Das Interesse an Naturbeherrschung zwingt uns zur Rationalisierung des instrumentellen Wissens, und das heißt: zur Suche nach generellen empirischen Gesetzesaussagen, welche die beobachtbaren Phänomene in Terms von Ursache und Wirkung miteinander verbinden und ‹bedingte› Prognosen erlauben – ganz im Sinne von Poppers Wissenschaftstheorie. Im Gegensatz zur Auffassung der Positivisten ist dieses den *empirisch-analytischen* Wissenschaften zugrundeliegende Interesse an technischer Verfügung aber nur eines von mehreren möglichen Erkenntnis konstituierenden Interessen. Den Sinn dessen, was andere Menschen sagen oder gesagt haben (Tradition), zu verstehen, ist ein ebenso legitimes Ziel wissenschaftlicher Tätigkeit; denn es ist ebenfalls eine Überlebensnotwendigkeit der Gattung. Sinnverstehen ist das Erkenntnisinteresse der *historisch-hermeneutischen* Wissenschaften, welche ihre Erkenntnisse notwendigerweise in einem anderen methodologischen Rahmen gewinnen als die empirisch-analytischen. «Der systematischen Überprüfung von Gesetzesannahmen dort entspricht hier die Auslegung von Texten» (Habermas 1968b, S. 157). Der empirisch-analytische Wissenschaftler ist frei in seinen Definitionen; was er als abhängige und was als unabhängige Variable analysiert, ist in sein Belieben gestellt. Insofern ist dieses Verfahren monologisch. Das Verfahren der historisch-hermeneutischen Wissenschaften dagegen ist dialogisch:

«Die Welt des tradierten Sinns erschließt sich dem Interpreten nur in dem Maße, als sich dabei zugleich dessen eigene Welt aufklärt. Der Verstehende stellt eine Kommunikation zwischen beiden Welten her; er erfaßt den sachlichen Gehalt des Tradierten, indem er die Tradition auf sich und seine Situation *anwendet*... Sinnverstehen richtet sich seiner Struktur nach auf möglichen Konsensus im Rahmen eines tradierten Selbstverständnisses» (ibidem S. 158).

Diese beiden Erkenntnis konstituierenden Interessen sind keine willkürlichen Ziele wissenschaftlicher Tätigkeit, sondern in den Notwendigkeiten des gesellschaftlichen Lebens verankert. «Die Menschengattung sichert ihre Existenz in Systemen gesellschaftlicher Arbeit und gewaltsamer Selbstbehauptung»; hierzu braucht sie das instrumentelle Wissen der empirisch-analytischen Wissenschaften. Sie sichert ihre Existenz aber auch «durch ein traditionsvermitteltes Zusammenleben in umgangssprachlicher Kommunikation»; hierzu benötigt sie kommunikatives Wissen, dessen Klärung den historisch-hermeneutischen Wissenschaften obliegt. Darüber hinaus sichert sich die Menschheit ihre Existenz auf eine dritte Weise: «mit Hilfe von Ich-Identitäten, die das Bewußtsein des einzelnen im Verhältnis zu den Normen der Gruppe auf jeder Stufe der Individuierung von neuem befestigen» (ibidem S. 162). Hier liegt das Erkenntnisinteresse der *kritischen Theorie*.

Um dieses Erkenntnisinteresse verständlich zu machen, können wir anknüpfen an das, was bereits über «personale» und «soziale Identität» gesagt wurde: Nicht einmal das soziale Zusammenleben selbst könnte funktionieren, wenn die Individuen keine persönliche Ich-Identität entwickeln würden, die sich notfalls auch gegen die Erwartungen der Gesellschaft stellt. Die wichtigste Bedingung für den Aufbau einer stabilen Ich-Identität ist die Überwindung der Relikte verzerrter Kommunikation im Selbstverständnis des Individuums wie in der Tradition: Eine reife Persönlichkeit mit entwickelter Ich-Identität versteckt ihre Motive nicht vor sich selbst; sie bedarf weder der verdrängenden Rationalisierung (etwa) ihrer sexuellen Antriebe noch der ideologischen Überhöhung ihrer Handlungen (etwa) durch eine religiöse Kosmologie. Ideologiekritik und Psychoanalyse exemplifizieren demnach als Wissenschaften von der Überwindung systematisch verzerrter Kommunikation die Praxis der kritischen Theorie am besten. Beide

«... rechnen damit, daß die Information über Gesetzeszusammenhänge im Bewußtsein der Betroffenen selbst einen Vorgang der Reflexion auslöst; dadurch kann *die Stufe unreflektierten Bewußtseins, die zu den Ausgangsbedingungen solcher Gesetze gehört*, verändert werden. Ein kritisch vermitteltes Gesetzeswissen kann auf diesem Wege das Gesetz selbst durch Reflexion zwar nicht außer Geltung bringen, aber außer Anwendung setzen» (ibidem S. 159; Hervorhebung G. H.).

Rekonstruktion des Historischen Materialismus

In HABERMAS' Evolutionstheorie zeigt sich der Unterschied zwischen seinem und dem strukturalistischen Ansatz am deutlichsten. Auch hier nimmt seine Argumentation ihren Ausgang von einer Auseinandersetzung mit MARX. Er betont, daß er MARX' Überzeugung vom entscheidenden Einfluß der produktiven Arbeit auf den Prozeß der Selbsterzeugung der Menschheit beibehalten möchte; wie MARX halte er die Entwicklung der Produktivkräfte für ein wesentliches Element der sozialen Evolution. Wie MARX sieht er die Produktivkraftentwicklung als im ganzen progressiv im Sinne einer Steigerung des «Grades der möglichen Verfügung über Naturprozesse». Wie MARX hält er schließlich daran fest, daß der Übergang von einer Gesellschaftsformation zur nächsthöheren stets durch Schwierigkeiten auf der Ebene der Naturaneignung – der «Systemintegration», wie er zu sagen vorzieht – veranlaßt werden. Jedoch sei MARX' Transformationsmodell zu einfach. Der Transformationsprozeß habe bei ihm stets die folgende Form: Wenn die Produktivkräfte sich über einen bestimmten Punkt hinaus entwickeln, geraten sie in Widerspruch zu den Produktionsverhältnissen; letztere werden zu «Fesseln» der ersteren, die Weiterentwicklung der Produktivkräfte zerstört die existierenden Produktionsverhältnisse. In Wirklichkeit gehen aber, so HABERMAS, Änderungen in den Produktionsverhältnissen den Entwicklungsschüben auf der Ebene der Produktivkräfte regelmäßig voraus – selbst im Falle der Entstehung des Kapitalismus: Kapitalistische Manufakturen bestanden lange vor der «industriellen Revolution». Deshalb sei es notwendig, dieses Modell zu korrigieren, den historischen Materialismus zu «rekonstruieren».

Sein «rekonstruiertes» Modell ruht wesentlich auf der Unterscheidung zwischen Arbeit und Interaktion. Die Entwicklung der Produktivkräfte bzw. der Effektivität menschlicher Arbeit gründet ausschließlich in instrumentellem Handeln. Sie hängt daher in erster Linie von der Rationalisierung des instrumentellen Wissens ab, wenngleich instrumentellen Wissens von zweierlei Art: Entweder wird die nicht-menschliche Natur als Mittel zur Erreichung bestimmter Produktionsziele benutzt, wozu es «technisches» Wissen braucht; oder andere Menschen und ihre Handlungen werden zur Verwirklichung produktiver Zwecke eingesetzt, was «organisatorisches» oder «strategisches» Wissen voraussetzt. Die Produktionsverhältnisse, andererseits, sind Formen der Interaktion zwischen menschlichen Wesen; sie gründen in kommunikativem Handeln. Höherentwicklung der Produktionsverhältnisse bzw. der «Formen der Sozialintegration» (wie HABERMAS zu sagen vorzieht, da ihm der Begriff der Produktionsverhältnisse als zu eng erscheint) kann daher nur durch Rationalisierung unseres kommunikativen Wissens erreicht werden. Jedoch sind kommunikatives und instrumentelles Wissen bei HABERMAS durch eine tiefe und nirgendwo überbrückte Kluft getrennt. Konsequenterweise ist für ihn die Rationalisierung des ersteren in sich von keinerlei Nutzen für die Rationalisierung des letzteren. Deshalb kann auch die Entwicklung der Produktivkräfte (welche eben auf instrumentellem Wissen basiert) niemals von sich aus die Entwicklung neuer «Formen der Sozialintegration» herbeiführen. Diese kann ausschließlich innerhalb des Bereichs kommunikativen Handelns stattfinden.

Unter diesen Prämissen konstruiert HABERMAS sein eigenes Evolutionsmodell: Der Übergang von einer Gesellschaftsformation zur nächsten findet seinen Anlaß stets in Schwierigkeiten bei der Naturaneignung – meist infolge eines Bevölkerungszuwachses, welcher die durch die gegebenen Ressourcen gesetzten Schranken überschreitet. Diese Schwierigkeiten müssen auf der Ebene der Sozialintegration zu ständigen Spannungen und Konflikten führen. Um sie zu lösen, werden sich die Menschen zusammenfinden und mögliche Auswege diskutieren. Auf der gegebenen Stufe der Sozialintegration und des ihr entsprechenden kommunikativen Wissens kann es jedoch voraussetzungsgemäß keine Lösung geben (andernfalls wäre eben keine Transformation erforderlich). Es gibt aber in jeder Gesellschaft einzelne Individuen, welche den anderen an (sei es kommunikativem, sei es instrumentellem) Wissen überlegen sind. In konfliktgeladenen Situationen der gerade beschriebenen Art kann das höhere Wissen solcher Leute gegebenenfalls benutzt werden, um höhere Formen der Sozialintegration zu konzipieren und zu installieren. Die überlegene Rationalität ihrer Argumente wird sich in den aufkommenden Diskussionen notwendig durchsetzen, so daß man schließlich auf konsensueller Basis neue Fromen der Sozialintegration einführen wird – zunächst freilich nur auf Probe. Wenn sich diese Formen aber bewähren, wenn sie zu einer wesentlichen Reduktion der Konflikte führen und eine effektivere Nutzung der Ressourcen erlauben, werden sie beibehalten werden – und eine neue Gesellschaftsformation ist geboren.

Der Modellfall, an dem HABERMAS die Gültigkeit dieser Evolutionstheorie zu erweisen sucht, ist der Fall der Entstehung des Staates bzw. der Klassengesellschaft. Vorstaatliche Gesellschaftsformationen sind, so sagt er, verwandtschaftlich organisiert. Wenn die Bevölkerung über bestimmte Grenzen hinauswächst, erfordern die Notwendigkeiten der Naturaneignung jedoch organisierte Kooperation auf einer Stufenleiter, welche den Umfang der Verwandtschaftseinheiten bei weitem übersteigt. Deswegen werden in solchen Gesellschaften, solange das Verwandtschaftsprinzip dominiert, Hunger und Konflikt endemisch sein. Zur Überwindung dieser Schwierigkeiten werden die Menschen zusammenkommen und mögliche Lösungen beraten. Hierbei werden sie entdecken, daß in den Mythen ihrer Überlieferung schon höhere Formen der Sozialintegration vorweggenommen sind, beispielsweise in der Form eines Richter-Gottes, welcher nach universalistischen Regeln, die auf alle Menschen Anwendung finden, Recht spricht, statt sich an verwandtschaftsorientierte partikularistische Normen zu halten. Nach diesem Modell werden sie auf konsensueller Basis einen der ihren zum Richterherrscher wählen und ihn mit der Legitimation und der Macht ausstatten, Recht zu sprechen. Mit dieser neuen Form der Sozialintegration wird es möglich werden, Kooperation auf einem verwandtschaftsüberschreitenden Niveau zu organisieren und die einstigen Schwierigkeiten der Naturaneignung zu überwinden. Die Notwendigkeit der Transformation entspringt also hier, wie HABERMAS' Modell voraussagte, auf der Ebene der «Systemintegration», die Transformation selbst aber findet ausschließlich auf der Ebene der «Sozialintegration» statt. Das gleiche gilt nach HABERMAS für den Übergang vom Feudalismus zum Kapitalismus.

Das Bild, das hier entsteht, ist dem der ALTHUSSERschen Theorie genau entgegengesetzt. Während ALTHUSSER das bewußt agierende und interagierende Subjekt aus seinem Modell völlig zu eliminieren sucht, sind für HABERMAS gerade die entscheidenden Schritte der gesellschaftlichen Entwicklung (die Transformationsschritte) nichts als die intendierten Ergebnisse bewußten Gemeinschaftshandelns freier Subjekte.

«Theorie des kommunikativen Handelns»

Auch in seinem 1981 erschienenen Magnum Opus «Theorie des kommunikativen Handelns» geht es HABERMAS in erster Linie um eine Theorie der sozialen Evolution als gesellschaftlicher Rationalisierung, die nicht (wie die WEBERsche) auf die Rationalisierung des erfolgsorientierten Handelns eingeschränkt bleibt, sondern auch die Rationalisierung des verständigungsorientierten Handelns zu fassen imstande ist. In seiner allgemeinsten grundbegrifflichen Orientierung glaubt er allerdings einen (lange vorbereiteten) «Paradigmenwechsel» vornehmen zu müssen: weg von der monologischen und bewußtseinsphilosophischen Grundeinstellung, die die Kritische Theorie mit WEBER und PARSONS teilt, und hin zum «Paradigma der Sprachphilosophie, der intersubjektiven Verständigung oder Kommunikation» (HABERMAS 1980, Bd. I, S. 523), für welches in den Sozialwissenschaften v. a. G. H. MEAD als Wegbereiter gelten kann.

Wie MEAD geht HABERMAS davon aus, daß sich ein Selbst erst durch Übernahme der Einstellung des anderen bilden kann. In der Phylogenese wird dies zum erstenmal möglich durch den Übergang von der gestenvermittelten zur symbolischen Interaktion. In der gestenvermittelten, die auch im Tierreich anzutreffen ist, fungieren die Gesten des einen beim anderen nur als verhaltensauslösende Reize, denen Allgemeingültigkeit fehlt; in der symbolischen, die die Schwelle zur Menschwerdung markiert, müssen die Äußerungen eines jeden von beiden interpretiert und in identischer Weise verstanden werden; Konsens muß erzielt werden. «Dabei ergibt sich eine konzeptuelle Umstrukturierung der Beziehungen zwischen den Interaktionsteilnehmern: diese begegnen sich in den kommunikativen Rollen von Sprechern und Hörern als soziale Objekte und lernen Akte der Verständigung von konsequenzorientierten Handlungen zu unterscheiden» (ibidem Bd. II, S. 41).

Dieser erste Schritt ist der entscheidende. Mit der Sprache ist auch das verständigungsorientierte Handeln geboren; und auf verständigungsorientiertes Handeln ist Sprache immer wieder angewiesen – obwohl sie natürlich auch im Interesse anderer Ziele, in nicht konsensueller Weise, gebraucht werden kann. Dies aber, so versucht HABERMAS, im Anschluß an sprachphilosophische Überlegungen nachzuweisen, kann nur funktionieren, wenn auch die Verständigung funktioniert; wenn der andere meine Worte nicht versteht, kann ich sie auch nicht dazu benutzen, ihn gegen seinen Willen zu einem mir genehmen Handeln zu zwingen. Daraus folgt, daß «der verständigungsorientierte Sprachgebrauch der *Originalmodus* ist», zu dem sich alle anderen Formen «parasitär verhalten» (ibidem Bd. I, S. 388).

Auf dieser ersten Stufe sind jedoch weite Bereiche des gesellschaftlichen Zusammenlebens dem Zugriff der Sprache noch völlig entzogen. Entscheidend für den gesellschaftlichen Zusammenhalt ist die rituelle Praxis (siehe DURKHEIM), nicht das verständigungsorientierte Handeln. Die daran anschließende Entwicklung ist nun aber durch Versprachlichung immer weiterer Bereiche des Zusammenlebens charakterisiert, zunächst (dies wäre die zweite Entwicklungsstufe) durch *Versprachlichung des Sakralen*. Mit der Herausbildung sprachlich ausformulierter religiöser Weltbilder verliert das Sakrale seine Per-se-Geltung, seine magisch bannende Kraft; es wird von den «Begründungsleistungen» der Weltbilder abhängig. Die «sozialintegrativen und expressiven Funktionen, die zunächst von der rituellen Praxis erfüllt werden, (gehen) auf das kommunikative Handeln über, wobei die Autorität des Heiligen sukzessive durch die Autorität eines jeweils für begründet gehaltenen Konsenses ersetzt wird» (ibidem Bd. II, S. 118). Diese Entwicklung ist nach HABERMAS insofern als Rationalisierung anzusehen, als durch sie der Bereich, der der kritischen Erforschung durch die Verstandestätigkeit der Beteiligten selbst offensteht, vergrößert, derjenige, in dem «der Verständigungsbedarf *im vorhinein* durch eine kritikfest interpretierte Lebenswelt gedeckt» ist (ibidem Bd. I, S. 108), verkleinert wird – ein Prozeß der «Dezentrierung des Weltverständnisses» (PIAGET).

Auf den folgenden Stufen vollzieht sich die Entwicklung zunehmend als *Entkoppelung von System und Lebenswelt.* Die Überlebensnotwendigkeiten verlangen von den einfachen Interaktionssystemen fortschreitende Anpassung an Bedingungen der arbeitsteiligen Kooperation. Diese erfordert einerseits Organisationsleistungen, die nur durch Verleihung von Macht an Personen mit Leitungsbefugnissen garantiert werden können, andererseits die Etablierung von Tauschbeziehungen, die dafür sorgen, daß Produzenten und arbeitsteilig hergestellte Produkte (wieder) miteinander zusammengebracht werden. Wenn sich der Machtmechanismus von den Verwandtschaftsstrukturen einmal abgelöst hat, fällt er aus dem lebensweltlichen Horizont der Gemeinschaft insofern heraus, als seine Anpassungsleistungen nun nicht mehr von den Beteiligten selbst intendiert sein müssen. Gleiches gilt für die Verselbständigung der Ökonomie mit der Verallgemeinerung des Marktes. In beiden Fällen haben sich (der systemtheoretischen Betrachtung zugängliche) Subsysteme des erfolgsorientierten Handelns aus der vorher ungeschiedenen Einheit des Handlungszusammenhangs ausdifferenziert, ein weiterer Dezentrierungs- oder Rationalisierungsprozeß, der auf der anderen Seite auch die allgemeinen Strukturen verständigungsorientierten Handelns immer reiner hervortreten läßt.

Der Rationalisierung im Bereich des verständigungsorientierten Handelns geht HABERMAS v. a. an Hand der WEBERschen Analysen über die Entstehungsbedingungen des Kapitalismus nach. Entgegen WEBERS eigener Auffassung interpretiert er etwa dessen Analyse der okzidentalen Rechtsentwicklung als Rationalisierung des kommunikativen, nicht des erfolgsorientierten Handelns. Das Prinzip der Satzung, das unter der «legalen Herrschaft» die Legitimation der Rechtsordnung abgeben soll, genügt sich im Gegensatz zu WEBERS Meinung nicht selbst. «Unklar bleibt, woher der Legalitätsglauben die Kraft zur Legitimation aufbringen soll, wenn Legalität lediglich Übereinstimmung mit der faktisch bestehenden Rechtsordnung bedeutet» (ibidem Bd. I, S. 359). Legitimation durch Verfahren kann nur dann gelingen, wenn das Verfahren selbst legitimiert ist; dieses kann seine Legitimation entweder aus der Tradition beziehen (dann hätten wir einen Unterfall von traditionaler Herrschaft vor uns) oder aus dem Prinzip der freien Vereinbarung, des rationalen Konsenses, also aus dem Grundprinzip des kommunikativen Handelns. Der Übergang vom traditionalen zum gesatzten Recht (den HABERMAS wie WEBER als Entstehungsbedingung des modernen Kapitalismus betrachtet) ist demnach als Rationalisierung des kommunikativen Handelns zu interpretieren; jedes Zurückgehen hinter dieses Niveau erweist sich als Irrationalisierung. Ähnlich interpretiert HABERMAS die Entwicklung der Ethik von der «traditionalen» zur «Gesinnungs-» und «Verantwortungsethik» in kritischer Anlehnung an WEBERS Analysen als zunehmende Universalisierung und zunehmendes Reflexivwerden der

Grundprinzipien des kommunikativen Handelns, also als Rationalisierung, hinter die wir nicht mit vernünftigen Gründen zurückgehen können.

Der erwähnte Prozeß der Entkoppelung von System und Lebenswelt andererseits kulminiert in der Ausbildung der abstrakten Kommunikationsmedien Macht und Geld. In dem Maß, wie der lebensweltliche Kontext seine Naturwüchsigkeit verliert, «erhöhen sich Verständigungsbedarf, Interpretationsaufwand und Dissensrisiko» (ibidem Bd. II, S. 393). Davon entlasten diese Medien. Sie ermöglichen «eine generalisierte strategische Einflußnahme auf die Entscheidungen anderer Interaktionsteilnehmer unter *Umgehung* sprachlicher Konsensbildungsprozesse» (ibidem Bd. II, S. 273). Wenn sich mediengesteuerte Interaktionen erst einmal herausgebildet haben, können sie sich «zu immer komplexeren Netzen verknüpfen, ohne daß diese kommunikativen Vernetzungen überschaut und verantwortet werden müßten» (ibidem Bd. II, S. 394).

Solche, die sprachlichen Konsensbildungsprozesse ersetzenden Medien können die Kommunikationsfunktion aber nicht in allen gesellschaftlichen Teilbereichen übernehmen. Ihre Brauchbarkeit ist eingeschränkt auf den Austausch mit dem materiellen Substrat der Gesellschaft, in PARSONS' Terminologie: auf die Funktionen der Anpassung und Zielerreichung. Integration und Werterhaltung können von der sprachlichen Konsensbildung niemals völlig abgekoppelt werden. Interpretation, Ausbau und Weitergabe der kulturellen Überlieferung sind ohne Mitwirken von sprachlichen Verständigungsprozessen ebenso undenkbar wie soziale Integration. Die diesen Bereichen zugeordneten Medien Einfluß und Wertbindung können sprachliche Konsensbildung nicht ablösen, sondern allenfalls vereinfachen. Die ihnen entsprechenden «Standardsituationen der Belehrung und des moralischen Appells stellen kommunikative Beziehungen dar, spezielle Fälle sprachlicher Konsensbildung, wobei freilich die eine Seite mit einem Übergewicht an Kompetenzen ... ausgestattet ist» (ibidem Bd. II, S. 411). Wenn die Konsensbildung mißlingt, hat der Überlegene, falls er die Interaktion fortsetzen will, aber keine andere Wahl, als auf die «Ressource Verständigung» zurückzugreifen – während im Fall von Geld und Macht die Unterlegenen in einer vergleichbaren Situation von Sanktionen bedroht sind.

Die jüngste Entwicklung läßt sich nach HABERMAS als zunehmende

Kolonialisierung der Lebenswelt durch die Subsysteme zweckrationalen Handelns charakterisieren. Die Rationalisierung wird paradox: «die rationalisierte Lebenswelt ermöglicht die Entstehung und das Wachstum der Subsysteme, deren verselbständigte Imperative auf sie selbst destruktiv zurückschlagen» (ibidem Bd. II, S. 277). Die Imperative der verselbständigten Subsysteme dringen von außen in die Lebenswelt ein und erzwingen deren Unterwerfung. Dies führt überall dort zu pathologischen Erscheinungen, wo sich die lebensweltlichen Handlungsbereiche «der Umstellung auf die Medien Macht und Geld widersetzen, weil sie auf kulturelle Überlieferung, soziale Integration und Erziehung spezialisiert sind und auf Verständigung als Mechanismus der Handlungskoordinierung angewiesen bleiben» (ibidem Bd. I, S. 488). Die Charakterisierung dieser Phänomene als pathologisch ist kein subjektives Werturteil; es gibt hierfür einen objektiven Maßstab: die in der Geltungsbasis der Rede verankerten Erfordernisse kommunikativer Rationalität, auf die zurückzugreifen die Lebenswelt als Subsystem immer wieder gezwungen ist, wenn sie auch nur ihre Funktionen innerhalb des Gesamtsystems wahrnehmen will.

Schon Marx hatte die Akkumulation des Kapitals als einen Prozeß zunehmender Aushöhlung der Lebenswelt jener Produzenten untersucht, die als einzige Ware ihre Arbeitskraft anzubieten haben. Im Spätkapitalismus ist diese Aushöhlung nach Habermas jedoch erstens zu einem weitgehend klassenunspezifischen Phänomen geworden. Zweitens hat sie eine Eigendynamik entwickelt, welche sie immer weitere Bereiche erfassen läßt – Familie und Schule beispielsweise unterliegen im Zuge der Sozialstaatsgesetzgebung in stets wachsendem Maße einer Verrechtlichung und administrativen Gängelung, d. h. der Unterwerfung unter das Medium Macht; ebenso erobert das Medium Geld in unserer Konsumgesellschaft immer größere Teile der Lebenswelt. Den Grund für diese Eigendynamik wie für diese Klassenunspezifizität sieht Habermas in den Reproduktionsbedingungen des Systems im Spätkapitalismus: Der Klassenantagonismus wurde nicht abgeschafft, aber sozialstaatlich pazifiziert. Dies kann allerdings nur unter der Bedingung funktionieren, «daß die staatsinterventionistisch gehütete Wirtschaftsdynamik nicht erlahmt. Nur dann steht eine Entschädigungsmasse zur Verfügung, die nach stillschweigend konsentierten Maßstäben in ritualisierten Auseinandersetzungen verteilt werden kann» (ibidem Bd. II, S. 515). Deshalb muß der Staatsinterventionismus ebenso wie die Abkoppelung der Akkumulation von lebensweltlichen Gebrauchswertorientierungen immer weiter vorangetrieben werden.

Diesen Thesen läßt sich eine gewisse Berechtigung nicht absprechen. Es verwundert jedoch, wie ungebrochen HABERMAS' Glaube an die Effektivität der sozialstaatlichen Krisenbewältigungsmechanismen im ökonomischen Bereich auch 1981 noch ist, in einer Zeit der weltweiten Massenarbeitslosigkeit, in der allein der Arbeitslosenstand der BRD bei zwei Millionen liegt und nach allen Prognosen kurzfristig weiter ansteigen und auch längerfristig nicht wesentlich zurückgehen dürfte. Arbeitslosigkeit ist in keiner Weise ein klassenunspezifisches Phänomen: Arbeitslos ist eben der, der seine Arbeitskraft nicht verkaufen kann und auch keine Produktionsmittel besitzt, mit denen er andere Waren produzieren könnte.

Zur Einschätzung von Habermas

Leider weist auch HABERMAS' allgemeines Modell der gesamtgesellschaftlichen Entwicklung gravierende Schwächen auf. Als entscheidend erscheint mir dabei, daß er der gesellschaftlichen Arbeit praktisch jegliche Bedeutung für die gesellschaftliche Entwicklung abspricht. Es sind ausschließlich «Lernprozesse im Bereich des moralisch-praktischen Bewußtseins», denen die «Schrittmacherfunktion» bei der Etablierung höherer Formen der Sozialintegration zukommt – selbst dort noch, wo dies die Ausdifferenzierung von Markt- und Machtmechanismus aus den lebensweltlichen Zusammenhängen beinhaltet (cf. HABERMAS 1980, Bd. II, S. 464). Diese Überzeugung steht jedoch auf sehr schwachen Füßen: Die Bildung von staatlich verfaßten, respektive Klassen-Gesellschaften war nirgendwo einfach das Ergebnis in idealen Sprechsituationen konsensual erzielter Entscheidungen; sie war stets in weit stärkerem Maß das Ergebnis von Fehden, Kriegen und gewaltsamer Eroberung der Macht durch überlegene Kriegsherren (cf. HAUCK 1979).

Wenn dies zutrifft, macht es keinen Sinn, das konsensuale Modell aufrechtzuerhalten. Noch weniger läßt sich dieses Modell auf den Übergang vom Feudalismus zum Kapitalismus anwenden. Die Entstehung des Proletariats in England war, wie allgemein bekannt, in erster Linie Folge der gewaltsamen Vertreibung ehemaliger Bauern und Kätner durch ihre feudalen Herren («Enclosures») – was auch bei bestem Willen nicht nach dem Modell konsensualer Entscheidung auf Grund herrschaftsfreier Diskussion zwischen freien und gleichberechtigten Partnern gedeutet werden kann. Zudem waren die ersten Proletarier zwangsweise an ihre Unternehmer gebunden. Wenn sie die Arbeit verließen, unterlagen sie der Bestrafung mittels grausamster Torturen; sie hatten also nicht einmal die Auswahl zwischen verschiedenen Ausbeutern – eine Wahl, die sie im modernen Kapitalismus normalerweise haben, und die von HABERMAS als «Prinzip des Universalismus» hoch gepriesen wird.

Eine weitere Schwäche liegt in der strikten Unterscheidung zwischen Arbeit und Interaktion selbst. Wenn es auch möglich sein mag, begrifflich zwischen dem instrumentellen und dem kommunikativen Aspekt menschlicher Handlungen zu unterscheiden, so sind doch beide in der Realität notwendig ineinander verwoben. Nicht ohne Grund betonte MARX stets den sozialen Charakter der menschlichen Arbeit; denn die Sozialität ist der Arbeit nicht äußerlich, sondern Bestandteil ihrer eigentlichen Natur. Menschliche Arbeit ist sozial in einem sehr viel tieferen Sinn, als es HABERMAS wahrhaben will: als pure Notwendigkeit, die Kooperation zu organisieren, um die Produktivität zu erhöhen. Dies ist nur die eine Seite der Medaille; die andere Seite ist, daß als Konsequenz der in allen Gesellschaften anzutreffenden Arbeitsteilung Produktion, von Grenzfällen wie Robinson einmal abgesehen, niemals ausschließlich Produktion für ein vereinzeltes Individuum ist, sondern stets auch Produktion für andere. Und für andere zu produzieren ist Interaktion in einem mindestens ebenso humanen Sinn wie mit anderen zu reden. Durch hilfreiches Handanlegen in der Arbeit kann ich meine Sympathie für den anderen ebenso gut oder besser ausdrücken als in bloßen Worten (cf. OTTOMEYER 1976, S. 190ff). Wenn ich in Freiheit für dich produzieren könnte, hätte ich

«... in deinem Genuß oder deinem Gebrauch meines Produkts unmittelbar den Genuß, ... in meiner individuellen Lebensäußerung unmittelbar deine Lebensäußerung geschaffen zu haben, also in meiner individuellen Tätigkeit unmittelbar mein wahres Wesen, mein menschliches, mein Gemeinwesen bestätigt und verwirklicht zu haben» (MARX, Exzerpthefte, S. 261).

Wenn Sprache insofern auf Konsens angelegt ist, als ohne Konsens über gemeinsame Bedeutungen sprachliche Interaktion überhaupt nicht möglich ist, so unterscheidet sie sich auch darin nicht von der dem Menschen eigentümlichen kooperativen Produktionstätigkeit. Auch kooperatives Produzieren ist auf Gemeinsamkeit, auf ein gemeinsames, in Symbolgestalt antizipiertes Ziel ausgerichtet; wenn kein Konsens über diese Endbedeutung des Handlungsverlaufs erreicht wird, dann kommt ebenso wenig ein Arbeitsprodukt zustande, wie eine sprachliche Übereinkunft ohne Konsens über Bedeutungen zustande kommen kann. Auch hier könnte man sagen: Verständigung und Konsens sind der kooperativen Produktionstätigkeit immanent, sie stellen deren Originalmodus dar, zu dem sich alle anderen parasitär verhalten. Die Realität der kapitalistischen Lohnarbeit ist von einer solchen ‹idealen Arbeitssituation› allerdings ebenso weit entfernt wie die Realität einer militärischen Befehlsordnung von der ‹idealen Sprechsituation›.

Darüber hinaus behandelt selbst in der intimsten Situation gegenseitigen Einverständnisses in kommunikativer Interaktion, sagen wir im Liebesakt, jeder Partner den anderen notwendig auch – wenngleich nicht ausschließlich – als Mittel zur Befriedigung seiner Bedürfnisse und Wünsche (cf. OTTOMEYER 1976, S. 190 ff). Alles andere wäre nicht Liebe, sondern Hintergehen des Partners. Nicht nur hat die Arbeit stets eine interaktive Komponente; auch die Interaktion hat stets eine instrumentalistische Komponente. Kommunikative Rationalität findet sich auch im Bereich der Arbeit, dem ‹Subsystem zweckrationalen Handelns› par excellence; ebenso findet sich instrumentelle Rationalität in der ‹Lebenswelt›. Daher ist es falsch, instrumentelle und kommunikative Tätigkeiten als getrennte Wesenheiten zu konstruieren – wie HABERMAS dies tut. Dann ist es aber auch nicht länger erforderlich, die These aufrechtzuerhalten, Transformationen im Bereich der «Sozialintegration» könnten nur durch Entwicklungen im Inneren dieses Bereichs, durch eine Art von Rationalisierung des kommunikativen Wissens, welche als von jeder produktiven Tätigkeit unabhängig angesehen wird, erreicht werden. Statt dessen wird es möglich, Arbeit und Interaktion, System- und Sozialintegration, Produktivkräfte und Produktionsverhältnisse als wahrhaft interdependent zu begreifen – wie MARX dies getan hat.

Die Rationalisierung im Bereich der Sozialintegration muß dann auch nicht mehr (wie in dem Modell) als intendiertes und bewußt herbeigeführtes Resultat entsprechenden Gemeinschaftshandelns vorgestellt werden. Die Intentionen und die Ergebnisse menschlichen

Handelns können hier wie im Bereich der Systemintegration weit auseinanderfallen. Die bewußte Motivation der ersten Kapitalisten war natürlich nicht (wie HABERMAS unterstellen muß) auf die Einführung des Universalismus in den Bereich der Arbeitsorganisation gerichtet, sondern auf Maximierung ihres Profits. Um ihre Profite zu maximieren, waren sie auf einer bestimmten Stufe gezwungen, universalistische Prinzipien einzuführen – und wo immer sie es vermeiden konnten (wie in den Kolonien, wo sie bis weit ins 20. Jahrhundert hinein auf Zwangsarbeit zurückgreifen konnten), vermieden sie es. Gleiches gilt für die ersten Herrscherklassen: Ihr Motiv war die Macht, nicht die Errichtung einer universalistischen Rechtsordnung; um die Macht zu erhalten, waren sie jedoch hin und wieder gezwungen, eine universalistische Rechtsordnung einzuführen. Wenn es auch zutrifft, daß «die Menschen ihre Geschichte machen», so haben sie dies bisher doch nicht in einer ihrer Kontrolle und bewußten Beherrschung unterworfenen Weise getan – weder im Bereich der Systemintegration (was HABERMAS in der «Theorie des kommunikativen Handelns» schließlich zugesteht) noch in dem der Sozialintegration.

Bei aller Kritik muß jedoch festgehalten werden, daß HABERMAS' Begründung der Kritischen Theorie in dem Interesse an der Aufdekkung von in die Kommunikationsstrukturen unauffällig eingelassenen Gewaltstrukturen emanzipatorischer Sozialwissenschaft ein tragfähiges Fundament liefert, tragfähiger als alle vergleichbaren Entwürfe. Und wenn sich HABERMAS entschließen könnte, seine Idealtypen (von der «idealen Sprechsituation» bis zum «instrumentellen Handeln») wirklich als Idealtypen in WEBERS Sinn, nämlich als Instrumente zur Messung der Realität, zu behandeln, statt sie immer wieder mit dieser gleichzusetzen, sie (z. B.) mit realen Sprech- oder Arbeitssituationen zu identifizieren, dann könnten sich auch sie als fruchtbar erweisen.

Anhang

Anmerkungen

1 Die wichtigsten Anregungen zu diesem Abschnitt stammen aus KOFLERS «Geschichte der bürgerlichen Gesellschaft» (1971) und LUXEMBURGS «Einführung in die Nationalökonomie» (1925).

2 In der «Philosophie Positive» (COMTE 1968 a) spricht COMTE noch überwiegend von «sozialer Physik». Erst in der «Politique Positive» (COMTE 1969 c) spricht er durchgängig von «Soziologie» – in erster Linie wohl, um seine eigenen Arbeiten von der «sozialen Physik» seines Zeitgenossen QUÉTELET abzusetzen.

3 Insofern entspricht diese Konzeption exakt dem Fortschrittsbegriff MAX WEBERS, eines der schärfsten Kritiker der alten Fortschrittsideologie; cf. WEBER 1951, S. 511 f.

4 Weiter unten werde ich zeigen, daß sich MAX WEBER gerade durch die Nichtbeachtung der Unterscheidung zwischen Produktionsverhältnissen und Produktionskräften wesentliche Einsichten versperrt.

5 Ein instruktives Beispiel findet sich bei MOORE (1969, S. 374 f), wo der indische Großmogul Aurangzeb zitiert wird: «Wir waren gewohnt, sobald ... ein reicher Kaufmann den letzten Atemzug getan hatte, ja noch bevor der Lebensfunke entflohen war, seine Schatzkästen zu versiegeln, die Diener oder Angestellten seines Haushalts ins Gefängnis zu werfen und zu schlagen, bis sie vollen Aufschluß über das ganze Vermögen gegeben hatten, bis zum kleinsten Edelstein. Diese Praxis ist zweifellos vorteilhaft ...»

6 Eine ungemein instruktive Illustration dieser Konzeption gibt KOLAKOWSKI (1967, S. 61): «Abstrakt gesehen hindert uns nichts daran, ... eine Welt zu errichten, in der es keine solchen Gegenstände wie ‹Pferd›, ‹Blatt›, ‹Stern›, und andere angeblich von der Natur erfundene Objekte gäbe, sondern beispielsweise solche Gegenstände wie ‹ein halbes Pferd und ein Flußabschnitt›, ‹mein Ohr und der Mond› und ähnliche Produkte surrealistischer Phantasie.»

7 Empirisch erscheint diese These nach den Erkenntnissen der neueren Ethnologie äußerst fragwürdig. Selbst Mord wird in vielen Gesellschaften mit niedrigem technologischem Niveau und kaum entwickelter Arbeitsteilung sehr häufig durch Restitution – in Vieh, in Geld, in Menschen (die dann in die Gruppe des Ermordeten adoptiert werden) etc. – geregelt, z. B. bei den Zuni, den Eskimo, den Nuern, den Turkana und vielen anderen (cf. KRAMER/SIGRIST 1983; BENEDICT 1955).

8 Es verdient, festgehalten zu werden, daß diese Unterscheidung ihren Vorgänger hat in TÖNNIES (1963) Gemeinschafts-Gesellschafts-Dichotomie, welche im wesentlichen die gleichen Phänomene bezeichnet, mit dem einzigen Unterschied, daß TÖNNIES die aus der Arbeitsteilung folgende Solidarität sui generis nicht sieht.

9 Ähnliche Absicherungsklauseln finden sich zwar bei beinahe allen Evolutionisten – die Passage über das Glück gleicht sogar einer Passage bei COMTE wie ein Ei dem anderen (COMTE 1969 a, 303; cf. auch NISBET 1979, Kap. 5.); aber DURKHEIM ist präziser bezüglich der Bedingungen, unter denen sie gelten soll.

10 Hierin liegt ein entscheidender Unterschied zur Anomiekonzeption von MERTON (1968), der zwar formal an DURKHEIM anknüpft, für den Anomie jedoch eine rein innergesellschaftliche Erscheinung ist: Widerspruch zwischen gesellschaftlich vorgegebenen Zielen und gesellschaftlich erlaubten Mitteln.

11 Die Validität des statistischen Materials steht allerdings in Frage: Was in offiziellen Statistiken als Selbstmord deklariert wird, hängt u. a. vom Ausmaß der Mißbilligung des Selbstmords in einer Gesellschaft ab – wenn Selbstmord eine Schande ist, werden die Verwandten häufig dazu tendieren, einen Unfall vorzutäuschen.

12 Daß die Bildung korporativer Berufsgruppen, wie DURKHEIM sie vorschlägt (1977, S. 48 ff; 1972, S. 76 ff), weit entfernt davon, diese Macht einzuschränken, sie sogar verstärkt, zeigt sich in aller Deutlichkeit am korporativen Aufbau und der korporativistischen Ideologie des faschistischen Staates.

12a Eines der extremeren Beispiele für die Tendenz, die Sozialwissenschaften zur Dienstmagd von Kapitalinteressen zu degradieren, findet sich in den berühmten Hawthorne-Studien von E. MAYO (1957), in denen mit den Methoden der empirischen Sozialforschung untersucht wird, wie die Gewinne der Unternehmen mittels verbesserter «Human Relations» erhöht werden können. Daß empirische Sozialforschung andererseits auch eine begrenzt kritische Funktion haben kann, zeigt die Studie von HOLLINGSHEAD/REDLICH (1958), wo in der Tradition der Chicago-Schule R. PARKS nachgewiesen wird, daß niedrige Stellung in der Schichtungshierarchie für das Auftreten von Geisteskrankheiten anfälliger macht.

13 Es ist nicht zu übersehen, daß PARSONS hier SPENCER schlichtweg plagiiert – cf. das Kapitel «Law of Evolution Continued» in SPENCER 1904.

14 Ansatzpunkte für eine differenziertere Sichtweise finden sich in «Sozialstruktur und Persönlichkeit» (PARSONS 1981, S. 99 ff) – ohne daß dies mit der Konzeption von «The Social System» und «Outline ...» vermittelt würde oder auch nur mit «Sozialstruktur und Persönlichkeit» (S. 25 ff).

15 Natürlich weiß PARSONS, daß derartige Phänomene existieren (cf. z. B. PARSONS 1951, S. 207ff); aber das hindert ihn eben nicht, die Sozialisation als einseitigen Internalisierungsprozeß aufzufassen. Zudem betrachtet er jene Phänomene nur als soziologisch irrelevante, ideosynkratische Abweichungen.

16 Dies ist der Punkt, wo GARFINKELS Ethnomethodologie die Gemeinsamkeit mit dem Mainstream der interpretativen Soziologie aufkündigt. Für GARFINKEL gibt es keinen Unterschied zwischen den Arten der Typenkonstruktion in der Soziologie und im Alltagsleben. Ethnomethodologen sollten beide mit der gleichen «ethnomethodologischen Indifferenz» betrachten. Abgesehen davon, daß es natürlich keinen Grund gibt, mit der ethnomethodologischen Indifferenz vor den Konstrukten der Ethnomethodologen selbst halt zu machen, scheint hierin eine ähnliche Arroganz durch wie einst bei COMTE und DURKHEIM – die Vorstellung, man habe das ganz Neue, das ganz andere geschaffen, hinter dem alles Bisherige zurücktreten muß.

17 Daran ändern auch die gebührenden Reverenzbezeugungen gegenüber MARX in BERGER/LUCKMANN (1980) nichts; sie sind bestenfalls Zierat in ihrem – ohnehin gänzlich eklektischen – Bezugsrahmen.

18 MARX hätte das gleiche Phänomen präziser in folgender Weise beschrieben: Der Arbeiter wird seinen Lebensunterhalt nicht verdienen, wenn er keinen Mehrwert für den Kapitalisten produziert.

19 Die Bedeutung wie der Nutzen der Beziehung «reale oder materiale Aneignung» ist ohnehin nicht sehr klar. Vgl. hierzu Hauck 1979, S. 17 ff.

20 Hegel spielt für Althusser überhaupt so etwas wie die Rolle des großen Diabolos, der für alle Fehlentwicklungen im Marxismus verantwortlich ist – was in ironischem Kontrast steht zu der überall sonst durchgehaltenen These von der Ohnmacht des individuellen Subjekts.

Literaturnachweise

Abel, T.: The Operation Called «Verstehen». In: Theorie und Realität. Hg. von H. Albert. Tübingen 1961.

Adorno, T., et al.: The Authoritarian Personality. New York 1950.

ders., et al: Der Positivismusstreit in der deutschen Soziologie. Neuwied 1969.

Adorno, T. / Horkheimer, M.: Soziologische Exkurse. Frankfurt 1956.

Albert, H.: Probleme der Theoriebildung. In: Theorie und Realität. Hg. von H. Albert. Tübingen 1964.

ders.: Traktat über kritische Vernunft. Tübingen 1968.

ders.: Probleme der Wissenschaftslehre in der Sozialforschung. In: Handbuch der empirischen Sozialforschung. Hg. von R. König/H. Maus. Bd. 1, Stuttgart 1973.

Althusser, L.: Für Marx. Frankfurt 1967.

ders.: Antwort an John Lewis. In: Was ist revolutionärer Marxismus? Hg. von H. Arenz et al. Berlin 1973.

Althusser, L. / Balibar, E.: Das Kapital lesen. 2 Bde. Reinbek 1972.

Arenz, H., et al.: Was ist revolutionärer Marxismus? Berlin 1973.

Balibar, E.: Über historische Dialektik. In: Theorien des historischen Materialismus. Hg. von U. Jaeggi/A. Honneth. Frankfurt 1973.

Bendix, R.: Modernisierung und soziale Ungleichheit. In: Wirtschafts- und Sozialgeschichtliche Probleme der frühen Industrialisierung. Hg. von W. Fischer. Berlin 1968.

Bendix, R. / Lipset, S. M. (eds.): Class, Status and Power. London 1967.

Benedict, R.: Urformen der Kultur. Reinbek 1955.

Berger, H. Untersuchungsmethode und soziale Wirklichkeit. Frankfurt 1976.

Berger, P. / Luckmann, T.: Die gesellschaftliche Konstruktion der Wirklichkeit. Frankfurt 1980.

Brandt, G.: Industrialisierung, Modernisierung, Soziale Entwicklung. In: Zeitschrift für Soziologie 1, 1972.

Childe, G.: Soziale Evolution. Frankfurt 1975.

Cicourel, A.: Methode und Messung in der Soziologie. Frankfurt 1970.

Cogoy, M.: Das Dilemma der neoricardianischen Theorie. In: Gesellschaft. Beiträge zur Marxschen Theorie 2. Frankfurt 1974.

Comte, A.: Cours de Philosophie Positive. Les préliminaires généraux et la philosophie mathématique. Œuvres d'Auguste Comte. Vol. I. Paris 1968 a.

ders.: La philosophie astronomique et la philosophie de la physique. Œuvres d'Auguste Comte. Vol. II. Paris 1968 b.

ders.: Partie dogmatique de la philosophie sociale. Œuvres d'Auguste Comte. Vol. IV. Paris 1969 a.

ders.: Partie historique de la philosophie sociale. Œuvres d'Auguste Comte. Vol. V. Paris 1969 b.
ders.: Système de Politique Positive ou Traité de Sociologie. Œuvres d'Auguste Comte. Vol. VII. Paris 1969 c.
ders.: Discours sur l'Esprit Positif. In: Œuvres d'Auguste Comte. Vol. XI. Paris 1970.
Cornforth, M.: Marxistische Wissenschaft und anti-marxistisches Dogma. Frankfurt 1973.
Deutsch, K. W.: Soziale Mobilisierung und politische Entwicklung. In: Theorien des sozialen Wandels. Hg. von W. Zapf. Köln 1969.
Dobb, M.: Entwicklung des Kapitalismus. Köln 1972.
Durkheim, É.: Les formes élémentaires de la vie réligieuse. Paris 1912.
ders.: L'éducation morale. Paris 1925.
ders.: L'évolution pédagogique en France. 2 vols. Paris 1938.
ders.: Selected Writings Ed. by A. Giddens. Cambridge 1972.
ders.: Der Selbstmord. Neuwied 1973.
ders.: Regeln der soziologischen Methode. Neuwied 1976.
ders.: Über die Teilung der sozialen Arbeit. Frankfurt 1977.
Elias, N.: Der Prozeß der Zivilisation. 2 Bde. Frankfurt 1978.
Engels, F.: Herrn Eugen Dührings Umwälzung der Wissenschaft. In: MEW 20. Berlin (DDR) 1962.
ders.: Brief an J. Bloch vom 21.9.1890. In: MEW 37. Berlin (DDR) 1967.
ders.: Der Ursprung der Familie, des Privateigentums und des Staates. In: MEW 21. Berlin (DDR) 1969.
Foucault, M.: Die Ordnung des Diskurses. München 1974.
Freud, S.: Abriß der Psychoanalyse. Das Unbehagen in der Kultur. Frankfurt 1965.
ders.: Totem und Tabu. Frankfurt 1974.
Fromm, E.: The fear of freedom. London 1960.
Garfinkel, H.: Studies in Ethnomethodology. New Jersey 1967.
Gehlen, A.: Der Mensch. Seine Natur und seine Stellung in der Welt. Bonn 1956.
Giddens, A.: Studies in Social and Political Theory. London 1976.
ders.: New Rules of Sociological Method. London 1977.
Gillman, J.: Das Gesetz des tendenziellen Falls der Profitrate. Frankfurt 1969.
Godelier, M.: Rationalité et irrationalité en économie. Paris 1966.
ders.: Horizons, trajets marxistes en anthropologie. Paris 1977.
Goffman, E.: The presentation of self in everyday life. Garden City 1959.
ders.: Asylums. Harmondsworth 1973.
ders.: Stigma. Über Techniken der Bewältigung beschädigter Identität. Frankfurt 1975.
Habermas, J.: Theorie und Praxis. Neuwied 1963.
ders.: Erkenntnis und Interesse. Frankfurt 1968 a.
ders.: Technik und Wissenschaft als Ideologie. Frankfurt 1968 b.
ders.: Zur Logik der Sozialwissenschaften. Tübingen 1970.
ders.: Zur Rekonstruktion des Historischen Materialismus. Frankfurt 1976.
ders.: Theorie des kommunikativen Handelns. Frankfurt 1980.
Habermas, J./Luhmann, N.: Theorie der Gesellschaft oder Sozialtechnologie. Frankfurt 1971.
Harris, M.: The Rise of Anthropological Theory. New York 1968.

HAUCK, G.: Die strukturale Anthropologie von C. Lévi-Strauss. In: Sociologus 18, 1968.
ders.: Das Elend der bürgerlichen Entwicklungtheorie. In: Handbuch 2. Unterentwicklung. Hg. von B. Tibi und V. Brandes. Frankfurt 1975.
ders.: Von der klassenlosen zur Klassen-Gesellschaft. Systematisches und Empirisches zur Rekonstruktion des historischen Materialismus. Köln 1979.
ders.: Kapitalismus oder ‹Okzidentaler Rationalismus›? In: Das Argument 123, 1980.
HEMPEL, C. G.: Aspects of scientific explanation. New York 1965.
HOFFMANN, I.: Bürgerliches Denken. Zur Soziologie E. Durkheims. Frankfurt 1974.
HOLLINGSHEAD, A. / REDLICH, F.: Social Class and Mental Illness. New York 1958.
HOMANS, G. C.: The Human Group. New York 1950.
ders.: Social behavior as exchange. In: American Journal of Sociology 63, 1957.
ders.: Bringing Man Back In. In: American Sociological Review 63, 1957.
ders.: Social Behavior: its elementary forms. New York 1961.
ders.: Commentary. In: Sociological Inquiry 34, 1964.
HORKHEIMER, M.: Materialismus und Metaphysik. In: Zeitschrift für Sozialforschung II, 1933.
ders.: Egoismus und Freiheitsbewegung. Ebd. V, 1936.
ders.: Der neueste Angriff auf die Metaphysik. Ebd. VI, 1937 a.
ders.: Philosophie und Kritische Theorie. Ebd. VI, 1937 b.
ders.: Traditionelle und Kritische Theorie. Ebd. VI, 1937 c.
HORKHEIMER, M. / ADORNO, T.: Dialektik der Aufklärung. Frankfurt 1971.
HOSELITZ, B. F.: Sociological Factors in Economic Growth. Glencoe 1960.
INKELES, A. / ROSSI, P.: National Comparison of Occupational Prestige. In: American Journal of Sociology 61, 1965.
JENSEN, S.: Talcott Parsons. Stuttgart 1980.
KÖNIG, E.: Theorie der Erziehungswissenschaft. 2 Bde. München 1975.
KÖNIG, R. (Hg.): Das Interview. Köln 1957.
ders.: (Hg.): Beobachtung und Experiment in der Sozialforschung. Köln 1967.
KÖNIG, R. / MAUS, H.: Handbuch der empirischen Sozialforschung. Bd. 1. Stuttgart 1973.
KOFLER, L.: Geschichte der bürgerlichen Gesellschaft. Neuwied 1971.
KOLAKOWSKI, L.: Traktat über die Sterblichkeit der Vernunft. München 1967.
KOLKO, G.: Max Weber on America. In: Studies in the Philosophy of History Ed. by G. Nadel. New York 1965.
KRAMER, F. / SIGRIST, C.: Gesellschaften ohne Staat. Frankfurt 1983.
KRAPPMANN, L.: Soziologische Dimensionen der Identität. Stuttgart 1971.
LENSKI, G.: Power and Privilege. New York 1966.
LÉVI-STRAUSS, C.: Les structures élémentaires de la parenté. Paris 1949.
ders.: Tristes Tropiques. Paris 1955.
ders.: Das Ende des Totemismus. Frankfurt 1965.
ders.: Natur und Kultur. In: Kulturanthropologie. Hg. von W. E. Mühlmann und E. W. Müller. Köln 1966.
ders.: Strukturale Anthropologie. Frankfurt 1967.
LUKÁCS, G.: Geschichte und Klassenbewußtsein. Neuwied 1970.
LUXEMBURG, R.: Einführung in die Nationalökonomie. Berlin 1925.

Malinowski, B.: The group and the individual in functional analysis. In: American Journal of Sociology 44, 1939.
ders.: Geschlecht und Verdrängung in primitiven Gesellschaften. Reinbek 1962.
Mannheim, K.: Ideologie und Utopie. Frankfurt 1952.
Marcuse, H.: Vernunft und Revolution. Neuwied 1964.
ders.: Kultur und Gesellschaft. 2 Bde. Frankfurt 1965.
ders.: Der eindimensionale Mensch. Neuwied 1967.
ders.: Triebstruktur und Gesellschaft. Frankfurt 1969.
ders.: Political Preface. In: Eros and Civilization. London 1970.
Marx, K.: Lohnarbeit und Kapital. In: Marx/Engels: Ausgewählte Schriften. Bd. 1. Berlin (DDR) 1951.
ders.: Auszüge aus Mills ‹Eléments d'économie politique›. In: MEW Ergänzungsband 1. Berlin (DDR) 1968 a.
ders.: Ökonomisch-Philosophische Manuskripte. In: MEW Ergänzungsband 1. Berlin (DDR) 1968 b.
ders.: Die deutsche Ideologie. In: MEW 3. Berlin (DDR) 1969 a.
ders.: Das Kapital. Bd. 1. MEW 23. Berlin (DDR). 1969 b.
ders.: Das Kapital. Bd. 2. MEW 24. Berlin (DDR). 1969 c.
ders.: Das Kapital. Bd. 3. MEW 25. Berlin (DDR). 1969 d.
ders.: Theorien über den Mehrwert. MEW 26. Berlin (DDR) 1969 e.
ders.: Resultate des unmittelbaren Produktionsprozesses. Frankfurt 1970.
ders.: Grundrisse der Kritik der Politischen Ökonomie. Berlin (DDR) 1974 a.
ders.: Zur Kritik der Politischen Ökonomie. In: MEW 13. Berlin (DDR) 1974 b.
Marx, K./Engels, F.: Kommunistisches Manifest. In: MEW 4. Berlin (DDR) 1969.
Mayo, E.: The social problems of an industrial society. London 1957.
Mayntz, R./Holm, K./Hübner, P.: Einführung in die Methoden der empirischen Soziologie. Köln 1969.
Mead, G. H.: Mind, Self and Society. Chicago 1934.
Merton, R. K.: Social Theory and Social Structure. New York 1968.
Mills, C. W.: The Sociological Imagination. Harmondsworth 1973.
Moore, B.: Soziale Ursprünge von Demokratie und Diktatur. Frankfurt 1969.
Morgan, L. H.: Die Urgesellschaft. Stuttgart 1908.
ders.: The League of the Ho-de-no-saunee or Iroquois. New Haven 1954.
Mühlmann, W. E.: Homo Creator. Wiesbaden 1962.
Nagel, E.: Problems of concept and theory formation. In: Theorie und Realität. Hg. von H. Albert. Tübingen 1964.
Ottomeyer, K.: Anthropologieproblem und marxistische Handlungstheorie. Gießen 1976.
Pareto, V.: Traité de Sociologie Générale. 2 Vols. Paris 1919.
Park, R./Burgess, W. E.: Introduction to the Science of Sociology. Chicago 1921.
Parsons, T.: Essays in Sociological Theory. New York 1949.
ders.: The Social System. New York 1951.
ders.: Pattern Variables Reconsidered. In: American Sociological Review 25, 1960.
ders.: An Outline of the Social System. In: Theories of Society. Ed. by T. Parsons, E. Shils, K. Naegele, J. Pitts. New York 1961.
ders.: Evolutionary Universals in Society. In: American Sociological Review 29, 1964.

ders.: On the Concept of Political Power. In: Class, Status and Power. Ed. by R. Bendix/S. M. Lipset. London 1967.
ders.: The Structure of Social Action. New York 1968.
ders.: The System of Modern Societies. Englewood 1971.
ders.: Gesellschaften. Evolutionäre und komparative Perspektiven. Frankfurt 1975.
ders.: Zur Theorie der sozialen Interaktionsmedien: Opladen 1980.
ders.: Sozialstruktur und Persönlichkeit. Frankfurt 1981.
PARSONS, T./BALES, R. F./SHILS, E.: Working Papers in the Theory of Action. New York 1953.
PARSONS, T./SMELSER, N.: Economy and Society. Glencoe 1956.
PIAGET, J.: Theorien und Methoden der modernen Erziehung. München 1972.
POPITZ, H./BAHRDT, P.: Technik und Industriearbeit. Tübingen 1964.
dies.: Das Gesellschaftsbild des Arbeiters. Tübingen 1967.
POPPER, K. R.: The Poverty of Historicism. London 1963.
ders.: The Logic of Scientific Discovery. New York 1965.
POULANTZAS, N.: Politische Macht und gesellschaftliche Klassen. Frankfurt 1975.
RADCLIFFE-BROWN, A.: The Andaman Islanders. Cambridge 1933.
ders.: Structure and Function in Primitive Society. London 1952.
REISS, A. et al.: Occupations and Social Status. Glencoe 1961.
RICARDO, D.: Grundzüge der Politischen Ökonomie und der Besteuerung. Frankfurt 1972.
ROSE, A. (ed.): Human Behavior and Social Processes. Boston 1962.
ROSTOW, W. W.: Stadien wirtschaftlichen Wachstums. Göttingen 1960.
SCHEUCH, E. K.: Methoden. In: Soziologie. Fischer Lexikon. Hg. von R. König. Frankfurt 1958.
ders.: Methodische Probleme gesamtgesellschaftlicher Analyse. In: Spätkapitalismus oder Industriegesellschaft? Hg. von T. Adorno. Stuttgart 1969.
SCHÜTZ, A.: Der sinnhafte Aufbau der sozialen Welt. Wien 1960.
ders.: Collected Papers. 2 Bde. The Hague 1962.
SEERS, D.: Was heißt Entwicklung? In: Peripherer Kapitalismus. Hg. von D. Senghaas. Frankfurt 1974.
SEYFARTH, C./SPRONDEL, W. M.: Religion und gesellschaftliche Entwicklung. Frankfurt 1973.
SKINNER, B. F.: Science and Human Behavior. New York 1953.
SPENCER, H.: A Theory of Population. In: Westminster Review 57 (1852), S. 468–501.
ders.: Die Prinzipien der Soziologie. Bd. 1. Stuttgart 1877.
ders.: Die Prinzipien der Soziologie. Bd. 2. Stuttgart 1887.
ders.: Die Prinzipien der Soziologie. Bd. 3. Stuttgart 1889.
ders.: Die Prinzipien der Soziologie. Bd. 4. Stuttgart 1897.
ders.: First Principles. London 1904.
SPENGLER, O.: Der Untergang des Abendlandes. Stuttgart 1923.
SRAFFA, P.: Warenproduktion mittels Waren. Berlin 1968.
STEINVORTH, U.: Eine analytische Interpretation der Marxschen Dialektik. Meisenheim 1977.
SWEEZY, P. K.: Theorie der kapitalistischen Entwicklung. Frankfurt 1972.
THOMAS, W. I.: Social Behavior and Personality. New York 1951.
TÖNNIES, E.: Gemeinschaft und Gesellschaft. Darmstadt 1963.

TUMIN, M.: Schichtung und Mobilität. München 1968.
TURNER, J./BEEGLEY, L.: Current Folklore in the Criticism of Parsonian Action Theory. In: Sociological Inquiry 44, 1974.
TURNER, R.: Role Taking. In: Human Behavior and Social Processes. Ed. by A. Rose. Boston 1962.
VEBLEN, T.: A Theory of the Leisure Class. London 1899.
WEBER, MARIANNE: Max Weber. Ein Lebensbild. Tübingen 1926.
WEBER, MAX: Gesammelte Aufsätze zur Religionssoziologie. Bd. 1. Tübingen 1920a.
ders.: Gesammelte Aufsätze zur Religionssoziologie Bd. 2. Tübingen 1920 b.
ders.: Gesammelte Aufsätze zur Religionssoziologie Bd. 3. Tübingen 1920 c.
ders.: Gesammelte Aufsätze zur Wissenschaftslehre. Tübingen 1951.
ders.: Wirtschaft und Gesellschaft. Bd. 1. Tübingen 1956 a.
ders.: Wirtschaft und Gesellschaft, Bd. 2. Tübingen 1956 b.
ders.: Gesammelte Politische Schriften. Tübingen 1958.
WITTGENSTEIN, L.: Philosophische Untersuchungen. Frankfurt 1977.
WRONG, D.: Skeptical Sociology. London 1977.
WYGODSKI, S. L.: Der gegenwärtige Kapitalismus. Köln 1972.
ZAPF, W.: Theorien des sozialen Wandels. Köln 1969.
ZEITLIN, M.: Ideology and the History of Sociology. Englewood Cliffs 1968.

Weiterführende Literatur, Übersetzungen Sammelwerke

Zu Kapitel 1: Aufstieg, Fall und Wiedergeburt des gesamtgesellschaftlichen Evolutionismus

ARON, R.: Les étapes de la pensée sociologique. Paris 1967.
BARNES, H. E.: An introduction to the history of sociology. Chicago 1948.
COSER, L.: Men of Ideas. Glencoe 1970.
DENISOFF, S., et al.: Theories and Paradigms in Contemporary Sociology. Itasca 1975.
FLETCHER, R.: The Making of Sociology. 2 vols. London 1971.
GEIGER, T.: Ideologie und Wahrheit. Stuttgart 1953.
GROSSMANN, H.: Die gesellschaftlichen Grundlagen der mechanistischen Philosophie und der Manufaktur. In: Zeitschrift für Sozialforschung IV, 1935.
HAWTHORNE, G.: Enlightenment and Despair. A history of sociology. Cambridge 1976.
HINKLE, R. C./HINKLE, G. J.: The development of modern sociology. New York 1965.
HOFMANN, W.: Grundelemente der Wirtschaftsgesellschaft. Reinbek 1969.
HONNETH, A./JOAS, H.: Soziales Handeln und menschliche Natur. Frankfurt 1980.
JONAS, F.: Geschichte der Soziologie. 4 Bde. Reinbek bei Hamburg 1968.
KÄSLER, D. (Hg.): Klassiker der Soziologie. 2 Bde. München 1976/1978.
KISS, G.: Einführung in die soziologischen Theorien. 2 Bde. Reinbek 1976.
LEPENIES, W. (Hg.): Geschichte der Soziologie. 4 Bde. Frankfurt 1981.

Lukačs, G.: Die Zerstörung der Vernunft. 4 Bde. Neuwied 1970.
Martindale, D.: The Nature and Types of Sociological Theory. London 1974.
Maus, H.: Geschichte der Soziologie. In: Handbuch der Soziologie. Hg. von W. Ziegenfuß. Stuttgart 1955.
Mühlmann, W. E.: Geschichte der Anthropologie. Frankfurt 1968.
Nisbet, R.: Social Change and History. London 1979.
Rex, J.: Approaches to Sociology. London 1974.
Timasheff, N. S.: Sociological Theory: Its Nature and Growth. New York 1963.
Tjaden, K. H.: Soziales System und sozialer Wandel. Stuttgart 1972.
Turner, J.: The Structure of Sociological Theory. Homewood 1978.

Zu Kapitel 2: Die Gründerväter

Andreski, S. (ed.): Herbert Spencer. London 1971.
Barth, P.: Die Philosophie der Geschichte als Soziologie. Leipzig 1915.
Comte, A.: Soziologie. 3 Bde. Jena 1907–1911.
Hildebrandt, H. J.: Einführung. In: L. H. Morgan, Die Urgesellschaft. Lollar/Lahn 1976.
Russet, C.: Darwin in America. The intellectual response. San Francisco 1976.
Terray, E.: Zur politischen Ökonomie der ‹primitiven› Gesellschaft. Frankfurt 1972.
Thompson, K. (ed.): Auguste Comte. London 1976.
White, L.: The science of culture, the study of man and civilization. New York 1958.

Zu Kapitel 3: Die Klassiker

Arnason, J. P.: Von Marcuse zu Marx. Neuwied 1971.
ders.: Zwischen Natur und Gesellschaft. Frankfurt 1976.
Bendix, R.: Max Weber: an intellectual portrait. Garden City 1962.
Burger, T.: Max Weber's Theory of Concept Formation. Durham 1976.
Cornu, A.: Karl Marx und Friedrich Engels. Berlin (DDR) 1954.
Döbert, R.: Systemtheorie und die Entwicklung religiöser Deutungssysteme. Frankfurt 1973.
Dörner, K.: Einleitung. In: É. Durkheim: Der Selbstmord. Neuwied 1973.
Durkheim, É.: Soziologie und Philosophie. Frankfurt 1976.
ders.: Die elementaren Formen des religiösen Lebens. Frankfurt 1980.
Giddens, A.: E. Durkheim. London 1978.
Hunt, E. K./Sherman, H. J.: Ökonomie aus traditioneller und radikaler Sicht. 2 Bde. Frankfurt 1974.
Jaeggi, U./Honneth, A. (Hg.): Theorien des Historischen Materialismus. Frankfurt 1979.
König, R.: Nachwort. In: É. Durkheim: Der Selbstmord. Neuwied 1973.
ders.: Einleitung. In: É. Durkheim: Regeln der soziologischen Methode. Neuwied 1976.
Korsch, K.: Karl Marx. Frankfurt 1967.
Löwith, K.: Max Weber und Karl Marx. In: ders.: Gesammelte Abhandlungen. Stuttgart 1960.
Luhmann, N.: Arbeitsteilung und Moral. In: É. Durkheim: Über die Teilung der sozialen Arbeit. Frankfurt 1977.
Lukes, S.: Durkheim. His life and work. Harmondsworth 1973.
Mommsen, W.: Max Weber und die deutsche Politik. Tübingen 1955.
ders.: Max Weber als Kritiker des Marxismus. In: Zeitschrift für Soziologie 3, 1974.

NUTZINGER, H. G. / WOLFSTETER, K.: Die Marxsche Theorie und ihre Kritik. Frankfurt 1974.
OSSOWSKI, S.: Klassenstruktur im sozialen Bewußtsein. Neuwied 1962.
REICHELT, H.: Zur logischen Struktur des Kapitalbegriffs. Frankfurt 1970.
ROTH, G.: Max Weber. A bibliographical essay. In: Zeitschrift für Soziologie 6, 1977.
SCHLUCHTER, W.: Die Entwicklung des okzidentalen Rationalismus. Tübingen 1979.
SCHMIDT, A.: Der Begriff der Natur in der Lehre von Karl Marx. Frankfurt 1971.
SPRONDEL, W. / SEYFARTH, C.: Max Weber und die Rationalisierung des sozialen Handelns. Stuttgart 1981.
TENBRUCK, F.: Das Werk Max Webers. In: Kölner Zeitschrift für Soziologie und Sozialpsychologie 27, 1975.
WALTHER, A.: Max Weber als Soziologe. In: Jahrbuch für Soziologie 2, 1926.
WEBER, M.: Soziologie – Weltgeschichtliche Analysen – Politik (Auswahlsammlung) Stuttgart 1956.
WYGODSKI, S. L.: Wie ‹Das Kapital› enstand. Frankfurt 1976.

Zu Kapitel 4: «Große Methode»

BERGER, H.: Erfahrung und Gesellschaftsform. Stuttgart 1972.
BRENTANO, M. v.: Pluralismus als Kampfbegriff. In: Das Argument 66, 1971.
DÜRR, H. P.: Ni Dieu, ni mètre. Frankfurt 1974.
FEYERABEND, P.: Against Method. In: Minnesota Studies in the Philosophy of Science. Vol. 4. Minnesota 1970.
HOMANS, G. C.: Theorie der sozialen Gruppe. Köln 1960.
ders.: Elementarformen sozialen Verhaltens. Köln 1968.
ders.: Was ist Sozialwissenschaft? Köln 1969.
KÖNIG, R. / MAUS, H. (Hg.): Handbuch der empirischen Sozialforschung. Bd. 1. Stuttgart 1973.
KREPPNER, K.: Zur Problematik der Messung in der Sozialwissenschaft. Stuttgart 1975.
LUKES, S.: Methodological Individualism Reconsidered. In: British Journal of Sociology 19, 1968.
MALEWSKI, A.: Verhalten und Interaktion. Tübingen 1967.
POPPER, K. R.: Das Elend des Historizismus. Tübingen 1964.
ders.: Logik der Forschung, Tübingen 1965.
TOPITSCH, E. (Hg.): Logik der Sozialwissenschaften. Köln 1965.

Zu Kapitel 5: «Große Theorie»

BLACK, M. (ed.): Talcott Parsons: a critical examination. Englewood Cliffs 1961.
DAHRENDORF, R.: Pfade aus Utopia. München 1967.
GOULDNER, A.: Soziologie in der Krise. 2 Bde. Reinbek 1974.
LUHMANN, N.: Interpenetration. In: Zeitschrift für Soziologie 6, 1977.
ders.: Talcott Parsons: Die Zukunft eines Theorieprogramms. In: Zeitschrift für Soziologie 9, 1980.
MÜNCH, R.: Über Parsons zu Weber. In: Zeitschrift für Soziologie 9, 1980.
PARSONS, T.: Beiträge zur soziologischen Theorie. Neuwied 1964.
ders.: Das System der modernen Gesellschaften. München 1972.
PARSONS, T. / SCHÜTZ, A.: Zur Theorie sozialen Handelns. Frankfurt 1977.
SCHLUCHTER, W. (Hg.): Verhalten, Handeln und System. Frankfurt 1980.

Zu Kapitel 6: Interpretative Soziologie
Arbeitsgruppe, Bielefelder Soziologen: Alltagswissen, Interaktion und gesellschaftliche Wirklichkeit. 2 Bde. Reinbek 1976.
EMMET, D. / MCINTYRE, A. (eds.): Sociological Theory and Philosophical Analysis. London 1972.
GADAMER, E.: Wahrheit und Methode. Tübingen 1965.
GOFFMAN, E.: Interaktion. München 1973.
ders.: Asyle. Frankfurt 1974.
ders.: Stigma. Frankfurt 1975.
ders.: Wir alle spielen Theater. München 1976.
ders.: Rahmen-Analyse. Frankfurt 1977.
JOAS, H.: Praktische Intersubjektivität. Frankfurt 1980.
MEAD, G. H.: Geist, Identität und Gesellschaft. Frankfurt 1968.
ders.: Gesammelte Aufsätze. Frankfurt 1980.
NATANSON, M. (ed.): Phenomenology and Social Reality. Den Haag 1970.
SCHÜTZ, A.: Gesammelte Aufsätze. 3 Bde. Den Haag 1971.
SCHÜTZ, A. / PARSONS, T.: Zur Theorie sozialen Handelns. Frankfurt 1977.
SPRONDEL, W. / GRATHOFF, R. (Hg.): A. Schütz und die Idee des Alltags in den Sozialwissenschaften. Stuttgart 1979.

Zu Kapitel 7: Abseits vom Mainstream
ARNASON, J.: Von Marcuse zu Marx. Neuwied 1971.
BONSS, W. / HONNETH, A. (Hg.): Sozialforschung als Kritik. Frankfurt 1982.
HORKHEIMER, M.: Traditionelle und Kritische Theorie. 4 Aufsätze. Frankfurt 1975.
ders.: Gesellschaft im Übergang. Frankfurt 1981.
JAY, M.: Dialektische Phantasie. Frankfurt 1976.
MARCUSE, H.: Versuch über Befreiung. Frankfurt 1969.
ders.: Konterrevolution und Revolte. Frankfurt 1973.
RITSERT, J. / ROLSHAUSEN, C.: Der Konservatismus der Kritischen Theorie. Frankfurt 1971.
SCHMIDT, A.: Zur Idee der Kritischen Theorie. München 1974.
ders.: Die Zeitschrift für Sozialforschung. Geschichte und gegenwärtige Bedeutung. In: Zeitschrift für Sozialforschung. Reprint. München 1980, Bd. 1.
THEUNISSEN, M.: Gesellschaft und Geschichte. Berlin 1969.
WELLMER, A.: Kritische Gesellschaftstheorie und Positivismus. Frankfurt 1969.

Zu Kapitel 8: Die Objektivismus-Subjektivismus-Debatte
Antworten auf Althusser. In: Das Argument 94. Berlin 1975.
EMMET, D. / MCINTYRE, A. (eds.): Sociological Theory and Philosophical Analysis. London 1972.
LÉVI-STRAUSS, C.: Traurige Tropen. Köln 1970.
ders.: Das wilde Denken. Frankfurt 1973.
ders.: Mythos und Bedeutung. Frankfurt 1980.
MCCARTHY, T.: The Critical Theory of J. Habermas. Cambridge 1979.
SCHMIDT, A.: Geschichte und Struktur. München 1971.
THOMPSON, E. P.: The Poverty of Theory. London 1978.
TUSCHLING, B.: Die ‹offene› und die ‹abstrakte› Gesellschaft. Berlin 1976

Namenregister

C 2097/1